KB138551

미완의 개혁가,
마르틴 루터

미완의 개혁가,
마르틴 루터

500년 전 루터는 무엇을 이루고 무엇을 남겼는가

박흥식 지음

21세기북스

차례

2부 개혁사상과 시대적 저항

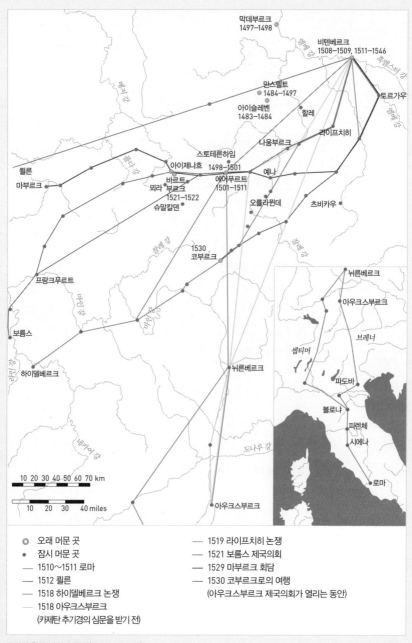

막데부르크
1497-1498

비텐베르크
1508-1509, 1511-1546

만스펠트
1484-1497

아이슬레벤
1483-1484

할레

토르가우

라이프치히

스토테른하임
1498-1501

나움부르크

쾰른

아이제나흐

예나

마부르크

바르트
뫼라   부르크
1521-1522
슈말칼덴

에어푸르트
1501-1511

오를라뮌데

츠비카우

프랑크푸르트

1530
코부르크

뉘른베르크

아우크스부르크

보름스

셉티머

브레너

파도바

하이델베르크

뉘른베르크

볼로냐

피렌체

시에나

로마

10 20 30 40 50 60 70 km

10   20   30   40 miles

아우크스부르크

◎ 오래 머문 곳   ─ 1519 라이프치히 논쟁
• 잠시 머문 곳   ─ 1521 보름스 제국의회
─ 1510~1511 로마   ─ 1529 마부르크 회담
─ 1512 쾰른   ─ 1530 코부르크로의 여행
─ 1518 하이델베르크 논쟁   (아우크스부르크 제국의회가 열리는 동안)
─ 1518 아우크스부르크
   (카제탄 추기경의 심문을 받기 전)

루터의 활동 반경과 동선(1483~1546년).

종교개혁 500주년,
무엇을 어떻게 기억해야 하는가

*

1521년 4월 18일, 라인 강 좌안에 위치한 독일 도시 보름스에서 신성로마제국의 황제 카알Karl(1500~1558년)이 소집한 제국의회 청문회가 열렸다. 마르틴 루터Martin Luther(1483~1546년)는 황제와 여러 제후들 앞에서 자신의 저작들에서 밝혔던 개혁 사상을 철회하라는 요구를 단호히 거부했다. 이 역사적인 순간은 루터가 가톨릭 신앙과 교회를 부정하고 사실상 새로운 종파의 성립을 천명한 사건으로도 해석된다.

그를 기념하는 보름스의 루터 광장에는 현존하는 루터 기념비 가운데 가장 규모가 큰 동상이 웅장한 위용을 자랑하고 있다. 에른스트 리첼Ernst Rietschel이 1859년 설계한 이 기념비는 루터 홀로 성경을 들고 서 있는 여느 동상들과는 다른 모습이다. 루터보다 앞선 시기에 유럽 전역에서 복음의 진리를 외치다가 파문되거나 화형당한 발데스Peter Valdes(1140년경~1205년경), 위클리프 John Wycliffe(1320년경~1384년), 후스Jan Hus(1369년경~1415년), 사보나롤라

보름스 루터 광장의 루터 기념비.

Girolamo Savonarola(1452~1498년) 등의 선구자들이 중앙에 위치한 루터를 에워싸고 있고, 그 외곽에는 루터와 같은 시대에 독일에서 종교개혁*을 위해 협력했던 주요 인물들과 도시들이 형상화되어 있다. 작센 선제후 현명공 프리드리히Friedrich der Weise(1463~1525년), 인문주의자이자 언어학자 로이힐린Johann Reuchlin(1455~1522년), 비텐베르크Wittenberg의 신학자 멜란히톤Philipp Melanchthon(1497~1560년), 헤센의 백작 필립Philip(1504~1567년) 등이 그들이다.[1] 그들 옆에는 종

---

* 종교개혁이란 용어는 서양어 'Reformation'의 번역어이다. 유럽같이 사실상 단일 종교사회에 서는 그리스도교 개혁이 곧 종교개혁이었다. 그러나 한국과 같은 다종교사회에서는 이 번역어 가 부적절하다고 지적되어 왔다. 그보다는 '그리스도교 개혁'이란 용어가 더 적절하다고 판단 한다. 그렇지만 이미 확립된 번역어를 사용하지 않을 경우 또 다른 개념어를 의미하는 것으로 오해할 소지가 있기에 이 책에서는 기존의 '종교개혁'이란 용어를 그대로 사용한다.

교개혁의 진로를 결정한 제국의회가 열렸던 도시 아우크스부르크Augsburg와 슈파이어Speyer, 그리고 신·구교 간 종교전쟁으로 큰 피해를 겪은 막데부르크Magdeburg를 상징하는 동상이 있다. 그 사이사이에는 종교개혁에 참여했던 27개 도시의 문장들이 나란히 진열되어 있다. 설계자 리첼은 이 기념비를 통해 루터의 종교개혁은 유럽 전역에서 12세기 말 이래 지속된 개혁운동들의 결실이었으며, 성직자들뿐 아니라 속인들도 종교개혁의 성공을 위해 최선을 다해 협력했음을 보여주고자 했다.

종교개혁이라는 성과는 루터 한 사람의 위대함이 이루어낸 결과물이 아니었다. 그에 앞서 여러 선구자들의 커다란 희생이 있었다. 그리고 루터 시대에도 동료 개혁가들이 협력했을 뿐 아니라, 그들의 대의에 공감하고 동의했던 평민들이 독일은 물론 전 유럽에서 동시다발적으로 교회의 부패와 시대의 모순에 함께 저항했다. 즉 종교개혁은 여러 시대에 걸쳐 많은 사람들이 힘을 합쳐 성취한 결실이었다. 협력 작업은 때로는 조화롭게 때로는 작지 않은 갈등을 드러내며 진행되었고 그 과정에서 방향이 조정되기도 했다. 그리하여 역사가는 그 빛과 그늘을 낱낱이 기록하고 평가할 뿐 아니라, 루터 광장에서 볼 수 없는 수많은 익명의 개혁가들까지 조명해야 할 책무를 지녔다고 본다. 역사는 보고 싶은 것만을 드러내 자부심을 갖게 하기보다는 성찰을 위한 거울이 되어야 하기 때문이다.

**

마르틴 루터는 종교개혁이라는 한 시대, 하나의 거대한 역사의 흐름을 상징할 뿐 아니라, 독일의 종교개혁이라는 사건과 사실상 동일시되곤 한다. 그는 종교개혁이 성공할 수 있도록 신학적·사상적 기반을 구축했고, 글과 설교로 그 사상을 널리 확산시켰으며, 목숨을 무릅쓰고 교황과 황제에게 저항했다. 루터는 종교개혁의 역사 한복판을 관통하며 살았던 인물이기에 그의 개인사는 좀처럼 종교개혁과 분리하기 어렵다. 따라서 루터 개인의 삶은 사실상 독일의 종교개혁 역사 그 자체였다고 해도 과언이 아니다. 2017년, 종교개혁 500주년을 맞으며 루터 개인에게 큰 관심을 보이는 이유는 이처럼 그의 삶이 종교개혁의 역사와 중첩되어 있기 때문일 것이다.

하지만 바로 그 이유 때문에 종교개혁을 루터 중심으로 해석하는 문제도 낳았다. 1546년 2월 22일 비텐베르크의 성城 교회 Schloßkirche에서 거행된 루터의 장례식에서 독일 종교개혁의 가장 중요한 이론가 멜란히톤은 루터를 일컬어 사도 바울 이래 가장 위대한 통찰력을 지닌 신학자였을 뿐 아니라, 성경 중심의 신앙을 확립하고 성경을 번역해 독일 민중에게 돌려주었으며, 복음을 위해 용기와 열정을 다해 교회를 새롭게 한 위대한 인물이라고 치켜세웠다.[2] 이 조사弔詞에서 잘 드러나듯이 종교개혁의 성과를 루터 개인의 업적과 동일시해온 오랜 전통은 루터 당대부터 오늘날까지 이어지고 있다.

경건한 수도사이자 한때는 열렬한 교황주의자이기도 했던 루터는 당대 교회의 부패에 맞서 저항하는 과정에서 '새로운' 교회를 세워 중세의 '보편적인' 그리스도교 세계에 균열을 냈다. 그 결과로 출현한 개신교에서는 일반적으로 루터가 복음을 재발견하여 신앙의 본질을 회복했으며, 그 성과로 말씀 중심의 신앙을 확립했다고 평가한다.

멜란히톤이 언급했듯이 루터가 이룩한 가장 대표적인 성과는 성경 중심의 신앙을 확립한 점이다. 그는 성경의 권위를 개신교회의 신학 핵심으로 발전시켜 과거의 종교 관행들을 성경을 통해 점검받게 했다. 진리 탐구가 성경을 통해서만 가능하다고 믿은 루터에게 성경은 신앙을 견고히 하고, 교회를 교회답게 만드는 토대였다.

그가 성경 원전을 독일어로 번역한 덕택으로 일반 대중도 교회의 전통에 얽매이거나 사제의 중재를 거치지 않고 온전한 성경을 읽을 수 있게 되었다. 루터는 성경을 민중의 손에 쥐어줌으로써 성경을 민주화했다. 민중은 성경을 통해 직접 하느님의 뜻을 이해하고 가톨릭교회의 가르침을 판단할 근거를 지니게 되었다. 이런 점에서 루터의 성경 번역은 종교개혁 정신을 구현한 최대 성취였으며, 동시에 프로테스탄트 교회가 출현하는 발판이 되었다. 그의 활동에 힘입어 루터가 사망할 무렵에는 유럽의 절반 가까이에서 종교개혁을 지지할 정도로 개혁세력이 획기적으로 성장했다.

한 세기 전 종교개혁 400주년을 맞았을 때 파울 슈레켄바흐는 루터를 "절체절명의 위험에 처해 있던 그리스도교를 구한 인물"이며, "그 누구보다도 독일인과 독일 정신에 결정적인 영향을 미쳤다"고 평가했다. 그 영향으로 가톨릭교회에서도 개혁을 외면할 수 없게 되었으며, 독일인이 민족의식을 자각하는 데도 일조했다. 이처럼 루터는 자신이 속해 있던 유럽의 그리스도교와 독일이라는 두 세계의 혁신에 기여했다. 루터 홀로 그 모든 변화를 이끌어낸 것은 아니었지만, 그는 유럽이 중세에서 근대로 이행하던 시기에 역사의 흐름을 결정하는 데 지대하게 공헌했다.

***

루터가 수행했던 업적의 특성 때문이기도 하지만, 루터에 대해서는 극단적인 평가들이 공존한다.[3] 가톨릭 측에서 교회 분열의 책임을 그에게 묻는 입장은 이해하기 어렵지 않다. 하지만 세속 역사가들의 냉혹한 평가들에 대해서는 생각해볼 요소들이 적지 않다.

대표적인 16세기 연구자 하인츠 쉴링Heinz Schilling은 "루터는 초월적인 위대한 영웅이 아니라, 자기 시대의 문제를 지적했으나 극복하지는 못한 역사적 인물"이라고 평했다. 독일을 벗어나면 그에 대한 평가가 더욱 인색해지는 경향이 있다. 프랑스의 가장 위대한 역사가 중 한 사람으로 평가받는 루시앵 페브르Lucien Febvre는 "루터의 개혁은 성공하지 못했으며, 후반기에 루터는 자기 세계 속에 틀어박혔다"라고 혹평한 바 있다.

비교적 합리적이라 판단되는 두 종류의 평가를 인용했지만, 사실 역사가들은 시대마다 또는 보는 관점에 따라 루터를 상이하게 평가했다. 교회사에서와 달리, 세속사에서는 현대에 들어서 더욱 부정적인 평가로 기울고 있다. 그 이유는 루터가 문명사의 발전 방향을 거슬러 행동했다고 보기 때문이다. 예컨대 경제정의, 자유, 민주, 인권 등의 가치관으로 루터를 평가하려는 입장이 그것이다. 반면 개신교 측의 저술들에서는 루터의 과오들에 대해 침묵하거나 신학적인 변호를 시도하며 여러 비판에 대해 무시하는 입장이 지배적이다. 그로 인해 사실상 세속사에서의 평가를 수용하기가 어렵다.

종교개혁의 추진 과정에서 루터는 세속 권력의 결정적인 도움을 받았다. 이 점이 그보다 앞선 '실패한' 개혁가들과 결정적으로 달랐다. 루터 개인의 신앙과 의지가 기초가 되었지만, 그가 교황과 황제에게까지 맞서 저항할 수 있었던 현실적 기반은 세속 권력의 지지였다. 게다가 농민전쟁의 상황에서 극명하게 드러났듯이 그는 농민들의 기대를 저버렸고 나아가 적대시했다. 또 유대인들을 '악마의 세속 대리인'으로 규정하고, 그들의 삶의 근거를 박탈하고 추방할 것을 요구했다. 신학적 논거를 들어 루터의 행동에 면죄부를 주거나 비호하려는 논리들도 있지만, 그것은 오히려 그의 사상과 신학의 입지만 위태롭게 할 뿐이다.

종교개혁사의 맥락에서는 루터를 영웅시하고 위인처럼 떠받드는 경향이 여전하다. 사실에 근거해 그를 비판할지라도, 마치 종교개혁의 의미를 부정하거나 훼손하는 것으로 오인하거나 반발한다. 그런 까닭에 종교개혁 500주년이라는 뜻깊은 해를 맞아 특히 개신교계에서는 루터에 대한 칭송만 넘쳐난다. 그러나 무분별하게 루터의 성취에 도취되기보다는 당대의 시각에서 그의 업적과 그가 서 있던 지점을 적절히 성찰하고 그것을 기반으로 루터의 삶 그리고 나아가 종교개혁을 균형 있게 재평가하려는 노력이 절실하다.

루터에 대한 상당수 저작들은 종교개혁의 성과를 부각시키는 과정에서 그 이전의 가톨릭교회는 복음을 전혀 몰랐으며, 신자들을 억압하기 위한 악질적인 기관이었던 것처럼 왜곡하기도 한다. 중세 교회를 세속적 관점으로만 보거나, 일부 개혁가의 비판적 진술만으로 피상적으로 파악하기 때문이다.

물론 중세 교회에서 복음이 선명하게 드러나지 않았으며, 성직주의의 폐단도 적지 않았다. 그러나 개혁세력도 그 구성원으로서 내부에서 변화를 도모하던 사람들이었다. 개혁과 복음에 열려있던 중세의 개혁 전통과 반복음적이며 반개혁적 시각에서 완고하게 교회와 교황의 무오류를 주장하던 세력을 구별하는 것도 필요하다. 종교개혁운동 국면에서 개혁가들은 거의 예외 없이 자신들이 가톨릭교회를 충실하게 대변한다고 믿고 있었으며, 루터도 본래 교회를 내부에서 개혁하려 했던 것이지 새로운 종파를 만들 생각은 없었다. 따라서 개신교의 시각에서 그 모태가 되는 가톨릭교회를 전적으로 부정하는 것은 논리적으로나 사실적으로 타당하지 않다. 또한 이것은 타 종파에 대한 바른 태도도 아니다.

루터와 종교개혁을 다루는 많은 책들은 주로 그의 신학, 특히 칭의론稱義論에 주목한다. 루터가 가톨릭교회가 간과하고 있었거나 명료하게 설명하지 못했던 '믿음을 통한 구원'의 가르침을 선명하게 드러냈기 때문이다. 하지만 종교개혁의 의미를 단지 신학적인 발견으로 대체하거나 축소시키려는 태도는 경계해야 한다. 신학적 맥락에서 루터를 재발견하는 데 치중한 나머지, 16세기 초반 독일이라는 구체적 시공간과 그 사회적 맥락을 고려하지 않고 그저 한 종교인의 신앙고백을 회상하는 데 그칠 수도 있기 때문이다.

루터와 종교개혁은 16세기 혹은 교회사 연구의 주제이지만, 그와 동시에 21세기 글로벌 시대를 사는 현대인이 종교가 서 있어야 할 자리를 성찰하는 데에도 유용하다. 루터 이후 시대의 그리스도교 내의 분열과 갈등, 그리고 종교전쟁이라는 부정적 유산은 루터 시대로부터 직잖이 비롯되었다. 따라서 개혁가 루터와 그의 정신을 추종하던 '저항자들'이 과연 '오직 성경'이라는 구호대로 성경에 기반을 둔 개혁적인 교회를 만들고 발전시켰는지 돌아보아야 한다. 또한 루터 이후 교회가 왜 신앙고백이 다른 사람들의 종교의 자유는 인정하려 들지 않았는지 반성해야 한다.

종교개혁 이후 종교 갈등이 훨씬 첨예화되었을 뿐 아니라 종교전쟁의 시대로 이행했으며, 진리와 신앙의 자유를 향한 외침이 종교적 관용으로 이어질 수 없었던 기저를 들여다보아야 한다. 루터에게서 원인을 찾아야 할 부분은 무엇인지 그리고 루터가 다종교 문화가 일상화된 현대 세계에 어떤 반면교사가 될 수 있는지도 살펴볼 필요가 있다. 루터는 시대정신에 따라 문제를 제기하고 저항했지만, 새로운 교회를 건설하는 과정에서 실수도 많았고 부정적인 유산 또한 남겼다. 따라서 종교개혁 500주년을 맞는 우리는 먼저 루터가 어디에서 왜 길을 잃었는지 묻고 성찰해야 할 것이다.

****

이 책은 종교개혁 500주년을 기념하는 특별한 시기에 루터에 대한 올바른 이해를 돕고, 나아가 역사적인 관점에서 그를 재평가해보려는 시도이다. 루터만큼 잘 알려진 사람도 없을 텐데 왜 또 루터에 대한 책인가? 역설적이지만 자료의 홍수라는 상황이 루터를 적절히 그리고 나아가 균형 있게 파악하는 데 장애가 된다. 루터 전집 중 가장 공신력이 있는 바이마르판은 그의 탄생 400주년이 되던 1883년에 출간되기 시작하여 현재 127권까지 나왔으며, 전체 분량만 해도 약 8만 쪽에 이른다. 그뿐인가, 관련 2차 문헌만 모아도 어지간한 도서관 하나는 채울 수 있을 정도로 많다. 그의 출생, 사망, 종교개혁일 등 각종 기념일마다 쏟아져 나왔던 책들은 또 얼마나 많은가. 그의 이름으로 된 여러 학술지들도 오랜 전통을 이어오며 꾸준히 흥미로운 주제를 생산해내고 있다. 또 루터와 관련하여 최근 몇 년간 인터넷 웹사이트에 올라온 자료만 하더라도 다 들여다보는 것이 사실상 불가능할 정도이다. 자료를 생산해내는 사람도 많고 구미에 맞는 내용을 계속 복제하는 경우도 적지 않기 때문에 잘못된 정보가 교정되기도 어렵다.

각 시대는 당대의 문제의식과 시각으로 루터와 종교개혁을 다시 해석할 필요가 있을 터인데, 관련 저작물이 넘쳐나고 또 그를 바라보는 시각도 다양하여 루터를 특정한 입장에 치우치지 않게 다루면서 종교개혁의 핵심을 손쉽게 이해시키는 책을 선택하는 것은 사실상 불가능에 가깝다. 루터의 생애를 깊이 있게 다룬 책들은 이미 많이 존재하기 때문에, 이 책에서는 역사학적 견지에서 루터의 행적과 성과를 재평가하고, 나아가 그의 한계나 잘못도 지적해보고자 한다. 현재 한국 개신교에 그런 시각이나 목소리가 희박하기에 이런 시도가 의미를 지닐 수 있나고 본다.

루터 연구와 관련해 절실한 과제는 종교의 맥락을 넘어서서 통합적으로 서술하는 것이다. 세속사에서는 교회사를 지엽적인 것으로 생각하는 경향이 있다. 그러나 16·17세기에 종교는 정치와 밀접한 관계를 맺으며 상호작용했다. 또 교회사에서는 교의나 종교 내적인 주제에 대한 관심이 큰 반면, 사회사적인 풍부한 연구 성과를 도외시한다. 그리스도교 외부에서 바라보는 시선을 수용하지 못하는 것은 물론이고 거의 의식조차 하지 않는다. 이런 현실에서 세속사와 교회사의 거리를 좁히고, 상충되는 역사상을 중재하는 것이 필요하다.

개신교의 기원과 정체성에서 루터가 차지하는 비중과 의미에 걸맞게 개신교 신학자들은 루터 연구에 특별한 관심을 보여왔다. 그렇지만 국내에서는 루터교가 차지하고 있는 교세의 왜소함 때문인지 충분한 연구에 이르지 못했다. 이런 맥락에서 볼 때 최근 국내 학자들이 저술한 루터에 대한 서적들이 눈에 띄게 늘고 있는 현상은 반가운 일이다. 하지만 여전히 루터 관련 책들은 대부분 번역서들이며, 대체로 교회사가를 포함한 신학자들이 쓴 것이다. 한국의 신학이 양적이나 질적으로 크게 성장한 사실을 고려하면 우리의 시각으로 루터를 소화한 본격적인 저작이 아직 드물다는 사실은 매우 아쉽다.

더불어 관련 저술들은 중세 가톨릭교회와 구별되는 루터의 신학을 이해하고 그 의미를 평가하는 데 치중하는 경향이 있다. 루

터가 신학 문제에 커다란 진전을 이루었기에 종교개혁사의 서술
에서 루터의 신학적 입장을 파악하는 것은 필요하고 또 중요하
지만, 16세기의 역사와 분리된 채 신학적 의미만 부각시키는 접
근 방식은 바람직하지 않다. 종교개혁은 신학적인 발견만으로 일
어날 수 있는 운동이 아니었다. 루터에 앞서서 위클리프나 후스
같은 개혁가들도 그와 유사한 신학적 문제를 제기했으나, 그들과
달리 루터만이 유럽 전역을 들썩이게 할 정도의 반향과 파괴력
을 지니게 된 원인이 무엇이었는지 포괄적인 역사적 접근을 통해
설명하고 평가하는 작업이 필요하다.

　다수의 역사가는 루터의 신학이 오캄의 영향을 받았는지 아
우구스티누스의 영향을 받았는지 여부가 관건이라고 판단하지
않을 것이다. 마찬가지로 루터가 아우구스티누스 신학을 재발견
하지 않았거나 심지어 루터가 없었어도 종교개혁운동이 일어났
으리라 생각할 것이다. 루터의 신학적 깨달음이 행동의 내적 동
기를 형성했다는 사실을 부정할 수 없지만, 역사적인 맥락을 배
제하고는 루터 자신은 물론이고 그의 활동을 열광적으로 지지하
며 개혁운동을 거들었던 당대인 및 당대 사회를 이해하거나 파
악할 수 없다. 루터의 저항과 개혁의 주장이 종교개혁이라는 거
대한 흐름으로 확대된 것은 신학의 발견 때문이기보다는 그가
당대 사회가 갈망하던 도덕적 요청과 시대정신에 부응했기 때문
이다. 신학자들은 종교개혁을 교리 중심으로 이해하고 그 안에

서 변화의 동력을 설명하려 하지만, 종교개혁은 사실 윤리적 호소였으며 사회 혁명에 대한 기대 때문에 대중적 기반을 얻었다. 이런 점에서 루터 개인을 넘어서 사회 전체의 움직임을 조망하는 역사적 해석이 필요하다.

루터는 500년 전의 인물이지만, 개신교회의 토대와 정체성을 형성하는 데 지대한 기여를 하였기에 오늘날 한국 교회를 성찰하기 위해서도 바른 이해가 절실하다. 루터가 개혁의 계기를 제공하고 치열하게 저항하며 개혁세력을 일으켜 세웠지만, 당대 민중들의 개혁의 열망과 지지가 없었다면 그에 앞선 다른 개혁가들과 같은 운명을 걸었을 것이다. 따라서 종교개혁사는 루터 개인의 영웅담에 그쳐서는 안 된다. 또 종교라는 영역의 성격 때문에 루터의 행적과 업적이 성역화 되어서도 안 된다.

루터의 종교개혁 500주년이라는 역사적인 시점을 맞아 우리에게 진정 필요한 일은 무엇일까? 루터에 대한 지식을 더 많이 갖추어 그것으로 현재 교회의 문제를 해결하려 드는 것은 가능하지 않다. 또 그의 긍정적인 모습만 선별적으로 기억해 자부심을 갖도록 조장하는 것도 일종의 역사왜곡이다. 루터를 당대의 시대적 맥락에서 균형 있게 이해하고, 그의 성취와 한계, 빛과 그림자를 정확히 파악하는 것이 중요하다. 루터를 비롯한 종교개혁가들의 과오를 성찰하고 나아가 극복할 수 있을 때 위기에 처한 한국 교회가 새롭게 도약할 계기도 주어지리라고 생각한다. 루터가 신앙과 교회에 대한 새로운 깨달음을 가져왔지만, 상이한 생각을 갖고 있던 개혁자 집단들을 설득하거나 그들과 협력하는 데에는 미숙했다. 이런 부분에 대한 논의가 필요하지만, 정작 그와 같은 지적을 접하기는 어렵다. 그와 더불어 루터가 세속 권력에 의존해 이룬 성공이 결국 어떤 결과를 초래했는지 돌아보며 성공 신화 속에 갇힌 루터 상을 교정하는 것도 필요하다.

이 작은 책에서 종교개혁이라는 거대한 주제를 본격적으로 다루거나, 루터 관련 여러 주제들을 깊이 있게 다루는 것은 불가능하다. 그보다는 독일 종교개혁의 주요 국면에서 루터가 수행했던 일들을 비판적인 시선으로 분석하고 평가하는 긴요한 과제에만 집중할 것이다. 사실상 분리되어 있는 세속사와 교회사를 연결하고 통합하려 시도하면서 가급적 일반인의 눈높이에 맞추어 루터와 종교개혁 이해를 위한 입문서로서의 성격을 지향할 것이다.

이 책은 루터의 활동을 세 국면으로 나누어 서술했다. 1부에서는 루터가 95개조 논제를 발표하면서 예기치 않게 종교개혁이 시작되어 거대한 운동으로 발전한 국면을 다룬다. 여기에서는 루터 개인의 역할뿐 아니라, 인문주의자들, 도시민들 그리고 작센 선제후의 대응과 참여를 주목해서 살필 필요가 있다.

2부는 루터 종교개혁의 절정이라고 할 수 있는 1520년대 전반에 그의 업적을 대표하는 주제들과 그것을 가능케 한 시대적 요건을 검토할 것이다. 루터의 종교개혁 사상, 보름스 제국의회에서

의 신앙고백, 독일어 번역 성경의 탄생과 그 파장 그리고 개혁 사
상을 확산시키는 데 결정적으로 기여했던 인쇄술과 새로운 매체
인 소책자 등을 통해 시대적 저항의 증거들을 확인할 수 있을 것
이다.

끝으로 3부에서는 루터의 개혁이 예기치 않게 맞게 된 위기와
그것을 돌파하는 과정들을 서술할 것이다. 종교개혁의 발전 과정
에서 어떤 위기가 왜 발생했는지, 그 위기를 수습하는 과정에서
루터의 선택과 판단이 장기적으로 어떤 결과를 가져왔는지 짚어
보며 독일 종교개혁 후반부의 변화를 추적할 것이다.

짧은 지면에 많은 내용을 다루려 욕심을 부린 점이 없지 않다.
종교개혁이라는 주제를 색다른 시각으로 다루어보려는 시도로
이해해주기를 바란다. 한 사람의 역사 연구자로서 필자도 정확하
고 다양한 지식에 관심이 많다. 그러나 현재 우리 사회에 절실한
것은 루터에 대한 더 많은 지식보다는 그를 바라보는 균형 잡힌
시각이라고 생각한다. 그런 판단 때문에 이 책에서는 시각의 문
제에 역점을 두었다.

다른 서양사 주제와 달리, 루터나 종교개혁에 대해서는 사료
는 물론 연구서들도 한글 자료가 상당히 많다. 그리고 그중에는
500주년을 맞아 새롭게 기획되었거나 내용이 보완된 것도 적지
않다. 이 책에서는 루터가 남긴 방대한 사료들과 관련 연구서들
을 참고로 하면서, 일반 독자들을 배려하여 외국어 문헌 중 번역

서가 있는 경우 가급적 번역서를 인용하려 노력했다. 그렇지만 일부 사료나 연구서의 번역에서 표현을 바로잡는 것이 필요하다고 판단한 경우 일일이 언급하지 않고 수정 번역했음을 밝힌다.

이 글의 구상과 독서 등 기초 작업은 2016년 여름 서울에서 시작했다. 그리고 2017년 연구년을 맞아 연초에 캐나다 밴쿠버에 위치한 트리니티 웨스턴 대학교로 연구 공간을 옮겼고, 이곳에서 본격적인 글쓰기와 마무리 작업을 진행했다. 바뀐 연구 환경과 현지의 열악한 도서관 상황 때문에 필요한 자료들을 확보하는 데 예상보다 어려움이 많았다. 그리고 여러 해 전부터 루터와 종교개혁에 대해 공부해왔지만, 아직 여러 관련 주제들에 대해 학습이 많이 필요하다는 사실을 절감하게 되었다. 부족함이 많지만, 종교개혁 500주년이라는 의미 있는 해를 그저 흘려보낼 수는 없어 미흡한 글을 내놓는다. 이 책이 루터에 대한 건전한 토론을 유발하는 데 작은 기여라도 할 수 있기를 소망한다.

2017년 10월 밴쿠버에서

박흥식

1부

종교개혁의 발단과
루터의 투쟁

01

신화가 된 논제 게시

면벌부를 비판한 루터의 95개조 논제는 성 교회에 게시되지 않았다.
루터를 영웅화하려던 주변 사람들의 욕망 때문에
일종의 루터 신화가 만들어진 것이다.
논제 게시 신화는 역사적 사실에 부합하지 않는다.
루터는 논제 게시를 긍정하는 듯한 말을 단 한 차례도 한 적이 없다.
오히려 그는 자신의 논제가 널리 알려지기를
한사코 원치 않았다고 일관되게 진술했다.

---

* 이 장은 『서양사연구』 56집(2017. 5), 4~37쪽에 게재한 필자의 논문 「루터의 95개조 논제는 게시되었는가?」를 축약해 서술한 것이다.

종교개혁일의 유래

'프로테스탄트' 혹은 '개신교'라 불리는 그리스도교의 한 종파는 1517년 10월 31일을 종교개혁의 기점으로 삼아 기념하고 있다. 이 날은 만성절萬聖節(그리스도교에서 모든 성인을 기리는 대축일로써 서방 그리스도교에서는 11월 1일) 전날인데, 루터가 비텐베르크의 성 교회 출입문에 면벌부를 비판하는 95개조 논제4를 못으로 박아 게시했다고 전해진다. 즉 개신교에서는 10월 31일의 95개조 논제 게시 사건이 종교개혁이라는 거대한 흐름을 촉발시킨 결정적인 계기였다고 본다.

그렇지만 독일의 개신교 지역들에서 루터의 업적이 기억되고, 특히 이 날이 기념일로 결정되기까지 상당한 시간이 걸렸다. 1567년 독일 뉘른베르크Nürnberg에서 가장 먼저 이를 기념했다고 알려져 있으나, 그 날짜를 언제로 삼을지는 쉽게 확정하지 못했다. 이후 약간의 진통을 더 겪은 다음, 루터가 논제를 게시한 지 100주년이 되던 1617년 10월 31일부터 11월 2일까지 사흘에 걸쳐 선제후령 작센과 백작령 팔츠에서 종교개혁 기념식을 거행했다.5 이러한 기념행사는 일종의 정치적 성격을 띠고 경쟁적으로 추진되었으며, 아직 신민臣民들에게 종교의 자유가 보장된 것도 아니었기에 그 의미에 공감하지 못하는 사람이 많았다.

10월 31일을 공식 기념일로 제정한 것은 150주년째가 되던 1668년 선제후령 작센이 최초였다. 다른 지역에서는 시일이 더 걸

1부 종교개혁의 발단과 루터의 투쟁

비텐베르크 성 교회 출입문에 95개조 논제를 쓰는 루터. 이 그림은 16세기 후반의 전승에 따라 작센 선제후 현명공 프리드리히가 만성절 전날 세 차례 연속으로 똑같은 꿈을 꾸었던 일을 익명의 작가가 종교개혁 100주년을 맞아 형상화한 것이다. 1617년 작.

렸는데, 1717년이 되어서야 비로소 종교개혁 기념일을 확정했다.[6]

　루터가 논제를 게시한 사건은 독일사에서 로마 교황청에 대한 민족적 자주성의 주장이라는 의미로 해석되었다. 그래서 민족주의 시대인 19세기에 접어들어서는 '망치를 든 루터' 이미지가 독일의 정체성과 민족주의를 대변하는 의미로 활용되었다. 그 후 영화와 소설 등 다양한 대중 매체를 통해 그 모티브가 반복적으로 재현되었다. 그로 인해 루터의 95개조 논제 게시는 오늘날까지도 종교개혁을 연상하면 가장 먼저 떠오르는 상징이 되었다.[7]

논제 게시의 근거들

그런데 역사가들은 일반적으로 알려져 있는 것과 달리, 루터가 과연 1517년 10월 31일, 성 교회에 95개조 논제를 게시했는지에 대해 의문을 품고 있다. 이에 대한 논쟁도 반세기 이상 펼쳐지고 있다. 이 사실은 독일의 종교개혁 500주년 공식 사이트에서도 확인할 수 있다. 그곳에는 루터의 논제 게시 여부가 논란이 되고 있으며, 그 사실을 증명해줄 결정적인 증거가 존재하지 않는다는 설명이 적혀 있다.[8] 어떻게 이런 오류가 초래되었으며 진실은 과연 무엇일까?

루터가 마인츠Mainz 대주교 알브레히트Albrecht에게 면벌부 문제의 개선을 요청하는 서신을 보낸 것은 만성절 전날이었다. 바로 그날 성 교회의 문에 95개조 논제가 게시되었다는 주장은 멜란히톤이 루터 사망 후 몇 개월 지나지 않아 출간한 루터의 라틴어 전집 제2권 서문에서 언급한 내용에 근거를 두고 있다.

"루터는 경건한 열망에 사로잡혀 후에 그의 전집 첫 권에 실린 면벌부에 대한 논제를 작성했다. 그리고 1517년 만성절 전날 비텐베르크 성과 경계를 맞대고 있는 교회에 이것을 공개적으로 게시했다."[9]

이 글을 쓴 인물이 종교개혁 당시 루터의 가장 가까운 동지였던 멜란히톤이라는 점 때문에 오랫동안 이 진술은 의심 없이 사실로 받아들여졌다. 멜란히톤은 논제 게시 40주년이 되던

1557년에 행한 강연에서도 많은 방문객들이 운집했던 만성절 전날 저녁 미사에 맞추어 루터의 논제가 성 교회에 처음 공개적으로 게시되었다고 발언했다.[10] 멜란히톤은 마치 현장에서 직접 목격한 사람처럼 당시의 상황을 두 차례나 설명했지만, 그가 비텐베르크에 처음 발을 디딘 때는 그 논제 사건이 발생하고 10개월이 지난 후였다.

멜란히톤은 그 사건의 직접 증인이 아니었다. 그는 루터가 살아 있던 시기에는 침묵하다가 그가 사망하고 나서야 비로소 관련 진술을 했다. 이런 점이 뒤늦게 의혹을 사게 된 요인이었다.

한편 1951년에 출판된 뵈머Heinrich Böhmer의 책 『청년 루터』에도 논제 게시에 대한 언급이 등장한다.

"루터는 동료들 가운데 그 누구에게도 자신의 계획을 말하지 않았다. 그는 어느 누구에게도 면벌부의 효용을 비판하는 95개조 논제 포스터를 미리 보여주지 않았다. 그로 인해 비텐베르크의 그 누구도 루터가 은밀한 일을 도모하리라고 예상하지 못했다. 루터는 1517년 10월 31일 토요일 만성절 전날 정오 직전에 슈나이더Famulus Johannes Schneider라고도 불리는 아이슬레벤Eisleben 출신 아그리콜라Johannes Agricola만 동반한 채 아우구스티누스 수도회에서 약 15분 정도 떨어진 성 교회로 가서 북쪽 출입문에 95개조 논제가 쓰인 포스터를 게시했다. 그 문은 큰 축일을 앞두고 종종 그러한 목적으로 사용되었다."

뵈머는 당시의 정황은 물론 논제가 게시된 시각까지 언급하면서 그 근거를 아그리콜라의 사료라고 밝혔다. 이러한 장면은 몇몇 영화로도 재현되었지만, 후에 과장된 해석이었음이 확인되었다.[11]

무엇보다 논제 게시의 당사자인 루터가 그 사안에 대해 정확한 언급을 하지 않았다는 사실에 주목해야 한다. 루터는 1545년 자신의 라틴어 저작들을 묶어 전집으로 출판하면서 그 서문에서 논제를 쓰게 된 상황을 간략히 진술한 적이 있다. 그에 따르면 1517년에 면벌부 설교자들이 부당한 호객행위를 하기에, 루터가 직접 나서서 그들의 말에 귀 기울이지 말라고 설득했으며, 교황이 오류를 바로잡아줄 것이라 기대하며 두 통의 서신을 작성해 마인츠 대주교 알브레히트와 루터가 속한 교구의 책임자 브란덴부르크 주교 슐츠에게 보냈다. 그렇지만 루터의 간청은 결국 무시되었으며, 그러한 경멸을 당한 후에 95개조 논제를 출판했고, 이듬해에는 독일어로 『면벌부와 은총에 대한 설교Ein Sermon von dem Ablaß und Gnade』와 『면벌부 효용에 대한 논제 해설Resolutiones disputationum de indulgentiarum virtute』도 출판했다고 밝혔다.[12]

10월 31일 당일 루터가 서신을 보냈을 뿐 아니라, 시市 교회Stadtkirche에서 면벌부를 비판하는 설교를 했다는 사실은 밝혀졌다. 하지만 루터는 그 외 상황에 대해서 침묵했다. 이 때문에 여러 추측들이 생겨났고 멜란히톤의 관련 언급은 성 교회에 논제 게시 사실을 확인해주는 권위를 지니게 되었다.

1부 종교개혁의 발단과 루터의 투쟁

이절로의 테제

종교개혁의 상징에 결정적인 흠집을 낸 인물은 가톨릭 교회 사학자 에르빈 이절로Erwin Iserloh(1915~1996년)였다. 우연한 기회에 루터의 논제 게시에 대해 관심을 갖게 된 이절로는 1961년 11월 8일 마인츠 대학에서 행한 강연과 그 내용을 출판한 책『루터의 논제 게시, 사실인가 전설인가?』에서 논제 게시의 유일한 근거가 되었던 멜란히톤의 글은 루터가 여러 서신과 글에 남긴 진술들과 모순된다며 논제가 성 교회에 게시되지 않았다고 주장했다.[13]

그는 루터가 1518년 5월 교황 레오 10세Leo X(재위 1513~1521년)에게 보낸 서신을 논제 게시의 열쇠를 풀 수 있는 핵심적인 사료로 주목했다. 이 서신에서 루터는 마인츠 대주교와 브란덴부르크 주교에게 서면을 통해 면벌부 지침의 철회를 요청하고 답변을 기다렸으나, 아무 기별이 없자 그들에게 맞서는 대안책으로 학자들을 토론에 초대했다고 진술했다.[14]

또 1518년 11월 21일 작센 선제후 프리드리히에게 보낸 서신에서도 그는 자신의 동료들 중 누구에게도 면벌부에 대해 문제를 제기할 의도를 드러내지 않았으며, 오직 2명의 주교에게만 먼저 의견을 전했다고 밝혔다. 이 두 서신에서 루터가 두 주교에게 서신을 보낸 일자가 10월 31일이었으며, 서신 발송 후 답변이 없자 그가 비로소 논제를 공개하며 일부 학자들을 토론으로 초대했다는 사실이 확인된다.

이절로는 이러한 루터의 진술 외에도 논제 게시에 대한 의문들을 지적했다. 첫째, 루터는 면벌부를 주제로 토론이 개최되기를 원했으나 루터와 의견이 대립되는 학자가 그 도시에 없었기 때문에 당시 대학 토론에서는 이례적인 서면을 통한 의견 요청을 논제에 언급했다. 둘째, 루터는 교황 레오 10세와 자신의 동료들에게 보낸 서신에서 논제의 확산을 원치 않았고, 시간이 경과한 후에 일부 학자들에게만 논제를 전달했다고 강조했는데, 그가 성교회 문에 논제를 게시했다면, 이런 내용을 서신들에서 반복할 수는 없었을 것이다. 게다가 만성절은 작센 선제후 프리드리히가 자신이 소유한 성유물을 공개 전시하는 날이었다. 만약 그 축일에 루터가 논제를 게시했다면 이는 선제후와 그의 성유물에 대한 공격을 의미했고, 선제후가 신속히 보고를 받았을 터이다. 그

95개조 논제가 붙었다고 추정되는 비텐베르크의 성 교회 출입문.

러므로 그가 95개조 논제의 존재를 뒤늦게 알게 되었다고 화를 내지는 않았을 것이다.[15]

이절로는 만약 루터가 마인츠 대주교에게 논제와 서신을 발송한 10월 31일에 논제를 게시했다면, 논제 전문前文

에서 루터가 보여준 극도의 복종 및 겸손의 표현은 교황을 기만한 것이라며, 여러 근거들을 토대로 판단할 때 "논제가 게시되지 않았다"고 주장했다.[16] 그의 주장의 핵심은 사료들이 논제 게시에 대해 침묵하고 있다기보다는 루터의 명백하고 빈번한 진술이 1517년 10월 31일의 논제 게시를 철저히 부정하고 있다는 점이다. 만일 루터가 대주교에게 보낸 서신에 첨부했던 논제를 만성절 전날 비텐베르크 성 교회 문에 게시하고 널리 알렸다면, 그것은 루터가 서신에서 진술한 내용들과 정면으로 배치된다.

논쟁의 발전

논제 게시가 없었다는 이절로의 주장은 즉시 학계에서 큰 주목을 받았으며, 1964년 10월 8일 베를린에서 개최된 제26회 독일 역사학 대회를 비롯하여 크고 작은 학술 모임들에서 논의되었다. 1960년대에만 약 300편의 관련 글들이 발표되었을 정도로 이 논쟁은 전례 없는 관심을 끌었다. 독일의 개신교 목회자 소식지《독일 목회자 소식Deutscher Pfarrerblatt》을 비롯하여 다양한 성격의 대중매체들도 루터의 논제 게시 관련 논문과 소식을 보도했다. 그로 인해 이 논쟁은 많은 종교인들을 비롯하여 지식인 일반 혹은 대중들의 관심사로 발전했다.[17] 학교에서 루터의 논제 게시를 역사적 사실로 배워왔던 시민들로서는 처음으로 논제 게시 자체를 의심하게 되었기에 그 파장은 예상 외로 크고도 지속적이었다. 또 독일에서 대등한 규모를 유지하고 있는 가톨릭과 개신교 교계도 각기 상이한 관점에서 학술 논쟁의 전개와 결말을 예의주시했다.[18] 논쟁은 1970년경에 일단락되어 소강상태에 들어갔지만, 1970년대 이후에도 이와 관련된 글들은 꾸준히 생산되었다.

여전히 논제 게시를 지지하고 있는 학자들의 핵심 논거는 2가지이다.

첫째, 논제의 게시와 그에 뒤따른 토론은 당시 대학 도시에서 일상이었기에 꼭 언급할 만한 필요가 없었다는 주장이다. 이런 맥락에서 칼슈타트Andreas Bodenstein von Karlstadt(1481~1541년)의 사례가 종종 비교대상이 된다.

비텐베르크 대학의 학장 칼슈타트는 1517년 4월 26일 부활절에 '의인화義人化에 대한 아우구스티누스의 교리'에 대해 토론을 벌이기 위해 비텐베르크 성 교회에 151개조의 논제를 직접 공개적으로 게시하고 사람들을 초대했다.[19] 칼슈타트가 이를 위해 선택한 날은 성유물 전시회 전날이었다. 작센 선제후가 수집한 성유물들을 직접 보는 사람에게는 연옥에 대한 면벌권이 부여되었기에 많은 사람들의 방문을 유인할 수 있었다. 그로 인해 만성절과 부활절에는 성 교회의 문에 토론 논제들이 게시되곤 했다. 칼슈타트는 논제를 게시하고 나서 이틀 후에 선제후의 서기관 슈팔라틴Georg Spalatin에게 비텐베르크에서 열리는 신학 논쟁에 선제후가 몇몇 사람을 파견할 수 있는지 서신으로 문의했다.[20] 이 토론은 외부의 참여자들을 배려하여 추진되었던 것이다.

그렇지만 두 경우는 큰 차이가 있다. 칼슈타트가 많은 사람들이 방문하는 토론 환경을 만들려 노력한 반면, 루터는 자신의 논제가 널리 확산되는 것을 원하지 않아 단지 제한된 범위에서 의견을 교환하려 했기 때문이다. 유사한 사례가 있었다고 해서 그것이 루터의 논제가 교회 문에 붙여졌다고 간주할 만한 근거가 될 수는 없다.

둘째, 루터 논제가 포스터 형태의 인쇄물이었다는 주장이다. 루터가 마인츠 대주교에게 보낸 서신은 현재 보존되어 있지만 동봉한 논제는 존재하지 않는다. 그로 인해 그 논제가 손으로 쓴 필사본인지 아니면 인쇄본이었는지, 또 인쇄본이었다면 게시에 적합한 포스터 형태였는지 논란이 되고 있다.

종교개혁사 연구의 원로 묄러Bernd Möller는 당시 비텐베르크에서 논제 인쇄는 빈번했고, 루터의 논제도 필사하기에는 분량이 너무 많아 일일이 손으로 썼을 가능성이 매우 낮으며, 마인츠 대주교에게도 인쇄본을 보냈을 것이라고 추측한다. 그는 루터가 10월 31일 이후 몇몇 주교들과 그의 동료들에게 논제를 보냈는데, 그것이 급속히 유포될 수 있었던 이유는 이미 비텐베르크에서 포스터 형태로 인쇄된 원본을 라이프치히Leipzig와 뉘른베르크에서 무방해 여러 차례 인쇄했기 때문이리고 주장한다.[21]

하지만 논제의 인쇄 주장을 뒷받침하는 확실한 증거는 존재하지 않는다. 루터는 1518년『면벌부 효용에 대한 논제 해설』이 인쇄되기 전에 브란덴부르크Brandenburg 주교 슐체Hieronymus Schulze에게 그것을 직접 필사해서 보낸 적도 있는데, 그 분량이 95개조 논제의 약 20배에 달한다. 이는 루터가 필사에 매우 능숙했음을 시사한다.[22] 또 10월 31일 이후 한동안 95개조 논제의 필사본들이 적지 않게 유통된 사실이 확인된다. 루터가 논제를 인쇄할 수도 있었지만, 마인츠 대주교에게 논제가 아직 유포된 것이 아니라는 자신의 말에 신뢰를 주기 위해 의도적으로 필사본을 보냈으리라는 추정도 개연성이 있다.[23]

논제 게시의 유일한 증인인 루터의 기록들과 논제를 확산시키는 데 관여했던 쇼이를Christoph Scheurl의 증언을 신뢰한다면 10월 31일에 논제가 게시되었으리라고 추론하기는 어렵다. 사료 비판적인 관점에서 살펴보면, 멜란히톤이나 다른 증인들이 언급한 그 일자는 루터의 증거들과 배치되기 때문이다. 결국 루터 진술의 신뢰성이 게시 여부와 게시 일자 규명에 관건이 되는 셈이다. 가톨릭 신학자 이절로가 루터의 글을 액면 그대로 수용하고 그를 토대로 논제의 게시 가능성을 부정하는 반면, 개신교 교회사학자들은 정황적 증거들을 더 중시하며 루터의 글을 불신하는 상황이 다소 아이러니하다.

뢰러 메모의 재조명

교회사가 마르틴 트로위Martin Treu는 2006년 가을에 잊혀져 있던 메모 하나를 새롭게 재조명해 학계와 언론으로부터 주목을 받았다.[24] 그 자료는 본래 밀리우스Johann Christoph Mylius가 1746년 예나 도서관의 인쇄본 목록을 정리하면서 루터 역 신약성경에 루터가 논제 게시에 대해 직접 남긴 메모라고 분류해두었던 것이다. 그 성경 곳곳에 루터의 필체가 남아 있었다. 하지만 트로위는 주목을 끌던 그 메모가 뢰러Georg Rörer의 필체임을 확인했다. 루터와 뢰러의 필체가 유사했기에 밀리우스가 혼동했던 것이다. 그럼에도 불구하고 루터 생존 시기에 그와 가까이에서 활동했던 뢰러가 남긴 메모이기에 멜란히톤의 증언이 지닌 결핍을 채울 수

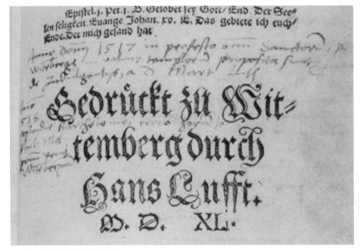

뢰러가 직접 남긴 논제 게시 메모.

있는 사료라고 기대되었다.[25]

게오르크 뢰러는 1537년 선제후 요한 프리드리히 1세에 의해 루터의 조수助手로 임명된 후 1547년까지 줄곧 루터 전집과 성경 출판에 관여했다.[26] 그가 비텐베르크에서 1540년에 출판된 루터 역 독일어 신약성경 마지막 쪽의 목차가 인쇄된 여백에 라틴어로 "1517년 만성절 전날 마르틴 루터 박사의 면벌부에 대한 논제가 비텐베르크 교회들의 문들에 게시되었다"라는 메모를 남겼다.[27] 메모가 기입된 루터 역 성경은 1540년 판으로 성경 수정 위원회에서 검토하는 저본이었다. 교정 검열이 1541년에 시작하여 1544년 12월에 종료되었던 사실을 감안하면 뢰러가 그 글을 기록한 시점은 수정 작업이 마무리되던 무렵일 것으로 추정된다. 따라서 루터의 생존 시기일 가능성이 높으나, 그 메모가 언제 쓰였는지 확인할 수 있는 구체적인 자료는 존재하지 않는다.[28]

내용적으로 뢰러의 메모가 멜란히톤의 글과 의미 있는 차이를 보이는 것은 두 부분이다. 우선 이 메모는 멜란히톤의 글과 달리 루터가 논제를 직접 게시했다고 말하지 않는다. 그리고 다른 하나는 논제가 게시된 곳이 '교회들의 문들valvae templorum'이라고 명시하고 있다. 즉 논제가 성 교회뿐 아니라, 여러 교회들의 문들에 게시되었다는 것이다. '교회'와 '문'에 대한 표현에서 멜란히톤은 'ecclesia'와 'fores'를 사용했으나, 뢰러는 'templum'과 'valvae' 같은 단어를 사용했다.

트로위는 이 메모가 멜란히톤의 글과 독립적이며, 여러 교회들을 게시 장소로 언급한 것이 당시 대학의 정관에 부합하기에 논제 게시를 증명하는 가장 오래된 믿을 만한 사료라고 주장한다.[29] 반면 레핀Volker Leppin은 뢰러가 '교회들의 문들'을 표현하기 위해 당시 많이 사용되지 않던 단어 'valvae'를 사용한 것을 근거로 대학 정관에 있는 용어 'valvis ecclesiarum'을 단순히 인용한 것에 불과하다고 추론한다.[30]

몇 년 지나서 뢰러는 논제 게시에 대한 다른 메모도 남겼는데 거기에는 앞선 메모와 달리 '성 교회의 문들'만 게시 장소로 언급했으며, 교회 문을 가리키는 단어를 멜란히톤이 사용했던 'fores'로 수정했다. 이런 변화는 뢰러가 1546년 이후 자신의 메모보다 멜란히톤의 글에 더 신뢰성을 두는 태도를 보여준 것이라고 할 수 있다. 이를 종합할 때, 뢰러의 메모가 멜란히톤의 기록보다 더 신뢰할 만하다고 간주하기는 어렵다. 멜란히톤이나 뢰러 두 사람 모두 직접적인 기억이나 관련 증거에 기반을 둔 진술을 한 것이 아니다. 뢰러의 경우 루터 저작을 편집하는 과정에서 면벌부와 관련한 내용들을 접했고, 역사적 추론에 의해 논제가 게시되었을 법한 맥락을 재구성했을 가능성이 크다.[31]

논제 게시 논쟁의 의미

1950년대까지만 해도 루터의 논제 게시를 역사적 사실로서 의심하는 견해는 거의 없었다. 그런데 가톨릭 교회사학자 이절로가 루터 및 다른 당대의 사료들을 토대로 논리적이며 설득력 있게 논제 게시의 가능성을 부정함으로 긴 논쟁을 촉발시켰다. 그는 논제 게시의 유일한 증인인 루터가 멜란히톤이나 뵈머와는 다른 내용과 맥락을 진술했다는 사실을 부각시켰다. 루터는 교황과 선제후에게 보낸 서신에서 1517년 10월 31일 두 주교에게 면벌부에 대한 95개조의 논제를 전달했으며, 기다렸던 답변을 듣지 못하게 되자 비로소 논제의 내용을 공개했다고 진술했다.

따라서 루터가 거짓을 말하지 않았다면, 논제가 게시되었다고 할지라도 교회 문에 게시된 일자는 10월 31일이 아닐 것이다. 그와 더불어 논제가 널리 알려지기를 원치 않았다고 루터가 일관되게 진술하고 있는 점도 많은 사람들이 운집하는 만성절 전날의 논제 게시 가능성과 배치된다. 물론 그날 이후에도 논제가 게시되었음을 입증할 만한 사료는 발견되지 않았다. 여전히 논제 게시 가능성을 주장하는 학자들이 적지 않으나, 이절로의 테제가 추후로도 반박되거나 부정될 여지는 거의 없으리라고 추측된다.

이절로의 연구로 종교개혁의 시작을 알리는 대표적인 상징이 퇴색되어 버렸다. 그러나 이 논쟁은 종교개혁사를 새롭게 재구성하고 루터에 대해서 좀 더 깊이 이해할 수 있는 기회도 제공했다. 루터가 논제를 작성하되 공개적으로 게시하지 않았다면, 신학적 윤리적인 논거로 교회 고위층을 조용히 설득해 면벌부의 남용을 막고, 신학적인 개선을 시도했다는 사실이 한층 분명해진다. 이런 측면에서 논제 게시 여부는 루터의 의도를 좀 더 정확히 파악할 수 있는 척도가 된다. 루터 생애의 마지막 시기에 가톨릭교회에 대한 저항운동의 일환으로 루터의 생애와 업적이 기념되고 새로운 자료들이 생산될 필요성이 많아졌다. 논제 게시에 대한 멜란히톤과 뢰러의 기록은 한 영웅의 주변인들이 만들어낸 그와 같은 편린들이라고 추측된다.

오랜 기간 논제 게시가 종교개혁의 시작으로 간주되었다는 역사성이나 상징성 때문에 논제 게시에 대한 학문적 성과의 수용을 주저할 필요는 없다. 설령 루터가 만성절 전날, 혹은 그 이후에 논제를 게시하지 않았다고 할지라도 1517년 10월 31일은 루터가 과감하게 논제를 마인츠 대주교 알브레히트에게 발송하여 면벌부 문제에 대한 개선을 요청한 날이기에 종교개혁 기념일에 걸맞은 역사적 의미가 충분하다. 루터가 용기 있게 시작한 신앙 및 사회의 개혁운동과 그 의미가 부정될 이유가 조금도 없다. 면벌부 폐해가 근절된 지 10년이 되던 1527년 만성절에 동료 암스도르프와 함께 그날의 의미를 기억하며 기념했던 최초의 인물은 사실 루터 자신이었다.[32]

02

면벌부 비판과
종교개혁의 시작

루터의 95개조 논제는 성경과 가톨릭의 전통에 기반하여
면벌부의 오남용을 비판했을 뿐이며 이는 전적으로 새로운 일이 아니었다.
그럼에도 이 논제가 종교개혁을 점화시키는
불꽃 역할을 할 수 있었던 이유는
논제 자체에 담겨 있는 혁명적 성격 때문이 아니라,
독일 사회에 축적되어 있던 반교황 정서와 교회에 대한 불만이
분출될 계기를 제공해주었기 때문이다.

첫 번째 저항 그리고 인문주의자들

중세 가톨릭교회의 부패와 모순을 고발하고 개혁을 이루기 위한 움직임은 14세기 이래 유럽 전역에서 전개되어왔다. 그렇지만 가시적인 결실을 거둔 첫 인물은 마르틴 루터였으며, 그 발단은 1517년 10월 31일에 그가 작성한 95개조 논제의 등장이었다. 이는 가톨릭교회에 대한 루터의 첫 번째 '저항'이었다. 여러 해가 흐른 후 멜란히톤은 논제의 발표를 '종교개혁의 시작'이라고 말할 수 있다고 했다. 이 사건이 종교개혁이라는 거대한 물줄기로 이어졌기에 후대에 95개조 논제를 '종교개혁 선언'이라고 명명하기도 한다. 루터는 이 사건 이전까지 스콜라철학을 비판하며 새로운 신학의 길을 모색하고 있었다. 그는 탁월한 학문적 역량을 보여 일부 학자들로부터 주목을 받고 있었다.[33] 하지만 면벌부에 대한 그의 갑작스런 비판은 주변 사람들에게조차 의외의 행동으로 비춰졌다.

루터 자신이 논제를 제기한 목적은 학술적이라고 강조했듯이 그는 당시 확립되어 있던 공개 토론 방식을 통해 학자들 사이에 면벌부에 대한 의견을 모으고 필요한 경우 공론을 형성하는 데 기여하기를 원했다. 그렇지만 당대 교회의 입장에서 볼 때 루터가 매우 민감한 문제를 제기했기에 그의 선의와 달리 교회와 대립하는 결과를 맞았다. 한편 예상과 달리 비텐베르크 대학이나 도시 내에서는 그의 제안에 그다지 관심이 없었다. 루디가 공연히 화근을 제공했다고 불만스러워하는 분위기도 있었다. 그럼에도 불구하고 루터의 비판이 널리 확산될 수 있었던 것은 도시 밖의 학자들, 특히 인문주의자들과 도시민들이 예기치 않게 적극적으로 호응했기 때문이다.[34]

민중들, 특히 도시민들은 루터를 자신들의 당파적 입장을 옹호하는 개혁가로 받아들이며 환영했다. 반면 인문주의자들은 루터의 학구적이고 논리적인 지적에 대해 공감했다. 에라스무스Desiderius Erasmus of Rotterdam(1467년경~1536년)의 글 『우신예찬Moriae Encomium』(1511)에서 볼 수 있듯이, 북유럽의 인문주의자들은 가톨릭 내부에서 교회의 폐해에 대해 폭넓게 비판하며 도덕적 개선을 촉구하고 있었다. 얼마 후 루터에게 적대적인 태도로 돌변하게 되는 코흘레우스Johann Cochläus(1479~1552년)나 파브리Nicholaus Fabri 같은 인문주의자들조차 95개조 논제에 대해서는 한결같이 환호했다.

루터는 당시 별다른 지지세력이 없었지만, 뉘른베르크의 쇼이를, 피르크하이머Willibald Pirckheimer, 아우크스부르크의 포이팅어Conrad Peutinger, 울름의 리하르트Richard, 라벤스부르크의 힘멜베르크Himmelberg 등 인문주의자들의 결속된 네트워크를 통해 그의 논제가 널리 확산되며 여론을 형성했다. 상당수 인문주의자들은 그의 논제 발표를 계기로 루터 지지자가 되었다.[35]

루터는 1517년 이전에 이미 스승 슈타우피츠Johann von Staupitz

　　　　　　　　1부 종교개혁의 발단과 루터의 투쟁

의 도움으로 그의 인적 네트워크에 편입되었다. 그로 인해 뉘른베르크, 라이프치히, 에어푸르트 등의 학자들과 신학적 견해를 주고받을 수 있었다.[36]

루터 스스로는 인문주의자가 아니었지만, 그의 글은 당시 인문주의자들 사이에 종교 분야의 글 중에서 가장 선호되었으며, 새로운 토론거리를 제공했다. 성경에 대한 루터의 해박한 지식과 분석적 능력이 그들에게 성경을 새롭게 이해하는 길을 제시했기 때문이다. 후에 루터가 하이델베르크에서 개최된 아우구스티누스 수도회 분회의 발표나 라이프치히 논쟁에서 발언했던 내용들도 인문주의자 그룹 내에서 그의 명성을 높이는 데 기여했다. 루터를 제외하고는 16세기 종교개혁 지도자 대부분이 인문주의자였다는 사실은 북유럽의 인문주의와 종교개혁운동 사이에 전개되었던 초기의 협력적 관계를 보여준다. "인문주의 없이는 종교개혁도 없다"는 명구처럼, 두 운동은 대립적이기보다는 상호작용했다.

루터가 인문주의자들로부터 환영받을 수 있던 것은 그들 사이에도 교회의 적폐를 제거하는 것이 시급하다는 공감대가 형성되어 있었기 때문이다. 결국 루터는 인문주의자와 도시민이라는 이질적인 두 집단으로부터 각기 상이한 이유에서 박수를 받았다.[37]

한편 루터의 글이 독일 사회에서 예상 못한 파장을 불러일으키며 확산될 수 있던 것은 그만큼 종교적 모순을 절실하게 겪고 있었기 때문이다. 중세 말에 교회 부패를 유발한 중요 원인은 교황청의 재정 문제였다. 교황청은 지출이 너무 많아 빈번하게 파산의 위험에 직면했다. 14세기 이래로 중앙집권이 확립된 잉글랜드나 프랑스와 달리, 독일은 분권적인 세력들로 나뉘어 있었기에 교황청의 영향력을 견제할 구심점이 없었다. 따라서 독일이 교황청의 궁핍한 재정을 채워주는 주요 수입원으로 기능했으며, 급기야 '교황청의 젖소'라는 별명까지 얻었다.

교황은 독일에서 성직 매매를 비롯하여 여러 관행적인 돈벌이를 고안하여 꾸준히 수입을 올렸다. 독일의 각 주교구에 분할된 부담은 결국 일반 평민들에게 전가되었기에 독일의 귀족은 물론 민중들 사이에서는 교황청이 요구했던 억압적인 세금과 권력 남

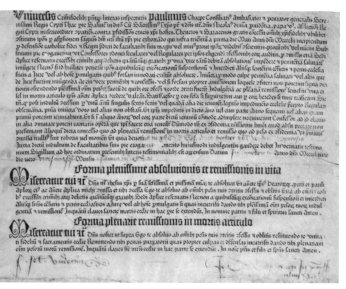

1454년 투르크에 대한 십자군 원정자금을 모으기 위해 구텐베르크가 마인츠에서 제작한 면벌부.

1부 종교개혁의 발단과 루터의 투쟁

용 등 약탈적 관행에 대하여 불평이 많았다. 그와 같은 폐해의 대표적인 사례가 면벌부免罰符, indulgentia였다.[38] 독일인들 사이에는 그들이 구매한 면벌부나 지불한 교회세가 교황의 사치 혹은 화려한 교회 건축을 위해 사용된다는 사실이 부각되면서 큰 파장을 낳았다.

루터의 논제는 교회 비판에 대한 여론을 형성하기 시작했으며, 고조되어 있던 반교황적인 정서와 독일인의 민족 감정도 자극했다. 루터의 논제는 바짝 말라 있던 산에 불씨가 붙은 것처럼 독일인들 사이에서 열광적으로 수용되었다.[39]

면벌부의 효용

면벌부[40]로 집약되는 중세 교회의 사면 제도는 연옥 교리가 확립되기 전인 11세기 전반에 등장했다. 1095년 우르바누스 2세가 십자군 원정을 제창하면서 전쟁에 참여하거나 성지에 순례하기 위해 가는 사람들에게도 면벌권을 수여했다.[41] 그렇지만 당시만 해도 교황이 지닌 특권으로 시혜를 베푸는 정도로 모호하게 이해되었다.

시간이 흐르면서 죄 사함에 대한 교리는 구체화되었다. 중세 교회의 가르침에 따르면 신자가 사제에게 죄를 고해하면 그 죄가 용서되고 지옥에서의 영벌永罰, eternal punishment은 해결된다. 그러나 여전히 책임이 남아 있는 잠벌暫罰, temporal punishment에 대해서는 고해 때 사제가 부과하는 금식, 순례, 자선 등을 통해 보속補贖해야 했다. 생전에 잠벌을 다 해소하지 못한 경우에는 사망 후 연옥에 가서 마저 보속해야 했다. 면벌은 이 잠벌을 경감시켜주는 수단이었으며, 면벌부는 보속, 즉 고행을 이행했음을 증명하는 증서였다. 13세기를 지나며 '공로의 보고寶庫'[42]라는 개념이 등장하면서 면벌부도 질적으로 변화를 겪었다.

토마스 아퀴나스는 그리스도뿐 아니라 사도, 성인 및 순교자들이 인간의 죄를 사하기에 충분한 마르지 않을 만한 분량의 공덕을 하늘의 보물 창고에 쌓아두었기에 교회는 그리스도의 공동체에 속한 신자들에게 그것을 베풀 수 있다는 논리를 제공했으며, 다른 스콜라 학자들도 이런 개념을 발전시켰다.[43] '공로의 보고' 교리가 공식화된 것은 교황 클레멘스 6세 시기였다. 그는 1343년 교서 『우니게니투스Unigenitus』에서 천국의 열쇠를 맡은 베드로의 계승자 즉 교황이 공로의 보고를 사용해 사면권을 행사할 수 있다고 천명했다.[44] 이를 계기로 14세기에 면벌부의 제도적 토대가 확고해지면서 그 발급도 크게 늘었다.

하지만 면벌부가 본격적으로 남용되고 부작용을 초래하게 된 계기는 교황 식스투스 4세가 1476년 발표한 교서 『살바토르 노스테르Salvator noster』에서 이미 사망해 연옥에 머물고 있는 자들에게까지 대도代禱를 통한 면벌부 효력의 확장을 공인하면서부터였다.[45] 물론 면벌부의 효력이 이처럼 이미 사망한 가족들까지 포

1부 종교개혁의 발단과 루터의 투쟁

용하는 방식으로 확대된 이면에는 중세 교회를 구성하는 대중들의 지속적인 요청이 있었다. 루터가 95개조 논제를 발표하기 이전까지 다수의 민중들이 면벌부 자체에 대해 거부감이 크지 않았던 이유는 교회가 면벌부의 구매를 자선행위로 위장했고,[46] 그 교리가 민간신앙적인 요소들을 적잖게 수용하고 있었기 때문이다. 중세인들은 고백한 죄만 해결된 것으로 알았기에 이생에서 다 해결하지 못한 죄에 대한 형벌은 어차피 연옥에서 정화되어야 할 것이라고 이해했다. 결국 교황을 정점으로 한 중세 교회가 탐욕에 눈이 어두워 면벌부 효력을 지나치게 확대함으로써 신학적 논란과 개혁세력의 비판을 자초하게 된 것이었다.[47]

면벌부를 통한 보속의 경감은 면벌부의 구매를 통해 죄 문제가 해결될 수 있다는 인식을 낳았다. 참회조차도 필수적이지 않았기에 신자들은 죄를 짓는 것을 가볍게 생각하게 되었다. 이는 본질적으로 신자들에게 예수의 죽음을 통한 죄 사함이라는 그리스도교의 핵심 교리를 망각하게 만들었고, 실질적으로 면벌부가 예수의 자리를 대신하게 되었다.

중세 말에 고해 제도는 종교적으로 면벌부의 수요를 만들어내는 기제로 기능했으며, 면벌권을 수여하는 권한은 교황이 주도적으로 행사했다. 교황청에서는 14세기 이래 재정적인 필요가 있을 때마다 점점 더 면벌부 판매에 의존하는 경향을 보였다. 본래 사죄 선언은 구두로 선포하는 것이 일반적이었고, 긴힐직으로 필요

Ein Frag an eynen Müntzer/wahin doch souil Geltz
kumme das man alltag müntzet? Antwort des selben Müntzers/Uon dreyen
Freinden unsers Geltz/wa wir nit acht darauff haben/werden wir den Seckel zum Gelt an.

면벌부가 판매되는 현장. 개혁세력 측에서 만든 것으로 예수 그리스도가 달려 있어야 할 십자가에 면벌부를 매달아 면벌부가 복음을 훼손했다는 사실을 노골적인 방식으로 비판하고 있는 그림이다.

한 경우에만 증서를 발행했다. 그런데 15세기 중엽 이래 인쇄술이 발달하면서 증서의 대량 발급이 용이해진 것도 면벌부가 대중적 성격을 띠는 데에 기여했다.

교황 율리우스 2세Julius II(재위 1503~1513년)는 1505년 베드로 대성당의 개축을 결정하고 그를 위해 면벌부를 발행해 각 지역의 제후들에게 일정 몫을 제공하며 협력을 유도했다. 폴란드 왕이 면벌부 판매를 기피하자 교황은 1508년 판매 이득의 3분의 2를 주겠다고 제안하여 참여를 이끌어내기도 했다.[48]

율리우스에 이어 교황에 오른 레오 10세도 1515년 성 베드로 성당을 재건하기 위해 면벌부 발행을 갱신했다. 레오는 로렌초 데 메디치Lorenzo de' Medici(1449~1492년)의 둘째 아들로서 재위 기간 내내 사치스러운 생활로 일관했으며, 여러 차례의 전쟁과 과도한 예술 후원으로 교황청의 재정을 고갈시킨 장본인이었다. 그는 1515년 3월 발표한 교서 『사크로 상크티스Sacro sanctis』에서 "신자들은 천국에 이르는 계단으로써 면벌부를 갱신할 수 있다"고 선언했다.[49] 독일 지역에 적용된 이 교령으로 인해 적합한 면벌부를 구입하기만 하면 도적질과 간음을 포함하여 거의 모든 죄에 대한 벌이 용서될 수 있었다. 또 교황은 그 교서에서 사제들이 다른 주제에 대한 설교를 중단하고 면벌부에 대한 홍보에 집중하라는 지시도 내렸다.

레오는 푸거Fugger가家로부터 2만 9,000길더를 빌려 독일 성직자 서열 1위이자 선제후 직인 마인츠 대주교좌를 차지한 알브레히트에게 8년간 독일 지역의 면벌부 판매 권한을 하사하고, 판매 이득을 절반씩 나누기로 했다.[50] 알브레히트는 1515년 관리들과 면벌부 판매자들이 숙지해야 할 포괄적인 내용을 담은 『지침서 Instructio summaria』를 편찬했는데, 거기에는 판매에 도움이 될 만한 여러 방안들이 제시되었다.[51] 그중에는 "연보궤 안에 던진 돈이 딸랑 소리를 내자마자 영혼은 연옥에서 벗어나온다"는 유명한 구절도 포함되었다. (루터는 95개조 논제 제27조에서 이 표현을 그대로 인용했다.) 알브레히트는 당시 가장 유능한 면벌부 설교자로 인정받던 도미니쿠스회 수도사 테첼Johann Tetzel(1465~1519년)을 판매 책임자로 임명했으며, 넉넉하게 보상해 활동을 독려했다.

루터의 면벌부 비판

마르틴 루터는 1501년 작센의 대표적인 명문 에어푸르트 대학에 입학하여 4년간 기초 과정을 마친 후 법학 공부를 시작했다. 그런데 1505년 돌연 수도생활에 입문했다. 그는 대학생활 중 아리스토텔레스 저작을 비롯한 주요 문헌들과 논리학을 익혔고, 당대 풍미하던 유명론을 접했다. 유명론은 개인이나 경험에 강조를 둔 새로운 학문 방법론으로 오캄과 스코투스 등 개혁적인 사상가들의 학풍이었다. 그들은 스콜라학이나 그리스 철학자들의 학문 방법론보다도 성경의 권위가 강조되어야 한다고 주장했다. 당시 대학 내부는 물론 문화 전반에 영향을 미치고 있던 인문주의의 영향으로 루터는 원전에 대한 관심도 높았는데, 후에 이런 요소들이 그의 성경 번역이나 사상에서 발현되었다.[52]

루터는 성실하게 수도생활을 하던 중에 그를 세심하게 관찰하던 상관 슈타우피츠에게 발탁되었고, 그의 권고로 1511년 여름부터 비텐베르크에서 대학교수로서 강의할 기회가 주어졌다.[53] 이 대학에서 그가 개설한 강의들은 학생들로부터 언제나 큰 호응을 얻었다. 그의 스승은 루터의 역량과 잠재력을 어느 정도 가늠하고 있었던 터였으나, 루터는 면벌부를 비판하는 95개조 논제를 발표하기 이전까지 도시 외부에는 제한적으로만 알려져 있었다. 다만 프리드리히 선제후는 슈타우피츠와 선제후의 서기관 슈팔라틴으로부터 그의 학문적 잠재력에 대해 전해 듣고 적지 않은 기대를 하고 있었다.[54]

수도사 루터는 1515년부터 아우구스티누스 수도회의 교구 사제District Vicar로서 11개 수도원의 행정을 총괄하는 일을 맡았다. 그는 해당 구역을 순회하며 사역을 담당했기에 신자들의 개인적 필요와 고충을 속속들이 알고 있었다. 당시 독일 사람들이 구원의 문제에서 면벌부에 의존하는 경향이 점점 커져 우려하고 있던 터였다. 작센 선제후는 면벌부 설교자가 자신의 영방 내에서 설교를 하거나 면벌부를 판매하는 것을 허용하지 않았다. 신민들의 돈이 마인츠 대주교와 교황에게 흘러들어가는 것을 막으려 했을 뿐 아니라, 만성절을 맞아 본인이 보유하고 있는 성유물을 보기 위해 방문하는 자들에게 발행하는 면벌부 사업에 손실이 초래되는 것도 원치 않았다. 루터는 1517년 초 작센 지역에서는 판매가 허용되지 않는 면벌부를 구입하고자 주변의 다른 지역까지 다녀오는 사람들까지 있다는 사실을 파악하고 나서 일을 바로잡을 필요를 느꼈다.

루터가 최초로 면벌부 문제를 언급한 것은 1514년이지만, 본격적으로 이에 대해 비판한 것은 1516년 7월이었다. 그 후 그는 여러 차례에 걸쳐 공개적으로 면벌부이 문제점을 비판하는 설교를 했다.[55] 초기에 면벌부 문제에 그리 예민하게 반발하지 않았던 루터가 면벌부 비판에 나서게 된 결정적인 계기는 마인츠 대주교 알브레히트가 제작한 면벌부 지침서를 접한 일이었다. 면벌부 설교자 테첼이 막데부르크 교구에서 본격적인 활동을 시작한 것은 1517년 1월이었다. 그는 독일 전역을 순회하며 신자들이 죽음 후 맞게 될 상황에 대한 불안감을 자극했다. 그는 면벌부에 대해 정확한 지식을 알려주기보다는 판매고를 높이는 데 주력했다. 루터는 그의 홍보 활동이 단순히 개인적 의견이나 의지에 따른 것이 아니라, 대주교의 지시에 의한 것임을 비로소 알게 되었다.

루터는 면벌부 구매자에게 벌을 사면해주는 관행이 복음의 본질을 부정하는 것이라고 판단했다. 그는 면벌부로 인해 죄 사함과 구원, 즉 복음의 내용이 변질될 뿐 아니라, 터무니없는 일로 신자들이 생계 수단을 바쳐 궁핍해지는 것에 대해서도 분노했다. 당시 비텐베르크 대학에서는 교수들이 금요일마다 학문적이거나 일반적으로 중요한 주제에 대해 발표하는 관례가 있었다. 루터는 자신에게 배당된 순서에 맞추어 면벌부를 반박하는 논제를 준비했다. 그리고 두려운 마음으로 마인츠 대주교에게 보내는 서신에 그 논제를 동봉했다.[56]

95개조 논제의 내용

루터는 논제를 95개조 항목으로 정리했는데,[57] 논제의 주제와 핵심은 처음 두 조항에서 명백히 드러난다. "우리들의 주님이시며 스승이신 예수 그리스도께서 '참회하라'고 말씀하셨을 때, 신자들의 전 생애가 참회의 삶이 되기를 요청하신 것이다."(1조) "이 '참회'라는 단어는 성례전적 참회, 즉 사제들의 주도하에 행해지는 고해와 보속으로 이해되어서는 안 된다."(2조)

중세 시대 표준성경 불가타Vulgata의 해당 용어 'poenitentiam agite'(마태복음 4장 17절)를 가톨릭교회는 '고해하라'로 이해했다. (가톨릭교회에서 사용하는 고해성사란 용어도 이 구절에 근거했다.) 그런데 1516년 에라스무스가 그리스어와 라틴어 대역 성경을 새로 출판하면서 '외적인 고해'가 아닌 '내적인 속죄'에 해당하는 '참회'의 의미로 정정한 바 있었다. 이 논제에서 루터도 그 구절을 고해성사가 아니라 참회에 대한 근거로 활용했다.[58]

루터가 이 논제 전체를 통해 전하고자 했던 중심 주제는 성경적 참회의 의미였다. 그는 참회가 가톨릭교회에서 관례적으로 거행하는 고해성사로 해석되어서는 안 되고, 신자들이 참회의 삶을 사는 것으로 이해되어야 한다고 주장했다. 루터는 참회의 삶 대신 단순한

루터의 95개조 논제 뉘른베르크판 라틴어 인쇄본. 1517년 뉘른베르크의 인쇄업자 휠첼이 제작한 루터의 95개조 라틴어 논제 포스터이다.

고해성사로 죄 문제가 해결될 수 있다고 생각하는 태도와 의미의 왜곡이 면벌부 남용으로 이어진다고 보았다. 즉 루터는 면벌부의 신학적 근거에 의문을 제기한 것이다.

루터는 죄 사함과 관련하여 교황의 권한이 제한적이라고 주장하며, 그가 보속을 인간의 공로와 행위에 종속시켰다고 비판했다. 그는 행위가 아니라 전 생애 동안 이루어지는 것이 '참회'라고 보았다. 이어 루터는 교황에게 위임된 권한과 한계에 대해서 설명했다. "교황은 자신의 직권 또는 교회법에 의해 부과된 형벌들 이외에는 어떤 형벌도 사할 의지나 권한을 지니고 있지 않다."(5조) "교황은 하느님께서 죄를 사하였다는 것을 선언 혹은 보증하는 것 이외에 어떤 죄든지 사할 권능이 없다. 기껏해야 그 자신에게 맡겨진 사건들에 대해 죄를 사하는 데 불과하다."(6조)라고 주장했다. 루터는 5조와 6조에서 교황에게는 죄를 사할 권한이 없다고 선언함으로써 이미 죽어 연옥에 머무르고 있는 자의 죄를 사면할 권한이 있다고 명시한 교황 식스투스 4세의 교서를 부정했다. 그렇지만 이 논제에서 루터가 교황의 권위를 본격적으로 부정하는 데까지 나아가지는 않았다.

루터는 테첼을 비롯한 면벌부 설교자들의 주장에 대해서도, "교황의 면벌부에 의해 인간은 모든 형벌로부터 사면되며 구원받을 수 있다고 선전하는 면벌부 설교자들은 모두 오류에 빠져 있는 것"(21조)이며, "면벌부 설교자들이 연보궤 안에 던진 돈이 딸랑 소리를 내자마자 영혼은 연옥에서 벗어 나온다고 말하는 것은 인간의 학설을 설교하는 것"(27조)이라고 매우 신랄하게 비판했다.

루터는 "어떠한 그리스도인이고 진심으로 뉘우치고 참회하는 사람은 면벌부 없이도 형벌과 죄의 완전한 사함을 받으며"(36조), "면벌부의 만연이 사람들로 하여금 (죄로 인한) 형벌을 등한시하게 하고 증오하게 한다."(40조)고 주장했다. 그는 면벌부가 죄를 사해주는 것이 아니라고 강조했다. 따라서 "교황의 면벌부는 사람들이 만일 그것을 맹신하지 않는다면 유용하지만, 그것 때문에 사람들이 하느님께 대한 두려움을 잃는 일이 있다면 매우 해로운 일"(49조)이라고 경고했다.

루터는 이 논제에서 면벌부의 교리를 전면적으로 부정하지 않았다. 그것이 일정 정도 유용한 기능이 있다고 인정했다. 그렇지만 "교황이 면벌부를 주는 토대가 되는 교회의 보고寶庫는 그리스도인들에게 충분히 검토되거나 알려지지 않았"다며(56조), 그 교리에 의문을 던졌다. 루터는 "교회의 진정한 보고는 하느님의 영광과 은총의 거룩한 복음"(62조)이라고 선언했다. 그는 면벌부가 재산을 낚는 그물에 불과하며(66조), 로마 시대 가장 부유했던 크라수스보다 재산이 많은 교황은 가난한 신자들의 돈이 아니라, 필요하면 자기의 돈으로 성 베드로 성당을 건축하라며 (86조) 교황의 모금 행위와 부에 대해서도 비난을 삼기지 않았다.

교리 비판인가, 윤리적 비판인가

부분적으로 인용한 논제들에서 알 수 있듯이, 루터는 95개조 논제를 통해 참된 참회의 의미를 되물었고, 교황이 남용하고 있는 사면 교리를 비판했으며, 면벌부가 구원에 대해 지니고 있는 효용에 대해 전면적인 의문을 제기했다. 반면 이 글에서 종교개혁과 관련된 의지 표명은 그 어디에서도 찾아볼 수 없다. 면벌부 문제 외에는 당대 교회가 가르쳐온 잘못된 교리 혹은 모순들을 비판하고 있지 않다. 루터는 주로 성경에 기반하여 면벌부의 효능과 교황의 권한을 검토했을 뿐이다.

면벌부는 당시 신학적으로 더 중요하게 생각되던 믿음, 구원, 성사 등의 문제와 비교해볼 때 상대적으로 미미한 주제였다. "교회의 진정한 보고는 하느님의 영광과 은총의 거룩한 복음"(62조)이라고 선언함으로써 새로운 복음 중심 사상을 선포하고 있기는 하지만, 루터의 복음에 대한 이해가 논제 전반에 풍부하게 드러나 있지는 않다. 교황의 권위와 연옥의 존재 등에 대해서도 본격적으로 이의를 제기하지 않았다. 전체적으로 판단할 때 논제는 가톨릭의 전통에 충실했다고 평가할 수 있다. 한편 교황에 대한 언급에서 교황청을 자극할 만한 위험한 표현들이 있었다. 예를 들면 52조에서는 다음과 같이 지적했다. "면벌부 설교자나 교황이 그 증서에 영혼을 걸고 서약한다고 해도 면벌부로 구원받으리라 신뢰하는 것은 헛되다." 루터는 교회 및 교황이 면벌부를 매개로 거짓 약속을 남발했다고 주장했다.

이 논제에서 루터가 고해성사와 면벌부의 효용 자체를 완전히 부정하고 있지 않은 점도 주목할 필요가 있다: "교황의 면벌부는 사람들이 그것을 맹신하지 않는다면 유용하다. 그러나 그것 때문에 하느님에 대한 두려움을 잃는 일이 있다면 매우 해로운 일이라는 것을 그리스도인들에게 가르쳐야 한다."(49조) 이 조항에서 확인할 수 있듯이 루터가 비판한 핵심은 면벌부 자체가 아니라, 그것의 오남용이었다.

그러나 시간이 경과한 후 루터는 면벌부를 완전히 부정하기에 이른다. 이처럼 루터의 신학사상 중에는 점진적으로 발전하는 주제들이 적지 않다. 1520년에 쓴 『교회의 바벨론 포로』에서 루터는 95개조 논제에서 면벌부의 효용을 전적으로 부정하지 않았던 일을 부끄러워했으며, "면벌부는 로마의 아부하는 자들의 사악한 책략"이라고 단정하기에 이르렀다.[59]

종교개혁 당시 면벌부는 부패한 교회의 상징이었다. 면벌부의 폐해는 교리적인 측면 못지않게 윤리적인 측면에서도 두드러졌다. 면벌부의 효용을 주장하던 자들이나 교회가 자력으로 구원의 문제를 해결하고자 하는 왜곡된 욕망을 이용해 사적인 이익을 챙기고 있었다. 실제로 면벌부의 가격은 노동자의 일주일 수입을 넘지 않았다. 하지만 그 누구도 연옥에 얼마나 오래 머물러야 할지 알 수 없었기에 민중들은 불안한 마음에 면벌부를 지속적으로 구입했고 그만큼 수탈당했다. 한편 당대에는 구입해 둔 면벌부의 양이 마치 개인의 신앙심을 상징하는 것처럼 비춰지는 경향도 있었다. 심지어 추기경 브란덴부르크의 알브레히트는 3,900만 년이 넘는 시간의 면벌부를 축적했다고 자랑했다.

루터는 교회가 민중을 착취하는 집단으로 변질된 현실도 비판했다. 그렇지만 그가 논제 전체에서 치중했던 문제는 윤리적인 요소라기보다 신학적 측면이었다. 그의 관심이 후자에 치우쳐 있었던 사실은 위클리프와 후스가 교황청의 토대가 되고 있는 신학을 공격했어야 하는데 도덕적 결함에 비판을 국한했다는 이유로 도리어 그들을 비난했던 점에서도 드러난다.[60]

위클리프는 교황이 연옥에 대해 사법권을 행사하는 것을 부정하는 맥락에서 면벌부를 비판했고, 후스는 면벌부가 유용하지 않는 엄격한 고해성사 체제를 주장했다. 그들뿐만 아니라 마인츠의 신학자 베젤Johann von Wesel(1425~1481년)과 파리대학 신학부도 15세기 말에 면벌부를 비판했다.[61]

이런 앞선 개혁가의 선례들을 감안하면 루터가 면벌부를 비판했다는 사실 자체는 새로운 일도 그리 놀라운 일도 아니었다. 루터가 성경을 근거로 삼아 좀 더 논리적으로 교회의 부패와 모순에 대해 의견을 표명한 정도가 차이라고 할 수 있을 것이다. 루터는 면벌부 때문에 교황의 권위가 훼손되는 것을 의도하지도 원하지도 않았다. 그 자신이 로마교회로부터 벗어나는 것은 더더구나

1부 종교개혁의 발단과 루터의 투쟁

아직 상상해보지도 않았던 터였다. 따라서 이 논제에 그의 개혁 신학의 청사진이 드러나 있지 않는 것은 지극히 당연하다.

루터의 논제가 종교개혁을 점화시키는 불꽃 역할을 할 수 있었던 이유는 면벌부에 대한 신학적 비판이 설득력 있어서만은 아니었다. 이미 최고조에 이르러 있던 독일 내의 반교황 정서와 대중들의 교회에 대한 불만과 분노가 사회 저변에 가득 차 있었기 때문이었다. 그로 인해 루터가 면벌부로 대표되는 교회의 적폐를 통렬하게 지적하고, 나아가 도덕적 개선까지 요구했을 때 민중들이 곧바로 열렬히 호응했다. 루터는 자신의 논제가 야기한 결과로 인해 오히려 크게 당혹했을 정도였다.[62]

종교개혁에 대한 대중적 지지는 사실 신학적인 발견 때문이 아니었으나, 루터는 민중들이 그들이 처한 상황과 윤리적·사회적 나아가 정치적 차원 때문에 자신의 비판적인 글에 환호했던 사실을 충분히 인지하지 못했다. 루터와 그를 지지하던 민중들 사이에는 처음부터 당대 교회와 사회의 문제를 대하는 태도와 해결 방식에서 현격한 차이가 존재했다. 루터의 글이 전혀 예상하지 못했던 호응을 얻었던 것은 그 논제가 지닌 혁명적 성격 때문이 아니었다. 교회와 교황에게 억눌려 있던 독일 민중의 축적된 불만과 폐해가 루터의 신호에 마치 기다렸다는 듯이 반응하여 종교개혁이라는 거대한 물결을 일으켰던 것이다.

03

진리를 향한 외로운 싸움

수도원과 대학의 울타리 내에 머물러 있던 루터를
종교개혁의 전쟁터로 이끌어낸 것은 시대의 요청이었다.
교회의 위협이 갈수록 거세지면서
루터는 자신의 주장을 철회하거나 도피하기보다
글과 말을 통해 본격적으로 신앙의 근본 문제에 대한 입장을 발전시켰고,
대담하게 교회와 교황에게 비판하며 도전했다.
결국 루터가 파문을 당해 가톨릭교회에서 축출된 것은
당연한 귀결이었다.

논제의 유통과 확산

루터의 95개조 논제가 어떻게 독일 여러 도시의 성직자 및 신학자 그리고 인쇄업자의 손에 들어갔는지 그 과정이나 경로는 정확히 알려져 있지 않다. 루터가 10월 31일 이후 일부 지인들에게 논제를 직접 보낸 것은 사실이지만, 그 횟수가 그리 많지는 않았다. 당시 대학에서 논쟁에 붙여지는 논제가 인쇄되어 공개적으로 유포되는 일은 드물지 않았다. 그런데 비텐베르크에서는 루터의 논제가 인쇄물로 제작되지 않았다. 그의 논제가 커다란 주목을 받게 될지 미리 예상하지 못했기 때문이다.

반면에 라이프치히, 뉘른베르크, 바젤Basel 등 출판 중심지에서는 라틴어판 95개조 논제가 인쇄물로 확산되면서 전혀 예기치 않은 결과를 낳았다. 비텐베르크가 아닌 타 도시에서 루터의 논제를 일찍 접하고 공감했던 인문주의자들과 인쇄업자들이 자발적으로 그 내용을 전파하는 데 동참했다. 상당수 인쇄업자들은 그 글이 대중에게 호소력이 있으리라는 점을 직감했다. 이처럼 루터가 희망하지 않았지만 논제는 폭넓은 공감을 불러일으켰고 놀라운 속도로 확산되었다. 루터는 후에 "논제가 불과 2주 만에 독일 전역에 퍼졌다"고 놀라움을 표하며 회고했다.[63]

뉘른베르크의 사례는 논제의 유통 경로에 대해 작은 실마리를 제공한다. 루터는 뉘른베르크에 있는 그 누구에게도 논제를 직접 보낸 적이 없었으나 이 제국 도시에서는 12월 10일경 그의 논제가 인쇄되었다.[64] 그것이 어떻게 가능했을까? 11월 중에 뉘른베르크에 있던 크리스토프 쇼이를에게 논제의 필사본을 보낸 인물은 비텐베르크에서 교회법을 공부한 후 비텐베르크 성직자 참사회원參事會員이 된 딘슈테트Ulrich von Dinstedt였는데, 그가 논제를 입수한 과정은 알려져 있지 않다. 쇼이를은 그 논제를 읽어본 후 속히 인쇄물로 만들어 전파해야겠다고 판단했다. 그래서 인쇄업자 휠첼Höltzel에게 주어 인쇄를 주문했고, 완성된 인쇄물을 여러 지인들에게 배포했다.

쇼이를은 루터의 글을 그 도시 내의 사람들뿐 아니라, 아우크스부르크 시의 서기였던 포이팅어에게도 전달했다. 왕래가 빈번했던 이 두 도시의 여러 인문주의자들과 지도자급 인사들은 루터의 논제에 공감과 경탄을 표했고, 다시 또 다른 사람들에게 전달했다. 뉘른베르크의 도시 귀족 피르크하이머는 12월 말에 인문주의자 그룹에 속했던 아우크스부르크의 아델만Bernhard Adelmann에게 논제를 보냈는데, 그는 이미 바젤판 논제를 입수해서 갖고 있었던 터였다.[65] 바젤에서는 1517년 12월 페트리Adam Petri가 4절판 4쪽으로 된 논제를 인쇄해 퍼뜨렸다.

이처럼 논제의 전달 경로는 단선이 아니었고, 그 내용에 공감한 사람들이 자발적으로 개인적인 유대관계에 있는 사람들에게 전달하며 확산시켰다. 이런 방식으로 출판업이 발달한 이 두 대도시에서는 루터의 논제가 하루가 다르게 전파되었다. 물론 가장

1부 종교개혁의 발단과 루터의 투쟁

일반적인 전달 방식은 주변의 사람들에게 구두로 직접 내용을 전하는 것이었다. 그 과정에서 면벌부와 교회의 부패에 대한 정보들이 공유되며 여론이 형성되었을 것이다. 쇼이를은 11월 중에 시참사회원 뉘첼Caspar Nützel에게 그 논제를 독일어로 번역해달라고 부탁했고 실제 번역도 이루어졌지만, 초기 번역본은 현존하지 않는다. 1517년 연말 이전에 인쇄업자들이 제작한 다양한 버전의 논제들이 회람되거나 복제되고 있었다.

북독일 지역에서는 함부르크에서 루터의 논제가 유통되었던 사실이 확인된다. 크란츠Albert Krantz는 1517년 12월 7일 논제를 손에 넣은 후 동료와 그 내용에 대해 토론했다고 진술했다.[66] 이런 방식으로 논제가 독일은 물론 그 너머 그리스도교 세계 전역에 걸쳐 확산되었다. 그로 인해 일부는 12월 초 잉글랜드에서도 루터의 논제를 접할 수 있었다. 루터의 논제를 손에 넣은 로테르담의 에라스무스는 잉글랜드에 있는 막역한 동료 토마스 모어에게 비교적 늦은 1518년 3월 5일에 발송했다.[67]

뉘른베르크에서 인쇄물로 읽히고 있던 독일어판 논제는 카스파르Kaspar가 번역한 것이었다. 물론 이 도시가 독일 도시들의 일반적인 상황을 대변하는 것은 아니었다. 뉘른베르크에서 이와 같이 논제가 자유롭게 유통될 수 있었던 것은 상대적으로 자유로웠던 제국 도시인데다가 인쇄술과 출판 시장의 발전이 뒷받침하고 있었기 때문이다.

아우구스티누스 수도원장 요하네스 프렉은 루터의 논제가 상상할 수 없는 속도로 확산되며 면벌부에 대한 비판적인 여론을 형성하게 되자 "드디어 올 것이 왔다"는 반응을 보였다.[68] 작센의 공작 게오르크는 메르제부르크 주교에게 루터의 논제를 사방에 게시해 테첼의 선동에 사람들이 휘둘리지 않도록 경계 삼게 하자고 제안했다.[69] 논제의 내용이 구전과 텍스트로 확산되는 과정에서 민중들은 면벌부의 문제점과 폐해, 테첼의 설교가 지닌 문제점 등을 속속들이 알게 되었고, 교회개혁의 필요성에도 그만큼 공감하게 되었다.

루터의 신학적 발견과 통찰은 종교개혁을 가능하게 만든 중요한 토대였다. 그렇지만 한 시대를 뒤흔들만한 운동으로 발전하기 위한 충분조건은 아니었다. 루터 이전의 개혁가들에게서 볼 수 있듯이 그것을 지지하고 관철시킬 동력이 관건이었다. 루터의 면벌부에 대한 비판이 종교개혁이라는 큰 흐름으로 발전하기까지는 그에 걸맞은 여러 상황과 조건들이 구비되고 작동해야 했다. 인문주의자들과 민중의 적극적인 지지, 인쇄술의 효율적인 활용, 작센 선제후의 보호 등은 루터로서는 미리 예상할 수 없던 요소들이었다. 수도원과 대학의 울타리 내에 머물러 있던 루터를 종교개혁을 위한 전장戰場으로 이끌어낸 것은 무엇보다 그 시대의 요청이었다.

교황청의 대응과 루터 사건의 전개

루터가 논제가 담긴 서신을 보냈을 당시 마인츠 대주교 알브레히트는 마인츠를 떠나 있었다. 그로 인해 대주교를 보좌하던 성직자들은 11월 17일에야 루터의 서신을 열어보았다. 그들은 논제를 검토한 후 그 글이 이단 혐의를 비롯해 많은 문제를 내포하고 있다고 판단하고, 12월 13일 이전에 당시 아샤펜부르크Aschaffenburg에 머물고 있던 알브레히트에게 루터의 서신과 그들의 의견을 전했다.[70]

마인츠 대주교는 그 내용을 살펴본 후 12월 중에 교황 레오 10세에게 모든 내용을 보고했다. 이 시기에 이미 독일 내 많은 도시에서 논제가 인쇄물로 활발히 유통되고 있었으나, 알브레히트나 가톨릭교회는 루터라는 신학자와 그의 글이 지닌 잠재력과 폭발성을 충분히 인지하지 못했다. 루터 이전에 후스의 사례를 알고 있었기 때문인지 교황은 초기에 이 문제를 그리 심각하게 고려하지 않았던 것으로 보인다. 다만 면벌부 판매에 미칠 부정적인 영향을 우려했는데, 논제가 빠른 속도로 널리 확산되면서 실제 판매에도 차질을 보이고 있었다.

교황 레오 10세가 알브레히트로부터 보고를 받고나서 루터 사건에 대해 지시한 것은 1518년 2월 초였다. 그는 먼저 루터가 소속된 아우구스티누스 수도회 원장에게 조속히 필요한 조치를 취하고 루터를 잠잠케 하라고 전달했다. 가톨릭교회는 루디의 논제들에 비추어 바로잡아야 할 문제는 없는지 스스로 성찰하기보다는 우선 루터를 단속하고 그의 입을 막아 파장을 최소화하는 데 급급했다.[71]

반면 루터가 면벌부의 문제점을 제기하면서 기대했던 것은 교회 스스로 면벌부 오남용의 문제를 인식하고 조속히 필요한 조치를 취하는 것이었다. 학자들과 민중들 사이에 교황과 교회에 대한 비판 여론이 비등해지는 상황이 전개되었으나, 한동안 교회는 아무런 반응을 보이지 않았다. 루터의 논제는 그리 오랜 시간이 지나지 않아 독일어로 번역되기는 했지만, 본래 라틴어로 발표했고 내용도 학술적인 성격이 두드러졌기에 대중들이 그에 대해 공감과 환영을 표한 사실에 대해 누구보다도 루터 자신이 당혹스러워했다.

루터는 1518년 3월 5일 쇼이를에게 보낸 서신에서 논제가 학자들을 상대로 의견을 물은 것인데, 민중들이 더 환호하고, 예상하지 못한 방식으로 자신의 글이 독일 전역에 배포된 상황에 대해 유감을 표명했다. 그는 혹시라도 그런 일을 예상했더라면 글을 달리 표현했거나 일부를 생략했을 것이라고 하면서 독일어로 면벌부의 효용과 95개조 논제에 대해 해명하고 싶다는 의사를 전했다.[72]

루터는 자신의 글로 인해 불필요한 오해를 사고 싶지 않았다. 그는 1518년 3월 말에 서둘러 『면벌부와 은총에 대한 설교』(이하

'면벌부 설교')를 독일어로 작성했다. 그 글은 다음 달에 비텐베르크의 라우-그루엔베르크Johann Rhau-Grunenberg 인쇄소에서 출판되었다. 비텐베르크판이 나오자 곧바로 라이프치히와 뉘른베르크, 아우크스부르크와 바젤에서도 동일한 형태로 인쇄해 유통되었다. 이 『면벌부 설교』는 구매 요청이 많아

면벌부와 은총에 대한 설교. 1518년 3월 루터가 처음으로 독일어로 작성한 글이다.

1519년과 1520년에도 반복하여 인쇄되었는데, 2년간 총 25쇄가 발행되었다.[73]

1518년 4월에 루터가 기존에 예정되어 있던 아우구스티누스 수도회 분회에 참석해 신학자들과 토론할 기회를 가졌다. 그곳 하이델베르크에서 루터는 그의 초기 신학사상의 결실인 '십자가 신학'을 소개했으며, 후에 개혁가 그룹에 속하게 될 마르틴 부처Martin Bucer 또는 Butzer(1491~1551년)를 비롯한 여러 동료들도 사귀게 되었다.

루터는 하이델베르크에서 돌아와 5월에는 교황의 오해를 풀기 위해 레오 10세에게 직접 서신을 보내 논제를 쓰게 된 과정과 의도를 밝혔다. 그리고 8월에는 브란덴부르크 주교의 허락을 얻은

후 『면벌부 효용에 대한 논제 해설』(이하 '논제 해설')을 출판했다. 이 글은 논제의 각 항목들을 일일이 해설한 것인데, 논제의 신학적 근거이자 루터의 초기 신학사상이 담겨 있다.[74] '탑의 체험'이라고 불리는 루터의 '이신칭의'에 대한 신학적 발견은 이 무렵 완성된 것으로 추측되고 있다.[75]

교황은 도미니쿠스회 출신으로 교황청 성서 교리 신학자이며 궁정 장관이던 실베스터 프리에리아스Sylvester Prierias[76]에게 논제 검토를 지시했다. 프리에리아스는 교황청 내의 실세로서 이단 서적을 판별하고 이단을 심문하는 전문가였으며, 테첼과도 친분이 있었다. 그는 불과 3일 만에 아퀴나스의 신학을 근거로 루터의 논제를 판정했는데, 그에 따르면 교황의 가르침에는 오류가 없으며, 루터는 로마교회의 면벌부에 의심을 품게 하는 명백한 이단이었다.[77] 교황청 신학자들은 1518년 6월 프리에리아스가 작성한 소견서를 토대로 루터의 사안에 대해 본격적으로 대응했다. 프리에리아스는 루터의 입장에 대한 반박문을 작성했으며, 7월에는 루터를 만나 그의 논제를 직접 반박하기도 했다.

루터는 1518년 8월 7일, 60일 내로 로마에 출두하여 이단 심문을 받으라는 교황의 소환장을 수령했다. 다음날 그는 급히 작센 선제후 프리드리히에게 편지를 써서 자신이 로마가 아니라 독일에서 심문받을 수 있도록 해달라고 요청했다. 그는 로마로 갈 경우 살아서 돌아올 수 없으리라고 생각했다. 프리드리히는 이 문제로 교황청과 협상을 벌였고, 결국 아우크스부르크에서 개별 심문을 받을 수 있도록 조정했다. 프리드리히는 황제 선출권을 지닌 신성로마제국의 7선제후 중 1명이었고, 교황은 투르크와의 전쟁에서 프리드리히의 자금과 군사력이 요긴했기에 그 요청을 수락하지 않을 수 없었다. 결국 루터는 프리드리히의 비호로 로마로 압송되는 상황을 모면했다.

루터는 교황청의 적극적인 대응과 자신이 이단으로 판정받을 가능성에 대해 전해 들으며 지속적인 불안과 심리적 압박에 시달렸다. 그렇지만 그는 가톨릭교회의 비난과 고소를 사실상 혼자 견뎌야 했다.[78] 교회의 위협이 갈수록 거세졌으나 루터도 침묵하며 처분만 기다리지는 않았다. 그는 그 상황에서 자신의 주장을 철회하거나 도피처를 찾기보다는 글을 쓰고, 설교와 강의를 계속하며 적극적으로 상황을 돌파해갔다. 루터는 좀 더 본격적으로 신앙의 근본 문제에 대한 입장을 발전시켰다. 루터의 비판적 글들이 출판되어 유통되면서 그를 지지하는 동조자들도 더욱 늘어갔다. 루터는 이때까지 단지 몇 편의 글을 발표한 것에 불과했지만 교황청을 긴장시켰고, 독일 전역의 학자들과 민중들을 고무시켰다.

아우크스부르크 제국의회가 열리던 1518년 10월 루터는 그 도시로 소환되었다. 추기경 카제탄Thomas Cajetan, Thomaso de Vio(1469~1534년)은 12일에서 14일 사이 3일간에 걸쳐 푸거하우스에서 소환된 루터를 심문했다. 추기경은 루터에게 논제의 주장을 철회하라고 강하게 압박했으나 루터는 거부했다. 루터의 태도에 격앙된 카제탄은 슈타우피츠를 불러 루터를 회유하라고 요청했다. 하지만 슈타우피츠는 루터를 설득하는 것이 가능하지 않다며 곤란한 상황을 회피했다. 그는 오히려 카제탄이 루터를 체포하려는 기미를 보이자 그 정보를 루터에게 전달해 화를 면하도록 배려했다. 루터는 10월 20일 한밤중에 몇몇 동료의 도움으로 아우크스부르크를 탈출해 비텐베르크로 돌아왔다.

1518년 11월 9일 교황청은 카제탄이 기초한 면벌부에 대한 공식적인 교서 『포스트크밤Cum postquam』을 발표했다. 이는 루터가 처음에 요청했던 면벌부에 대한 교황 측의 답변 성격을 지녔다. 여기서 교황은 공로의 보고에 대한 가톨릭교회의 입장을 재론하면서 면벌부가 죄를 전적으로 사해주는 수단은 아니라고 주장했다. 그렇지만 그 효력이 이미 사망해 연옥에 머무르고 있는 자에게까지 미친다는 점을 분명히 했다.[79]

그해 12월 카제탄 추기경은 선제후 프리드리히에게 루터를 로마로 이송하든지 아니면 작센에서 추방시킬 것을 요구하는 서신을 보냈다. 그렇지만 프리드리히는 공정한 심문 절차도 없이 루터를 교황에게 넘길 수는 없다며 교황청의 요구를 재차 거절했다. 루터는 교황청으로부터 압력이 있다는 소식을 듣고 있었으며, 선제후가 자신을 언제까지 보호해줄 수 있을지 우려하고 있었다.[80]

교황이 루터를 보호하고 있던 작센 선제후 프리드리히를 더 강하게 압박하지 못한 것은 영방으로 구분되어 있던 신성로마제국의 독특한 분권적 정치 구조 때문이다. 영방 군주가 허락하지 않는 한 교황도 해당 신민을 어찌할 도리가 없었다. 그와 더불어 그리스도교 세계는 상존하는 오스만 투르크의 군사적 위협에 맞서기 위해 작센의 군사력이 필요했다. 게다가 1519년 1월 12일에 통풍으로 고통을 겪던 막시밀리안 황제가 사망했다. 제국을 통치할 후임 황제를 선출해야 하는 상황이 초래된 것이다. 이는 교황청 입장에서 볼 때 루터 문제를 해결하는 데 있어 새로운 난관이었다. 더군다나 작센 선제후가 가장 유력한 황제 후보로 거론되고 있었다. 교황청은 루터에게 더 이상 상황을 악화시키지 않도록 침묵할 것을 요구하고 선제후의 마음을 다독여 그를 로마로 데려가고자 했다. 이를 위해 교황 대사 밀티츠Karl von Miltitz에게 황금장미장Golden Rose을 들려 작센에 파견했다.[81] 그는 1519년 1월 루터를 만났고, 이어 선제후도 찾아가 협상을 벌였지만 결국 루터를 로마로 보내겠다는 약속을 받아내지는 못했다. 작센 선제후 프리드리히로서는 예기치 않은 분란을 일으킨 루터가 골치 아픈 존재였다. 하지만 그는 루터가 작센 선제후령의 독립적 지위를 확대하는 데 새로운 전기를 마련해주고 있다는 사실 또한 알고 있었다.

라이프치히 논쟁

　면벌부 판매로 물의를 일으켰던 테첼이 은퇴하고 수도원으로 들어감으로써 사태는 다소 진정 국면에 들어섰다. 그런데 이 무렵 잉골슈타트 대학의 저명한 학자이자 탁월한 논쟁가였으며, 루터와 친분도 있던 에크Johannes Von Eck가 또다시 새로운 불씨를 지폈다. 에크의 제안으로 라이프치히에서 전개된 공개 논쟁은 가톨릭교회와 루터가 벌인 신학 논쟁의 절정이었다.

　에크는 1518년 3월 루터의 95개조 논제를 비판하는 '오벨리스크Obelisks'라는 제목의 글을 발표했다. 오벨리스크는 고대 문헌이나 성경에서 제거되어야 할 부분을 상징했는데, 그 용어가 시사하듯이 에크의 글은 신랄한 비판을 담고 있었다.[82] 루터는 그와 논쟁을 벌이기를 원치 않았다. 하지만 비텐베르크의 신학부 학장 칼슈타트는 루터가 부당하게 공격을 받고 있다고 판단해 1518년 5월 그를 대신하여 에크의 글을 정면으로 반박했다. 에크는 8월 다시 칼슈타트의 논제를 재반박했으며, 라이프치히에서의 공개 토론을 제안했다.

　양측의 오랜 협상과 내부의 의견 조정을 거쳐 결국 1519년 6월 27일부터 7월 15일 사이 약 20일간에 걸친 라이프치히 논쟁이 성사되었다.[83] 본래 에크나 칼슈타트는 자유롭게 발언하되 불필요한 논란을 키우는 것은 원치 않았기에 제한된 사람들만 참여하는 논쟁을 희망했다. 그렇지만 작센의 공작 게오르크는 혼란이 되고 있는 신학적 문제를 명료하게 정리하여 올바른 진리가 드러나야 한다며 공개 토론을 관철시켰다.[84]

이 논쟁은 제도교회의 입장을 지지하는 세력과 개혁세력의 전면적인 대결 양상으로 전개되었다. 주제도 면벌부 문제에 국한하지 않고 교황권, 전통, 성경 등 신앙의 여러 핵심 문제들을 다룰 예정이었다. 비텐베르크에서는 이 논쟁에 칼슈타트와 루터 외에 멜란히톤, 암스도르프, 아그리콜라 그리고 당시 대학 총장이었던 공작 포메른의 바르님Duke Barnim von Pommeran 등이 참여했다. 학자들을 보호하기 위해 약 200여 명의 학생들이 무장한 채 동행했기에 사실상 대학 전체가 동원된 셈이었다.[85]

토론은 라이프치히 플라이센부르크Pleißenburg 성의 강당에서 열렸으며, 그 자리에는 에어푸르트와 파리 대학의 신학자들과 교

율리우스 휘브너, 《라이프치히 논쟁》, 1864년 작. 라이프치히에서 루터와 에크가 논쟁을 벌이고 있는 장면을 그린 그림이다.

회법학자들이 심판관의 자격으로 배석했다. 첫 일주일은 에크와 칼슈타트가 자유의지에 대해 토론했다. 에크는 자유의지를 옹호한 반면, 칼슈타트는 부정하는 입장이었다. 시간이 흐를수록 참관자들이 늘어나자 도중에 토론 장소를 게오르크 공작의 성으로 옮겼다. 이곳에서는 칼슈타트에 이어 루터가 나섰다. 그리고 공개적으로 발언하기에 조심스러운 교황의 수위권을 주제로 토론했다.[86]

에크가 여러 논리로 교황의 지상권과 무오성을 강변하자, 루터는 교황 제도가 성경에 기반하지 않았으며, 교황의 수위권이 1100년까지도 일반적으로 수용되지 않았다고 주장했다. 그러자 에크는 후스가 교황권의 신적인 권위를 부정하여 콘스탄츠 공의회에서 이단으로 판결받았던 사실을 상기시키며, 콘스탄츠 공의회 결정에 대한 의견을 물었다. 루터는 공의회가 정죄한 후스의 주장 중에 이단적이거나 오류가 아닌 부분도 많다고 지적하며, 그 이단 결정에 대해 비판했다. 에크는 루터에게 후스와 위클리프를 두둔한다면 그것은 하느님을 모독하는 것이며 이단 행위라고 비난했다. 두 학자는 고해, 연옥, 면벌부, 사제의 사면권 등에 대해서도 논쟁을 이어갔다.[87]

이 논쟁에서 에크는 루터에게 이단 혐의를 공개적으로 제기했다. 그는 이후 교황에게 보낸 보고서에서 루터를 "작센 땅에 있는 후스"라고 칭하며 이단임을 거의 기정사실화했다. 루터는 논쟁

과정에서 면벌부에 대한 비판을 넘어 교황이 그리스도의 대리자임을 부정했고, 성경의 권위가 교황 혹은 종교회의의 권위보다 앞선다는 점을 강조했다.

논쟁이 열리는 기간 내내 라이프치히 시민들은 비텐베르크 학자들에게 적대적인 분위기를 조성해 긴장감을 높였다. 반면 논쟁을 지켜보던 보헤미아에서 온 후스 추종자들은 자신들을 옹호하는 루터로 인해 크게 고무되었다. 논쟁이 공개적으로 진행되어 희망하는 많은 사람들이 참관할 수 있었으며, 스스로가 느낀 것을 주변에 전달하며 종교개혁의 기운을 확산시킬 수 있었다.[88]

라이프치히 논쟁은 후유증도 낳았지만, 루터의 명성이 독일은 물론 그 너머로 널리 알려지게 된 결정적인 계기였다. 루터가 에크와의 논쟁에서 그토록 대담하게 교회와 교황을 비판하리라고는 누구도 기대하지 않았다. 남부 독일과 스위스의 개혁가들은 논쟁에서 루터가 견지했던 입장을 지지하는 서신을 보냈다. 독일인들에게는 루터가 민족 감정에 불을 지른 인물로 각인되었으며, 그로 인해 '독일의 헤라클레스'라는 별명까지 얻었다. 이 논쟁을 계기로 루터의 종교개혁에 대한 태도도 결정적으로 달라졌다. 이후 루터는 교회의 폐해를 개선하려던 상태에 머물지 않고 그리스도교의 근본적 혁신을 주장하게 되었다. 반면 루터가 논쟁에서 기대 이상으로 과격한 입장을 보였다고 생각하며 그를 반대하거나 적대적인 태도로 돌아서는 사람들도 적지 않았다. 특히 그동안 루터의 후견자 역할을 자처해온 그의 스승 슈타우피츠가 이 논쟁을 계기로 루터와 거리를 두기 시작했기에 루터도 커다란 상실감을 갖게 되었다.[89]

루터의 파문

라이프치히 논쟁 직후 에크는 작센 선제후 프리드리히에게 루터의 이단 혐의를 고소하는 서신을 썼다. 그리고 그 이후에도 루터를 이단으로 정죄하기 위해 동분서주했다.[90] 1520년 초 그는 루터가 라이프치히 논쟁에서 했던 주장들을 정리해 교황청에 보고했다. 교황청은 관련 절차에 따라 그 사안을 다루었으며, 내부에 별다른 이견도 없었기에 일사천리로 결론에 이르렀다. 결국 교황은 6월 15일 루터의 오류를 반박하는 교서 『엑수르게 도미네 Exsurge Domine』를 발행해 루터의 파문을 공식화했다.[91]

루터를 파문한 교황 교서 『엑수르게 도미네』의 표지.

이 교서는 교황 중심 위계 제도의 정당성을 논리적으로 설명하면서 이단과 분파주의를 비난했다. 또한 루터의 글에서 발췌한 41가지의 주장들을 이단적이거나 불경건한 요소로

1부 종교개혁의 발단과 루터의 투쟁

지목했다. 루터에게는 설교는 물론 글을 쓰는 것도 허용하지 않았으며, 누구든 루터의 서적을 읽거나 출판해서는 안 된다고 못 박았다. 군주들과 신민들에게는 루터와 그 추종자들을 붙잡아 교황에게 보내라고 요구했다. 루터가 회개하고 60일 이내에 이단적인 주장을 철회하면 관대히 받아주겠노라고 언급했으나, 회개하지 않을 경우 이단자로 정죄될 것이라고 경고했다. 이 파문 교서는 루터가 95개조 논제를 발표한 이후 약 3년간 지속해온 모든 활동에 대한 교황청의 최종적인 판정이었다.[92]

퀼른 등 제국 내 여러 도시에서는 루터 서적에 대한 화형식이 거행되었다. 9월 21일 작센의 마이센 등 여러 도시와 지역에서도 교황의 교서가 게시되고 공표되었다. 그러나 중북부 독일의 루터 지지자들이 어느 정도 세력을 형성하고 있던 도시들에서는 교황의 결정에 대해 부분적인 저항도 있었다. 라이프치히와 에어푸르트에서도 루터의 서적이 불살라졌지만, 교서의 반포를 담당한 에크가 학생들에게 조롱과 모욕을 당하는 사건이 발생했다. 비텐베르크 대학에는 교황 교서가 서신으로 전달되었지만, 대학과 작센 선제후가 그 교서를 공표하지 않았다.[93]

루터는 1520년 7월 교황의 교서가 완성되었다는 소식을 접한 후 그해 연말까지 약 반년에 걸쳐 여러 중요한 글들을 집필하는 데 집중했다. 1520년 12월 10일부로 교황에 의해 파문 처분을 받게 된 루터는 자신의 저작이 전국에서 소각되고 있는 것과 동일한 방식으로 교황에게 저항할 수 있다는 사실을 공공연히 과시하려 했다. 선동가로서의 기질이 돌연 발휘된 것이었다.

루터는 미리 시 교회에 공지를 붙여 오전 9시 엘스터 문 밖 성십자가 교회 예배당 앞에서 있을 소각 행사에 모두를 초대했다. 그리고 비텐베르크의 교수들과 학생들, 시민들이 보는 앞에서 교황의 파문 교서, 교회 법령, 그리고 에크를 비롯한 가톨릭 신학자들의 책을 불태웠다. 교황 교서를 불사른 것은 교황의 권위를 인정하지 않는다는 선언이자 거대 종교 권력에 대한 도전이었다. 루터는 곧 글을 써서 교황의 교서와 서적들을 소각한 행위는 그리스도교에 적절치 않은 교리들을 제거해야 할 책임 때문이었다고 정당화했다.[94] 루터는 파문 판정을 그 자신이 교황과 수도사 제도의 속박에서 벗어나게 된 계기가 되었다고 의미를 부여했다.

루터의 소각 사건은 민중들의 교황에 대한 반감을 자극했고, 민족주의 정서를 확산시키는 기회를 제공했다. 그는 제국 내에 교황의 교서가 효력을 발휘하지 못하는 지역이 있다는 것을 보여줌으로써 교황의 권위에도 손상을 주었다. 이는 개혁세력을 수용한 지역이 로마교회로부터 분리되고 있다는 사실을 알리는 신호였다.[95]

1부 종교개혁의 발단과 루터의 투쟁

2부

개혁사상과
시대적 저항

01

'새로운 교회'의 정체성

루터는 1520년에 종교개혁사상의 근간을 형성하는 글들을 발표했다.
'오직 성경', '오직 믿음', '오직 은혜'라는 종교개혁의 원리들은
모두 이 시기 루터의 글과 사상에서 유래했다.
루터가 기초한 새로운 교회 및 개혁에서 독특한 점은 기존 교회가
개혁을 거부하고 있던 상황 때문에 속인, 특히 세속의 통치자와 귀족들을
종교개혁의 주축으로 삼았다는 사실이다.
이런 측면에서 볼 때 루터의 종교개혁이 영방교회 건설로 이어질 가능성은
이미 어느 정도 예견되었다.

이제는 말해야 할 때

마크 놀Mark A. Noll은 루터가 사도 시대 이래 그 누구보다 그리스도교 복음의 핵심을 잘 이해한 신학자였다고 평가했다. 루터가 이룬 신학사상을 염두에 둘 때 그런 평가가 과하다고만 할 수는 없을 것이다. 루터는 신앙 및 신학의 본질을 간파하는 능력이 탁월했다. 그는 글과 말을 통해 중세 교회의 문제점을 지적했고 성경에 기반해 대안을 모색했다. 루터가 지니고 있던 이런 능력 때문에 유럽 전역에서 다양한 부류의 사람들이 개혁사상의 지지자가 되었다.

그렇지만 그때까지 루터는 교회개혁을 위한 자신의 생각을 분명하게 드러내 제시하지 않았다. 그는 파문이 임박한 1520년에 이르러서야 소책자와 설교 등을 통해 신앙과 개혁에 대한 사상을 표명하기 시작했다. 루터는 그 당시 새로운 교회를 건설할 의도를 갖고 있지 않았기에 그 어디에도 개혁의 구상을 총체적으로 정리해 두지 않았다. 그는 그때그때 옳고 또 필요하다고 생각하는 주제를 글로 발표하며 가톨릭교회의 변화를 요구했다. 따라서 특정 주제에 대한 그의 생각을 검토하기 위해서는 부분적으로 충돌하며 또 발전해가던 사상들이 담긴 여러 글들을 각각의 맥락을 감안하며 겹쳐서 읽어야 한다. 이는 루터를 연구하는 신학자들의 핵심 과제이기도 하다.

루터는 1520년 교황청으로부터 이단으로 판정받게 될 위기에 직면한 때에 종교개혁사상의 근간을 이루는 주목할 만한 논문 5편을 발표했다. 이전까지 그가 가톨릭의 폐해와 문제들을 단편적으로 비판하는 데에 머물렀다면, 이제 이 글들을 통해 가톨릭의 교리적 토대와 권위를 본격적으로 공격하면서 진전된 개혁사상을 선보였다. 이 글들은 종교개혁운동에 새로운 사상적 기반을 제공했다.

『선행에 대한 설교』에서 루터는 믿음으로부터 기인한 행위만 하느님이 받아주신다고 주장했다. 선행이란 교회와 관련된 봉사만이 아니라, 일터에서의 노동을 비롯한 믿음이 수반된 모든 일상적인 활동이 포함된다고 역설하고, 최고의 선행은 예수 그리스도를 믿는 것이라고 설명했다. 그는 가톨릭교회가 큰 비중을 두었던 선행보다 믿음에 중요성을 부여하고, 교회가 잘못을 범하고 있기 때문에 종교 권력에 대한 저항이 필요하다고 주장했다. 더불어 교회 스스로 개혁을 하지 못하기 때문에 세속 정부가 종교 권력에 대한 처벌권도 행사해야 한다고 주장했다.[1]

루터는 6월 이래 격월로 『로마의 교황권에 대하여』, 『그리스도교의 개선을 위하여 독일의 그리스도교 귀족에게』, 『교회의 바벨론 포로』 그리고 『그리스도인의 자유』를 차례로 출판했다. 나중에 언급된 3편의 글은 루터의 종교개혁사상의 진수가 담겨있다는 의미에서 흔히 '종교개혁 3대 논문'이라고 칭하기도 한다. 이처럼 루터가 중요한 주제들에 대한 의견을 본격적으로 쏟아낸 것

종교개혁 3대 논문 『그리스도교의 개선을 위하여 독일의 그리스도교 귀족에게』,
『교회의 바벨론 포로』, 『그리스도인의 자유』.

은 낙관할 수 없는 자신의 안위 때문만이 아니었다. 그가 『그리스도교의 개선을 위하여 독일의 그리스도교 귀족에게』 서두에서 언급했듯이 "침묵의 시간은 지났고 이제는 말을 해야 할 때"라는 판단이 섰기 때문이었다.

독일 그리스도교 귀족에게

루터는 이미 1520년 6월경에 교황이 자신에게 파문을 내릴 것이라는 사실을 예상하고 있었다. 그 무렵 발표한 글이 『로마의 교황권에 대하여』였다. 루터는 교황이 그리스도의 대리자로 여겨지고 있지만 실제로는 복음이 신자들에게 온전히 이해되는 것을 방해하고 있기 때문에 '적그리스도'로 불려야 한다고 주장했다.[2] 이 글에서 그는 라이프치히 논쟁 때보다도 과감하게 교황을 공격했다.

이어 8월에는 『그리스도교의 개선을 위하여 독일의 그리스도교 귀족에게』(이하 '독일 그리스도교 귀족에게')를 발표했다. 이 글은 여러 의미에서 특이하고 중요한 글이라고 평가된다. 우선 글의 제목에서 '그리스도교의 개선'이라는 용어가 등장하는 점에서도 알 수 있듯이 신학적이기보다는 매우 실제적인 비판과 제언을 담고 있다.[3] 그의 동료 랑에Johan Lange는 이 글을 "로마를 향한 공격의 나팔소리"라고 칭했다. 루터가 이 시기에 독일의 귀족들 특히 독일 지배 계층과 세속 국가를 대상으로 호소한 까닭은 더 이상 로마가톨릭 스스로의 개선을 기대하기가 어렵다고 판단했기 때문이다. 그는 그 대안으로 귀족, 즉 지배 계층이 정치적 사회적 책임을 다하여 교회와 사회의 개혁에 동참하거나 주도할 것을 촉구했다.

그가 속인들에게 이러한 역할을 부여할 수 있던 기반은 만인사제론萬人司祭論이었다. 루터는 일반 성도, 즉 속인 위에 영적 신분인 가톨릭교회 성직자가 자리한다는 가르침은 로마교회가 자신들의 이익을 위해 만들어놓은 기만이라고 했다. 그는 세례 받은 모든 그리스도인은 영적 계급에 속하며 직무상의 차이 외에 상하 구별이 전혀 없다고 주장했다. 사제는 우월한 지위를 갖고 있지 않으며, 모든 성도는 세례를 통하여 사제로서 성별을 받았다는 것이다. "모두가 사제요, 주교요, 교황이다."[4] 이는 중세적 성직주의와 교권주의를 전면적으로 부정하는 선언이었다.

루터는 이 글에서 가톨릭교회가 근본적으로 개혁이 불가능한 3가지 이유를 교황주의자들이 쌓아놓은 '3개의 담' 때문이라고 지적했다. 가톨릭교회는 세속 권력이 종교적 영역을 견제하려고 하면, 영적인 권위가 그보다 우위에 있다며 교회법을 근거로 잘못이나 죄에 대한 처벌을 거부했다. 또 성경을 근거로 교회를 비판하면, 교황은 성경의 유일한 해석자이며 신앙 문제에 있어서 어떠한 오류도 범할 수 없는 존재라며 교황무오설敎皇無誤說을 근거로 거부했고, 공의회에서 중요한 사안을 논의하려고 하면, 공의회 소집권과 결의권은 오직 교황에게만 속한다며 그것마저 기피했다. 루터는 그 결과 교회 전체가 부패에서 벗어나지 못하면서도 개혁이나 개선은 불가능한 상태가 되었다고 진단했다. 그는 성경에는 그런 논리를 지지하는 근거가 없으며, 성경 해석은 교황의 독점물이 아니라고 주장했다. 루터는 교황이 교회의 개혁을 방해한다면 더 이상 교황과 그의 권세를 존중해서는 안 된다며, 세속 통치자와 귀족의 개입을 요청했다.[5]

루터는 그리스도의 대리자라고 자부하는 교황이 세속의 황제보다 더 권력을 탐할 뿐 아니라, 세속적이며 화려한 생활로 물욕까지도 탐한다고 지적했다. 그리고 이와 같은 폐해를 비판하는 자를 이단으로 낙인찍는다고 주장했다. 또 추기경과 교황청 조직이 지나치게 비대하므로 축소해야 한다고 주장했다. 그리고 성직자가 취임한 후 첫 해의 수입annates을 교황청에 바치는 관행의 폐지를 비롯하여 개선이 필요한 27가지 적폐들을 나열했다. 그중에는 성직록을 로마교회의 수중에서 구해내고 성직 인준권을 지역 교회에 돌려주는 것, 교황이 세속사로부터 손을 떼는 것, 성직자의 독신이 보편적인 준칙이 아니라 자유로운 선택이 되는 것, 망자를 위한 연미사와 각종 축일들의 폐지, 후스파 문제의 재심의와 얀 후스의 복권, 대학교의 철저한 개혁, 사치와 낭비 금지와 매음굴 폐쇄 등이 포함되었다.[6]

이 글은 만인사제론을 근거로 속인들을 교회의 일방적인 통제로부터 해방시키고, 교황청의 권한을 크게 제한한다는 점에서 매우 급진적이고 진보적인 논제였다. 이는 독일 귀족들뿐 아니라 민중들에게도 강력한 호소력을 지녔다. 독일어로 독일인을 대상으로 서술한 본격적인 개혁의 주장이었기에 루터의 저술 가운데 가장 독일 민족의 공감을 불러일으킨 글이었다.

루터는 로마의 사슬에서 벗어나고자 했던 후텐을 비롯한 독일 기사들로부터 격려의 서신들을 받았으며, 개혁가 부처도 그의 글에 매우 고무되었다. 학자들과 아우구스티누스 수도회 동료들 중에도 그를 지지하는 세력이 늘어났다. 이 글의 발표는 루터에 대한 지지세력이 결집되는 중요한 계기였다. 이 글이 인쇄되고 불과 2주도 안 되어 4,000부가 모두 팔렸다는 사실이 당시 독일 사회의 반응을 전해준다.[7]

하지만 일부에서는 이 글이 지나치게 선동적이라며 큰 우려를

표했고, 즉시 반론도 제기되었다. 루터는 게오르크 공작의 서기관 엠저Jerome Emser(1477~1527년)와 이 주제를 두고 오랜 시간에 걸쳐 논쟁을 벌이기도 했다.[8] 요한 랑에는 "흉악하고 잔인한 책"이라고 평가했고, 특히 스승 슈타우피츠는 이 책의 출판을 끝까지 반대했다. 일부는 심지어 이 글의 주장이 종교전쟁으로 발전할까 두려워했다.[9] 당시 분위기에서는 이 글이 개혁적이기보다는 지나칠 정도로 과격하게 비쳐졌던 것이다.

그리스도인의 자유

루터가 이어 발표한 글은 교회의 성사 제도를 다룬 『교회의 바벨론 포로』이다.[10] 이는 성직자와 학자를 대상으로 한 논쟁적이고 신학적인 성격의 글이다. 중세의 성도들에게는 성사에 참여하는 것이 사실상 신앙과 구원의 핵심이었다. 루터는 성사 제도로 그리스도인의 삶이 요람에서 무덤까지 포로생활처럼 통제된다는 맥락에서 글의 제목을 교회의 바벨론 포로로 정했다. 그는 7성사 중 세례, 성찬, 고해 이 3가지만 성경적인 것이라고 인정했다.[11] 고해 성사의 경우 루터는 처음에 신앙생활에 유익한 면이 많다고 판단해 일종의 준 성례로 간주했으나, 나중에는 성사에서 제외시켰다.[12]

특히 주목할 점은 그가 성찬과 관련하여 3가지 오류를 비성경적이라고 비판한 사실이다. 로마 가톨릭이 성찬에서 속인에게서 잔을 빼앗아 간 일, 빵과 포도주가 그리스도의 살과 피로 변화된다는 화체설, 그리고 미사를 일종의 선행이며 희생 제사로 간주하는 교리를 비판했다. 루터는 이 글에서도 로마교회가 사제를 통해서만 성사를 거행할 수 있도록 한다고 비판하며 만인사제론을 또 한 번 강조했다.[13] 그 외에도 이 글은 사제에게 결혼이 허용되어야 한다는 등의 민감한 주장들을 포함하고 있다. 예상되었던 일이지만, 가톨릭 신학자들은 성사 그리고 나아가 믿음과 구원에 대한 새로운 해석들에 대해 크게 반발했다.[14]

이 시기의 저작들 중 신학적으로 가장 중요하게 평가되는 글은 『그리스도인의 자유』이다.[15] 이 글도 『교회의 바벨론 포로』와 마찬가지로 본래 라틴어로 쓰여졌으나 얼마 후에 독일어로도 출판되었다. 루터는 이 글에서 그리스도인이 누구이며 그리스도께서 주신 자유를 어떻게 사용해야 하는지, 즉 그리스도교 신앙의 정신과 내용을 간결하게 논했다. 여기서 그리스도인이 율법이 아니라 믿음으로 의롭다 함을 얻는다는 '이신칭의以信稱義'를 강조하는 새로운 신학이 제시되었다. 이 구원론은 루터 신학을 대표하는 성격을 지니게 되었다.

그에 따르면, 그리스도인은 믿음으로 어느 것에도 매이지 않는 참된 자유를 얻고, 사랑으로 자발적으로 종이 되어 모든 것을 섬기는 존재다. 믿음과 사랑이 그리스도인 됨의 요소이다. 사람은 믿음으로만 자유롭게 되며 외롭게 된다. 행위가 인간을 의롭게 만들지 못하며, 인간은 선을 행하기 전에 먼저 의로워져야 한다. 행위를 통해 의에 이르려 할 때, 그리스도인의 자유와 믿음은 반드시 파괴된다. 그리고 그리스도인은 믿음으로 그리스도와 하나 되는 영적 연합을 이룬다. 그리스도와의 연합으로 자유와 섬김의 삶이 연결된다. 그리스도인은 그리스도께서 자신을 주신 것처럼 자기 자신을 위해서가 아니라 이웃의 이로움과 유익을 위해 살아야 하는 존재이다. 하느님의 선물인 이러한 자유는 내적이며 영적이다.

믿음, 행위, 선행에 대한 루터의 이와 같은 설명은 당시의 가톨릭 비판을 염두에 두고 있었다. 즉 인간의 선행이나 업적이 아니라, 오직 하느님의 은혜를 강조하는 차원이었다. 주의할 점은 루터가 이 글에서 설명한 자유가 철저히 종교적 의미에 국한되었다는 사실이다. 그렇지만 농민전쟁기에 확인되듯이 당대인들 중에도 이 글을 이와 다른 맥락으로 해석하는 경향이 있었다.[16]

루터와 교황

『그리스도인의 자유』는 레오 10세에게 헌정되었다. 루터가 이미 교황과 교황권을 신랄하게 비판한 마당에 교황에게 이 책을 헌정했다는 사실이 의아스럽기도 하다. 하지만 이는 루터가 처하고 있던 상황과 심리의 이중성을 보여준다. 교황은 1520년 6월 15일 교서 『엑수르게 도미네』를 발행해 여러 도시들에 게시했는데, 그 시기에 교황의 사절 밀티츠가 다시 루터를 찾았다. 로마교회는 이미 루터를 정죄했지만, 밀티츠는 여전히 타협에 대한 일말의 기대를 갖고 있었다. 루터는 자신의 파문 교서를 직접 확인한 후 며칠이 지난 10월 11일 토르가우Torgau의 성 안토니우스 수도원에서 밀티츠와 만났다. 밀티츠는 루터에게 교황께 용서를 구하라고 권유했다. 루터는 그의 권고에 어느 정도 설득되어 교황에게 보내는 공개 서신을 때마침 완성한 『그리스도인의 자유』와 함께 보냈다. 그는 교황의 파문 교서 때문에 글을 쓴다는 인식을

산치오 라파엘로,
《레오 10세의 초상》,
1483년 작.

피하기 위해서 작성 일자를 9월 6일로 기입했다. 이는 교황과의 마지막 화해 시도였다.[17]

루터는 자신이 글이나 논쟁에서 교황의 인격에 손상을 줄 의도가 없었으며, 전적으로 교회 내부의 잘못을 시정하기 위함이었다고 해명했다. 루터는 교황 레오에게 쓴 서신 곳곳에서 화해를 위한 진심을 전달하기 위해 노력했다. 그는 로마교황청과 교황 개인을 분리시켜 자신이 레오 10세 개인을 공격한 것이 아니었다고 강조했다.

그는 자신의 파문을 교황보다도 에크가 주도했다고 판단했기에, 교황에게는 진심이 전달될 수도 있으리라 기대했다. 루터는 에크를 '악마의 종'이라고 칭하며 그가 라이프치히 논쟁으로 자신을 불러냈고, 의도적으로 교황 수위권 문제를 끄집어내 자신을 공격했다고 주장했다. 또 카제탄 추기경도 화평을 이루려 하지 않았다고 지적했다. 루터는 당시에 자신을 비판하던 자들이 침묵하면 자신도 침묵하겠다고 약속했으나, 카제탄이 교황의 훈령을 어기고 자신에게 주장의 철회까지 요구했으며, 결국 그 사태가 당시처럼 악화된 것은 자신 때문이 아니라고 해명했다. 밀티츠는 관계를 회복하려 많은 노력을 했고, 루터 스스로도 어느 정도 양보할 의사가 있었으나, 영웅주의에 사로잡힌 에크가 화해를 가로막았다며 그가 교황과 교황청의 원수라고 주장했다.

루터는 교황이 다시 이 문제에 관여한다면 아직도 화평을 이

2부 개혁사상과 시대적 저항

루는 일이 절망스럽지 않다며 대화를 통한 해결 가능성을 내비쳤다. 하지만 자신에게 요구되던 입장의 철회는 거부했고, 자신에게 성경 해석에 자유를 허용해달라고 요청했다. 그는 끝으로 교황이 공의회나 보편교회를 능가하고, 성경 해석권도 독점한다는 등의 아첨에 속지 말라고 조언했으며 『그리스도인의 자유』를 교황에게 헌정한다고 밝혔다.[18]

루터는 교황에게 보낸 이 세 번째 서신에서 교황을 '늑대들 사이의 어린 양'으로 비유하며 화해의 손을 내밀었다. 그렇지만 교황청의 이단적 주장의 철회 요구는 받아들이지 않은 채 이전에 벌어졌던 여러 상황들을 아전인수 격으로 해석하며 변명으로 일관했기에 교황이 그의 뒤늦은 제안을 수용할 여지는 없었다.

새로운 복음사상

루터는 특히 이 3권의 책에서 교황을 정점으로 한 가톨릭교회의 교리, 제도 및 관행들을 비판했으며, 그와 다른 새로운 복음사상을 명확하게 드러냈다. 통상 그 요지를 종교개혁의 원리인 '오직 성경', '오직 믿음', '오직 은혜'라는 용어로 정리하기도 하는데, 모두 이 시기 루터의 저술로부터 유래한 것이다. 루터의 글은 큰 틀에서 새로운 교회의 기초와 개혁을 위한 구상을 다루었다.

그의 개혁 구상에서 독특한 점은 교회와 교황이 개혁을 거부하고 있는 현실 때문에 세속의 통치자들과 귀족들을 개혁의 우

군으로 호출해 종교개혁의 주축으로 삼으려 했다는 사실이다. 이
것이 루터의 종교개혁이 결국 영방교회Landeskirche 건설로 방향
을 잡게 된 이유이기도 했다. 여기에서 루터의 복음사상의 핵심
내용을 3가지 정도로 정리할 필요가 있을 듯하다.

　루터의 개혁사상 중에서 모든 개혁세력들이 수용하고 계승한
첫 번째 핵심요소는 신앙에 있어서 성경만이 유일한 권위(오직 성
경Sola Scriptura)라는 주장이다. 루터는 가톨릭교회가 신앙의 본질
을 상실한 요인이 성경의 중심성을 놓아버렸기 때문으로 보고,
성경을 유일한 권위로 삼아 신앙의 회복을 모색했다. 그는 성경
이 모든 전통, 법률, 권위에 우선한다는 점을 누누이 강조했다. 루
터가 95개조 논제를 비롯하여 가톨릭교회를 비판할 때마다 성경

성경으로 교황을 상대해 승리한 루터를 그린 목판화, 1568년 작. 구교측 성직자들과 달리
루터와 그의 동지들은 모두 손에 성경을 들고 있다. 코부르크 성 미술관 소장.

을 근거로 했으며, 추기경 카제탄이나 에크 교수와 논쟁을 벌였을 때에도 상대방의 주장에 대해 성경의 근거를 밝히라고 요구했다. 결과적으로 루터를 비롯한 16세기 개혁가들이 거둔 가장 중요한 성과는 성경 중심의 신앙을 확립한 점에서 찾을 수 있다. 그로 인해 성경의 권위가 개신교회의 신학 핵심으로 발전하여 종교개혁을 계기로 과거의 종교 관행들이 모두 성경을 통해 점검받게 되었다. 일반 성도들도 교회 전통에 얽매이거나 사제의 중재를 거치지 않고 직접 성서를 읽는 것이 권장되었다. 가톨릭 신학자 한스 큉Hans Küng은 이러한 루터에 의한 패러다임의 전환을 지구 중심에서 태양 중심의 우주관으로 전환시킨 코페르니쿠스에 비유했다. 그는 루터로 인해 로마 가톨릭교회 중심에서 성경과 복음의 패러다임으로, 또 막강한 교회의 인간-교회 중심주의에서 복음의 그리스도 중심주의로 이행이 시작되었다고 평가했다.[19]

두 번째 핵심 사상은 믿음에 대한 강조이다. 루터는 중세 교회에서 관행이 되어 있던 온갖 종류의 종교적 노력, 행위, 업적 등 선행이나 성사에 참여함으로써가 아니라, 각 개인이 오직 하느님에 대한 믿음으로 의로워질 수 있다고 주장했다. 이는 "믿음으로 의롭다 여김을 받는다."(로마서 1장 17절: 오직 믿음Sola Fide)는 성경의 구절에 근거를 두었다. 루터의 탑 체험의 결과이기도 한 이 이신칭의 사상은 이후 종교개혁 사상가들의 신학적 토대를 이루게 되었다. 루터가 중세 말 가톨릭교회의 체제에서 요구되었던 침회

등 개인의 노력이나 행위를 부정하고, 구원을 위해서 믿음과 하느님의 은혜(오직 은혜Sola Gratia)를 강조한 것은 신앙의 본질을 재정립하는 계기였다. 하지만 이것은 멀리는 아우구스티누스의 교리였으며, 가톨릭 신앙의 정수이기도 했다. 루터가 새로이 주목한 것은 예수가 인간의 죄의 문제를 해결했다는 믿음, 그리고 그 믿음을 통해서 하느님과 올바른 관계를 맺을 수 있다는 성경의 가르침이었다. 즉 하느님은 인간에게 선행을 요구하지 않으며, 신자에게 필요한 것은 오직 믿음이라는 사상이다.

세 번째 핵심 사상은 만인사제론이다.[20] 루터는 『독일 그리스도교 귀족에게』뿐 아니라, 『교회의 바벨론 포로』에서 성례의 의미를 설명하면서 여러 차례 사제와 속인들 사이에 관행적으로 이루어져온 구분을 비판하고 배격했다. 중세 교회에서 사제는 성찬을 주관하는 특별한 지위를 가진 신분이었지만, 루터는 그리스도인과 사제직을 일치시킴으로써 가톨릭교회의 교권주의와 성직주의를 부정했다.

그는 세례 받은 모든 신자가 사제이자 하느님과 인간 사이를 중재할 수 있는 구약적 의미의 '제사장'이라고 주장했다. 그리고 교황이 성서 해석의 최종적 권위라는 가톨릭의 주장을 부정하고, 속인도 누구나 성경을 읽고 해석하는 자유를 누린다고 주장했다.[21] 물론 루터에게 있어서 '만인'이란 '신자'를 의미했으며, 세례라는 의식이나 절차가 아니라, '신앙'이 사제직에 속하는 데 필

수 요소로 동반된다는 사실도 『신약성경에 대한 설교』에서 누누이 강조되었다.[22]

루터가 1520년에 발표한 글들에 담긴 신학사상은 당대 가톨릭교회의 권위를 치명적으로 파괴했고, 독일은 물론 스위스의 개혁세력까지 아우르는 복음주의의 토대를 형성했다. 루터는 이 국면에서 사실상 가톨릭교회와의 단절을 불가피하게 만들었으며, 성직자뿐 아니라 속인들까지 모두를 계몽시켰다. 특히 귀족들에게는 새로운 성직의 구성원으로서 교회의 문제를 방관해서는 안 된다는 의식을 지니게 했다. 루터는 개혁사상을 통해 그리스도교 신앙의 본질을 새롭게 해석하며 개혁세력을 결집시키는 데 기여했다.

보름스 제국의회

루터의 개혁은 종교적 권위와 불가분하게 연결되어 있는 세속적 권위,
즉 신성로마제국에 대한 도전이기도 했다.
황제는 제국을 분열시키는 요인으로 부상한
루터 문제를 방치할 수 없었기에
1521년 4월 보름스에서 개최된 제국의회의 청문회에 루터를 소환했다.
그렇지만 루터는 성경과 양심에 의지하며 주장의 철회를
전면 거부함으로써 오히려 교회의 분열을 공식화했다.
신성로마제국의 독특한 정치 구조 탓에
이단자 루터의 신앙고백이 보호될 수 있었다.

종교 갈등은 정치 문제

16세기에 종교가 지니고 있던 통합적인 성격 때문에 루터의 개혁은 종교적 권위와 제도는 물론 그와 불가분 연결되어 있는 세속적 권위에 대한 도전이기도 했다. 그런 이유에서 종교개혁은 개혁가들의 신앙고백이나 복음적 활동만으로 성과를 얻을 수는 없었다. 특히 1520년부터 진행된 제국 내외의 여러 상황들은 종교개혁의 성공이 루터 개인의 의지에 의해서 좌우되지 않는다는 사실을 분명하게 보여주었다. 종교 문제는 1520년대 열린 제국의 회들의 주요 의제로 다루어졌으며, 그 결정은 각 지역의 종교적 상황에 즉각적으로 영향을 미쳤다. 여러 이유에서 일부 지역을 중심으로 확산되고 있던 종교개혁에 대해 황제와 영방제후 모두 민감하게 반응할 수밖에 없었다.

1519년 황제 막시밀리안이 사망한 후 독일의 선제후들은 1519년 6월 28일 프랑크푸르트에 모여 후임자를 결정하는 회의를 열었다. 그들은 먼저 작센의 프리드리히를 후임자로 추천했다. 그러나 지혜로운 작센 선제후는 부담이 크고 실속은 적은 황제위를 거절했다. 프리드리히가 황제의 자리를 받아들였다면 유럽사는 물론 종교개혁의 역사도 크게 달라졌을 것이다. 그는 자신을 대신하여 막시밀리안의 손자 카알을 지명했고, 그 결과 19세에 불과한 합스부르크 가문의 상속자가 후임 황제로 결정되었다. 이로써 카알은 독일과 이탈리아는 물론이고, 오스트리아와 헝가리, 스페인과 네덜란드 지역까지 차지하고, 제국 밖에도 커다란 영토를 가진 유럽 최대의 통치자가 되었다. 그는 그리스도교 세계 대부분을 하나의 통치권 아래에 두었던 800년경 카롤루스 황제 이래 가장 광대한 영토를 통치한 군주였다.

하지만 영토가 광대한 것에 비례하여 제국의 결속력은 느슨했다. 황제는 독립적인 성격의 영방들로 구성된 제국 내에서 무슨 문제라도 발생하면 대응하기가 결코 수월하지 않았다. 제국의 동쪽에서는 이슬람세력이 지속적으로 유럽을 위협하는 상황이었고, 제국 내부에서는 루터파가 새로운 갈등을 야기하고 있었다. 황제로서는 정치력을 발휘하여 제국의 안전뿐 아니라, 종교 문제가 제국을 분열시키지 않도록 대처해야 했다.[23]

교황은 1520년 6월 루터에게 파문 결정을 내렸지만, 신성로마제국과 영방의 독특한 정치 구조로 인해 작센 선제후가 보호하고 있던 루터를 로마로 소환할 수도, 그의 입을 다물게 할 수도 없었다. 교황이 선택할 수 있는 최선의 방안은 황제에게 이 문제의 해결을 요청하는 것이었다. 교황은 1520년 9월 26일 그의 사절 알레안드로Girolamo Aleandro를 황제 카알에게 보내 협조를 요청했다. 충실한 가톨릭교도인 황제는 교황의 요청에 화답해 루터의 책들을 불태우라고 지시했다. 10월 8일 루벵을 시작으로 11월에는 쾰른과 마인츠에서도 공개적인 화형식이 벌어졌다.[24] 황제는 교황이 프랑스와 연대해 자신에게 맞서는 것을 저지하기 위해서도 그의 요청에 적극 협조할 필요가 있었다.

카알은 황제가 되는 과정에서 선제후 프리드리히의 도움을 입었고, 제국의 여러 문제를 해결하는 데 그의 협조를 필요로 했기 때문에 루터 문제를 강압적으로 몰아붙여 해결할 수가 없었다. 그는 1520년 말부터 작센 선제후와 접촉하며 가능한 방안을 타진했다. 루터를 소환할 생각도 해보고, 『교회의 바벨론 포로』같이 교회를 크게 자극한 책만이라도 루터가 철회하도록 요청하기도 했다. 하지만 프리드리히는 그와 같은 제안들을 모두 거절했다.

대부분의 독일 세속 제후들은 일찍부터 중립적인 공의회를 소집하여 교회개혁의 문제를 다루는 것을 희망했다. 작센 선제후는 루터 문제에 대해서 그에게 청문회에서 공식적으로 의견을 밝힐 기회를 주어야 한다고 일관되게 주장했다. 이는 루터가 그에게 요청했던 내용이기도 했다. 반면 황제는 루터를 제국의회에 세울 경우 그가 교회법과 교황 교서를 불태운 것이 문제가 될 수 있으리라 우려했다. 교황청 측에서는 이미 판결이 난 사안에 대해 루터에게 다시 발언할 기회를 주는 것에 대해 부정적이었다.[25] 한편 카알이 황제로 선출되었을 때 작성된 선거 협약에는 법외 추방자로 선고하기 위해서는 청문회를 거치도록 명시한 규정이 있었는데, 루터를 제국의회에 세우는 것은 바로 그 조항에 부합한 조치였다.[26]

황제 앞에 선 루터

보름스 제국의회는 카알이 신성로마제국의 황제가 된 후 소집한 첫 회의였다. 1521년 1월 28일에 시작되었을 때만 해도 루터 사건은 안건에 포함되어 있지 않았다. 제국의 통치, 평화, 경제 및 대외 문제 등이 다루어질 예정이었다. 황제는 산적한 현안들을 제국 내 여러 제후들의 지지를 얻으며 풀어가야 했다. 특히 프랑스 및 투르크와의 전쟁에서 종교개혁 진영에 서 있는 제후들의 도움도 절실했기에 그들을 자극할 만한 일을 피해야 했다.

그렇지만 제국 내에 새로운 갈등 요인으로 부각되어 있는 루터 문제를 다루지 않고 지나가는 것이 적절하지 않다는 의견들이 제기되었다. 교황 사절 알레안드로와 카라치올로는 제국 차원에서 루터의 파문 조치에 이은 제재를 요구했고, 작센 선제후 프리드리히는 학자들로 구성된 객관적인 청문회를 여는 것이 적절하다고 맞섰다. 제국의 신분 대표들도 여론을 무시할 수 없었다. 특히 황제에게 영향력을 미칠 수 있던 황제의 고문들은 인문주의의 영향을 받아 교회 개혁의 필요성에 공감하고 있었다. 결국 제국의회에 참석한 프리드리히가 황제와 의견을 교환하면서 루터를 보름스로 소환해 청문회를 여는 데 합의했다. 선제후는 황제가 루터의 안전을 보장하리라 기대했다.[27]

카알은 제국을 종교적으로 분열시키려는 시도들이 근절되어야 하며 로마 가톨릭주의와 제국의 통일성이 회복되어야 한다고

믿었다. 그는 루터가 교회와 교황을 비판하는 입장을 철회하기만
해도 제국 내에 큰 갈등이 해소되리라고 생각했다. 그는 이 제국
의회가 신성로마제국의 운명에 어떤 변화를 초래할지 미처 예상
하지 못했다. 집중적인 내부의 논의를 거친 후,[28] 황제는 3월 6일
루터에게 안전 통행에 대한 약속과 더불어 제국의회 소환통지서
를 보냈다.

루터는 후스도 교황으로부터 안전 통행을 보장받았지만 화형
당한 사실을 알고 있었다. 하지만 그는 황제의 호출을 하느님의
부르심으로 생각하고 이미 여러 달 전부터 마음의 준비를 하고
있던 터였다. 루터는 주변의 만류를 뿌리치고, 4월 2일 암스도르
프Nicholas von Amsdorf와 수도사 페첸슈타이너Johann Petzensteiner 등
네 명의 동료와 함께 마차를 타고 길을 떠났다. 루터 일행은 이동
하는 경로마다 환영하는 무리를 만났고 요청이 있을 경우에는
설교도 했다. 4월 5일에는 지킹엔Franz von Sickingen이 사람을 보내
보름스가 아닌 에버른부르크Ebernburg로 가자고 제안했다. 그는
루터의 안전이 걱정되었을 뿐 아니라, 교회개혁 방안에 대해서도
논의하기를 원했다. 그러나 루터는 그들을 설득해 돌려보냈다.[29]

수도사복을 입은 루터는 4월 16일 오전 10시경에 보름스에 도
착했다. 나팔수가 그의 도착을 알리자 약 2,000명의 사람들이 거
리로 나와 긴 여행으로 피곤했을 루터의 모습을 지켜보았다. 숙
소에 짐을 풀지미지 그를 만니려는 사람들이 줄을 이었다. 그중

에는 브라운슈바이크 공작 등 몇몇 제후들도 있었는데, 특히 아직 개혁 진영으로 전향하지 않았던 혜센의 백작 필립도 그를 찾아와 대화를 나누었다.[30]

역사적인 루터 청문회는 바로 그 다음날에 시작되었다. 궁전 회의실에는 황제 카알과 그의 동생 페르디난트Ferdinand를 비롯하여 제국의 여러 고위 귀족들과 교황 특사 등이 자리를 가득 채우고 있었다. 사회를 맡은 인물은 트리어 대주교의 고문 에크였다. 그는 루터에게 처음에는 라틴어, 그 후에는 독일어로 그의 앞에 놓여있는 책들이 그가 저술한 것이 맞는지, 그리고 그 저술들의 주장을 여전히 고수하는지 아니면 일부라도 철회할 의사가 있는지 물었다. 루터는 그것들이 자신의 책이라는 사실은 인정했지만, 두 번째 질문에 대해서는 답변을 위해 충분한 시간을 달라고 요청했다. 루터의 반응은 다소 의외였다. 그는 사회자가 저작 중

안톤 폰 베르너, 《보름스 회의의 마르틴 루터》, 1887년 작.

2부 개혁사상과 시대적 저항

일부라도 철회할 의사를 물을지 미리 예상하지 못했던 것으로 보인다.[31]

그날의 청문회는 정회되었고 하루가 지난 후, 4월 18일 목요일에 청문회가 재개되었다. 사회자가 전날과 동일한 질문을 반복하자 루터는 종교개혁의 역사에서 중대한 결과를 초래하게 된 소신을 담대히 밝혔다. 그는 자신의 책 가운데 복음의 진리를 전달하는 책도 있고, 교황권의 부패와 남용으로 독일의 부를 약탈하는 문제를 지적하는 책도 있으며, 적대자들을 과격하게 비판한 책도 있지만, 그 어느 것도 철회할 수는 없다고 했다. 만일 적대자들이 성서와 복음에 근거해 자신의 잘못을 확신시킨다면 자신이 스스로 그 책들을 불태워버리겠다는 말도 덧붙였다. 사회자 에크가 재차 철회 의사가 있는지 물었을 때 루터는 다음과 같이 답변했다.

"나는 성경의 증거에 의해 또는 명백한 논증에 의해 논박되거나 정죄되지 않는 한 잘못을 인정할 수 없습니다. 나는 단지 교황이나 공의회라 해서 전적으로 신뢰하지는 않습니다. 왜냐하면 그들은 종종 잘못을 저지르며 모순된 행동을 해왔기 때문입니다. 나의 양심은 하느님의 말씀에 사로잡혀 있습니다. 양심을 거슬러 행동하는 일은 안전지도 옳지도 않기 때문에 저는 어떤 주장도 철회할 수 없으며 고수할 것입니다."[32]

16세기 유럽에서 최고 권력을 지닌 황제와 여러 제국의 통치

자들 앞에서 루터는 성경과 양심에 의지하며 목숨을 걸고 저작
들에서 주장했던 내용의 철회를 전면 거부했다. 에크는 루터가
교황이나 공의회보다 자신을 더 옳다고 주장한다며 루터를 비난
했다. 하지만 루터는 그리스도인이라면 황제나 교황보다도 성경
의 말씀에 더 높은 권위를 부여하는 것이 당연하다는 태도를 보
였다. 이는 결국 교황도 황제도 한 수도사의 신앙에 기반한 고백
을 굴복시킬 수 없었음을 의미한다. 그것으로 청문회는 끝이 났
고, 루터의 고백에 독일인들은 매우 강렬한 인상을 받았다. 회의
장 밖에서 지켜본 귀족들, 인문주의자들, 그리고 민중들은 루터
에게 열렬한 지지를 보냈다.[33]

보름스 칙령의 효과

다음 날 카알 5세는 일개 수도사가 1,500년의 그리스도교 역
사를 거스르고 있지만, 자신은 신앙을 옹호하고 교회의 신실
한 아들로 남아 있을 것이라며 제국의 종교적 통일을 깨는 것
을 용납할 수 없다는 의지를 밝혔다.[34] 이 일이 제국에 미칠 커다
란 파장 때문에 곧바로 제국 신분 대표들로 구성된 위원회가 꾸
려졌다. 좌장을 맡은 트리어 대주교 리하르트 폰 그레이펜클라
우Richard von Greiffenklau, 그리고 다른 여러 위원들은 4월 24일과
25일에 걸쳐 장시간 루터와 진지한 협상을 시도했다. 그러나 루터
는 그들의 모호한 태도와 수용할 수 없는 논리가 이어지자 결국

속히 그곳을 떠나는 것이 바람직하겠다는 판단을 내렸다. 루터 일행은 4월 26일 보름스를 벗어났다.[35]

카알은 청문회가 그와 같이 끝나리라고 예상하지 못했기에 후에 루터에게 안전 통행증을 발급한 것을 후회했다. 황제의 판결에 따라 루터를 정죄하는 보름스 칙령의 문안이 5월 6일자로 완성되었으며, 포고는 5월 25일에 이루어졌다. 그 칙령은 제국 내에서 교황의 파문 교서에 법률적 효력을 부여했다. 루터를 '교회를 분열시키는 완강하고 명백한 이단'으로 규정하고, 그에 대한 모든 법률적인 보호를 박탈했다. 루터와 그 추종자들에게 생계를 돕거나 도피처를 제공하는 것도 금지했다. 관리들은 어디서든 루터를 발견하면 황제에게 넘겨 이단자들에게 합당한 형벌을 받도록 조

루터를 이단으로 규정한 보름스 칙령의 문안(1521년).

치해야 했다. 루터의 저작을 읽거나 배포하는 것이 금지되었고, 그의 모든 책은 불태워버려야 했다. 그와 동시에 제국 내에서의 모든 출판 행위에 대해서도 엄격한 검열이 지시되었다.[36]

그렇지만 신성로마제국 황제의 칙령 가운데 1521년 보름스의 칙령처럼 무시된 사례는 거의 없었다. 1521년 이후에 루터의 신체는 자유롭지 못했지만, 그는 제한받지 않고 개혁사상을 글로 계속 발전시킬 수 있었고, 그가 쓴 글은 독일 전역에서 출판되어 확산되었다. 이런 상황은 단지 독일의 분열된 정치 구조보다는 루터의 개혁에 공감하던 지역들에서 칙령이 지지를 받지 못했기 때문이다. 칙령을 위반하더라도 루터를 도와주려던 사람들이 많았다. 남부 독일의 사례들에서 볼 수 있듯이 인쇄물의 검열이나 출판 제한 시도는 출판업자와 시민들의 저항에 부딪혀 관철할 수 없었다.[37] 그와 더불어 제국 외부와의 전쟁, 선제후 프리드리히의 보호, 프로테스탄트 세력의 확대 등도 교황의 교서뿐 아니라, 황제의 칙령에 대한 효력이 발휘될 수 없도록 영향을 미쳤다.

황제가 사실상 전쟁을 감수하지 않는 한, 신성로마제국에서 영방 군주의 의사를 무시하고 보름스의 결정을 관철시킬 수는 없었다. 보름스 제국의회에서 루터가 이단적 사상을 철회할 수 없다고 거부한 순간에 유럽 그리스도교뿐 아니라, 제국도 더 이상 하나로 유지하는 것이 불가능하리라는 사실이 예고되었던 셈이다.

작센 선제후 프리드리히

루터는 교황으로부터 파문을 선고받았을 뿐 아니라, 황제의 칙령에 의해 법의 보호마저 박탈을 당했다. 따라서 특별한 정치적 보호가 없이는 개혁을 이어나가는 것은 물론이고 생존조차 어려운 상황에 처했다. 이 국면에서 작센 선제후 프리드리히의 보호는 루터 개인과 개혁세력의 생존, 그리고 나아가 종교개혁의 운명에 결정적 역할을 했다. 그러면 프리드리히는 왜 루터를 보호했을까?

프리드리히는 생전에 루터와 단 한 차례도 직접 대면한 적이 없었다. 그렇지만 그는 슈타우피츠와 슈팔라틴으로부터 늘 간접적으로 소식을 듣고 있었다. 루터에 대한 판단에 있어서는 점차 선제후의 서기관인 슈팔라틴의 조언에 주로 의존했다. 선제후가 루터를 단지 자신에게 유용한 존재로 판단했기 때문에 보호했던 것인지는 불분명하다. 하지만 그는 루터가 95개조 논제를 발표한 이후 일관되게 루터를 보호하기 위해 최선을 다했다. 그는 루터가 위험한 지역으로 여행하는 것을 내켜하지 않았으며, 불가불 작센을 벗어나야 할 경우에는 나서서 안전 통행증을 마련해주었다. 교황청이 몇 차례나 루터의 로마 소환을 요청했을 때에도 선제후는 허용하지 않았다.[38] 1521년 1월 3일 루터가 공식적으로 파문된 후에도 그는 보름스에서의 청문회를 성사시켰고, 그 후 위험을 무릅쓰고 이단자를 바르트부르크Wartburg로 피신시키는

선 제 후 령 브 란 덴 부 르 크

막데부르크
대주교구 마데부르크
비버슈타인
주교구 할버슈타트
엘베 강
루켄발데
비텐베르크
오데르 강
아이히스펠트
인할트
만스펠트
선제후령 작센
백작령 브레나
자간
할레
토르가우
알슈테트
라이프치히
주교구 마이센
뮐베르크
궁중백 작센
바이센펠스
백작령 튀링엔
마이센
주교구 마이센
에어푸르트
바이마르
알텐부르크
드레스덴
고타
에나
마이센 변경백
아이제나흐
대주교구 마인츠
케라
프라이베르크
슈말칼덴
올라뮌데
쳄니츠
라우엔슈타인 영방
츠비카우
마 이 센 영 방
코부르크
코부르크
보 헤 미 아 왕 국
주교구 뷔르츠부르크
주교구 밤베르크
마인 강

1485년의 작센 분할	
☐	에른스트 계
☐	알브레히트 계
☐	소유지가 혼재된 지역

15세기 말 작센 지도. 1485년 에른스트 선제후령과 알브레히트 공작령으로 분리된 후의
작센의 모습이다.

방안까지 마련했다.

그럼에도 불구하고 프리드리히가 개혁신앙을 철저하게 신봉했
다는 뚜렷한 증거도 없다. 그는 루터가 논제를 발표하여 면벌부
문제를 제기한 이후에도 교회의 주요 절기마다 비텐베르크 성 교
회에서 성유물을 전시해 면벌부 수익을 거둬들였다. 이런 태도에
다소 변화를 보이게 된 것은 1521년이었다. 성유물 전시는 포기
하지 않았지만, 이 해에 들어서야 비로소 성유물 참관자에게 교
황 면벌부를 약속하는 일은 중단한다.³⁹

선제후령 작센 통치자의 최우선 관심사는 자신의 영방을 강력
한 통치 지역으로 구축하는 데 있었다. 신성로마제국의 황제 선

출 과정에서도 선제후 프리드리히는 교황이나 마인츠 대주교와 연결되어 있을 뿐 아니라, 작센 인접 지역을 통치하는 브란덴부르크 가문을 견제하기 위한 방편으로 카알을 추천했다. 합스부르크가가 작센의 이해관계를 위해 최선의 선택이라고 판단했던 것이다.[40] 당시 제국 내 대부분의 제후들은 자신들의 통치 영역에서 교황이나 황제의 간섭을 배제하고 독립적인 영방을 구축하는 데 관심이 많았다. 그들은 교황의 영향력이 영방 내에 확대되어 경제적 부담을 가중시키지 못하도록 차단할 뿐 아니라, 필요할 경우 연대하여 황제의 간섭도 막고자 했다. 루터는 선제후의 이런 목표에 실질적으로 큰 도움이 되었다.[41]

선제후는 『95개조 논제』나 『독일 그리스도교 귀족에게』에서 루터가 교황청의 독일 착취에 대한 부당성과 실질적인 문제를 신학적 논리까지 갖추어 제기했다고 보았다. 루터 개인에 대해서 비판적 태도를 견지하고 있던 작센의 게오르크 같은 제후들도 루터의 공로를 인정하는 입장이었다. 루터는 사실상 제후들의 이해관계를 옹호하는 입장에서 개혁을 추진해왔으며,

루카스 크라나흐, 〈현명공 프리드리히〉, 1532년 작, 레겐스부르크 역사박물관 소장.

세속통치자들이 더욱 큰 책임을 담당해야 한다고 주장했다. 당시 고양되고 있던 반로마 정서와 루터가 자극한 민족 감정은 독일이라는 추상적인 대상보다는 현실적인 정치가 구현되는 영방을 구심점으로 신민들을 결집시켰다.

선제후 프리드리히는 루터를 보호하여 개혁을 수행하도록 지원하는 역할이 그리스도인 군주의 책무를 수행하는 것이라고 차츰 자각하게 되었을 것이다. 그것은 그가 궁극적으로 교황을 등지고 프로테스탄트 진영에 서게 된 결정과는 다른 차원이었으며, 당시까지도 루터에게는 가톨릭을 벗어나겠다는 생각이 없었다. 보름스에서 황제가 칙령을 통해 루터를 이단으로 재차 선언했음에도 불구하고 프리드리히는 그를 계속 보호하기 위해 카알에게 루터에 대해 내려진 칙령의 적용을 자신에게만큼은 면제해 달라는 이례적인 요청을 했고, 황제는 그것을 수락해주었다. 그 결과 프리드리히는 제국 법령을 거스르면서도 칙령 위반의 법적 책임은 모면한 채 루터를 보호할 수 있었다.[42]

루터를 지지했던 제후들은 차츰 영방을 강화하는 과제와 개혁 신앙의 정체성을 확립하려는 노력이 일치한다고 판단했던 것으로 보인다. 통치자의 입장에서는 영방의 종교개혁을 후원하며 교회를 자신의 감독 하에 두는 것이 영방의 정체성을 강화하고, 권력을 독점하며, 신민들의 삶을 확고하게 통제하는 데 도움을 주었다.[43]

작센의 선제후나 헤센의 백작 필립의 경우 일찌감치 대학을 통해 영방에 필요한 역량 있는 인력을 양성하는 데 관심을 보였고, 기존에 성직자가 수행했던 역할이나 교회에 속해 있던 기관들을 세속화시키려 했다. 제후들이 교황의 간섭을 배제하고 영방 내의 종교를 자신의 통제 하에 두는 데에도 루터의 종교개혁사상은 정당성을 제공해주었다. 『독일 그리스도교 귀족에게』에서 루터는 개혁세력이 교황으로부터 벗어날 경우 결국 제후들이 보호를 요청할 수 있는 유일한 선택지가 될 것임을 사실상 예고했다. 그리고 기대대로 복음주의적 제후들은 '비상 주교Notbischof'가 되어 '제후들의 종교개혁'을 추진하게 되었다. 새로운 교회가 국가 및 영방에 종속되는 성격을 지니게 된 것은 보름스 제국의회 혹은 농민전쟁 이후 전개된 혼란스러운 상황 때문이 아니었다. 『독일 그리스도교 귀족에게』에서 당위적으로 요청했듯이 루터는 교회 스스로 주체가 되어 개혁을 추진할 수 없게 된 상황에서 귀족과 세속 통치자 외에는 개혁을 추진할 다른 세력이 없다고 판단하고 있었다.

03
성경 번역과 독일어 성경

의도하지 않게 바르트부르크에 은신하게 된 루터는
그곳에서 종교개혁의 정신을 구현하는 위대한 일을 시작하게 되었다.
그는 모든 신자들이 성경을 직접 읽을 수 있도록 그들의 일상어로
옮김으로써 성경 해석의 독점권을 아래로부터 무너뜨리는
'종교혁명'을 가능케 했다.
루터는 독일어로는 성경의 의미를 제대로 표현할 수 없다는
편견을 깨뜨리고 독일어의 고유한 언어적 특징을 잘 살린
우수한 번역을 완성하여 제화공이나 여성들도
성경에 대해 토론하는 문화의 기반을 닦았다.

바르트부르크의 융커

제국의회에서 최종 포고문이 발표되기 전에 루터는 그곳을 벗어나기로 결심했다. 루터 일행은 1521년 4월 26일 지킹엔이 보낸 기사 20명의 호위를 받으며 보름스를 떠나 작센으로 향했다. 작센 지역으로 진입한 후에는 페첸슈타이너와 암스도르프만 동행했는데 5월 4일 알텐슈타인Altenstein 성 인근에서 괴한들이 나타나 루터를 바르트부르크 성으로 납치했다. 루터를 바르트부르크 성에 도피시키는 계획은 작센 선제후 프리드리히가 보름스에서 구상한 비밀 프로젝트였다. 루터가 주장을 철회하지 않아 법의 보호를 박탈당했기에 그의 안전은 담보할 수 없게 되었다. 프리드리히는 사람들의 시선이 닿지 않는 곳에 그를 은신시켜두는 것이 최선이라 판단했다. 그 성 안에서는 성주 베어렙쉬Hans von Berlepsch만 루터의 정체를 알고 있었다. 그때부터 이듬해 3월 1일까지 약 10개월 동안 루터는 그 성에 머물며 생각지 않았던 망명

바르트부르크 성(위쪽)과 루터가 생활하던 공가(오른쪽).

생활을 하게 되었다. 그는 수도사의 신분을 감추기 위해 수염을 길렀고, 융커 외르크Junker Jörg라는 이름을 지닌 채 기사 행세를 했다.[44]

루터는 그동안 자신을 돌보지 않고 여러 일로 소진했기에 모처럼 혼자만의 시간을 보내며 심신을 회복시킬 기회를 즐길 법도 했다. 하지만 활동적인 기질의 루터로서는 새들의 왕국에서 끼니 때마다 제공해주는 음식을 받아먹으며 지내는 생활에 만족할 수 없었다. 오히려 그는 고립으로 인한 영적 침체에다가 육체적 질병들까지 겪으며 괴로운 시간을 보냈다. 위와 장이 좋지 않았고 두통과 변비까지 그의 일상을 힘들게 했다. 그가 악몽에 시달리거나 종종 악마에 둘러싸인 것 같은 망상에 빠져 잉크를 내던졌다는 설화도 이런 상황에서 유래했다. 그렇지만 루터는 얼마 지나지 않아 안정을 되찾으며 해야 할 일들을 구상했다. 그는 가장 먼저 성경 주석과 설교자들을 위한 모범 설교집 등을 집필하기 시작했다.

외부 세계와는 주로 비텐베르크에 있던 멜란히톤과 서신을 통해 소통했다. 그를 통해 비텐베르크의 상황을 알게 되었고, 필요한 경우 루터의 의사도 전달할 수 있었다. 공공연한 것은 아니었지만, 루터에게 보내려는 서신은 종종 슈팔라틴을 통해서도 전달되었다. 루터의 관심은 일단 비텐베르크에 쏠려 있었기 때문에 도시에서 개혁을 추진하는 데 필요한 주제가 떠오르면 그는 글로 입장을 밝히는 데에도 주저하지 않았다. 이 시기에 쓴 대표적인 글이 미사의 남용과 수도 서약에 대한 비판이었다.[45]

루터가 살아 있다는 사실이 알려지게 된 것은 그가 마인츠 대주교 알브레히트에 대한 참을 수 없는 분노를 드러냈던 일이 계기가 되었다. 대주교는 1521년 9월 돈벌이를 목적으로 할레에서 전시되는 성유물을 보기 위해 순례를 오는 사람들에게 면벌부를 약속하는 교황 교서를 발행했다. 일부 사람들이 그의 면벌부 남용 행위를 비판하며 저항했는데, 루터가 그 배후라는 소문이 퍼지기 시작했다. 대주교 측에서는 신속하게 비텐베르크의 개혁가들과 선제후 궁정에 이 문제를 확대시키지 말아달라는 의사를 전달했다. 프리드리히도 여전히 면벌부와 이해관계가 있기에 선제후는 그 요청에 협조하려고 했다.

하지만 루터는 강하게 반발하며 슈팔라틴에게 마인츠의 우상과 할레의 매음굴에 대해 비판하는 글을 발표하겠다는 의사를 전했다. 얼마 후 루터는 완성된 글을 작센 선제후 측에 보냈으나 출판을 허락받지 못했다. 루터는 의견을 굽히지 않았고, 12월 1일 알브레히트에게 직접 서신을 보내 거짓 면벌부로 사람들을 잘못된 길로 인도하는 행위를 비난했다. 그는 면벌부 발행을 취소하지 않으면 자신의 글을 출판해 공개적으로 비판하겠다며 2주의 말미를 주었다. 결국 압력을 견디지 못한 대주교가 면벌부 발행을 취소함으로써 이 문제는 일단락되었다.[46]

그 무렵 루터는 비텐베르크에서 개혁을 추진하는 과정에서 혼란과 소동이 빚어지고 있다는 소식을 들었다. 그는 상황을 파악하기 위해 1521년 12월 4일부터 9일까지 도시를 찾았다. 그리고 루터는 멜란히톤을 만나 의견을 나누던 중 성경을 독일어로 번역할 결심을 굳히게 되었다. 그는 성경을 통해 모두가 하느님의 뜻을 올바로 깨닫도록 하는 것이 필요하다고 생각했다. 루터는 마침 그동안 진행하던 일들이 끝나 새로운 일을 구상하고 있던 터였다. 결국 루터는 바르트부르크에 머물고 있는 동안 종교개혁 역사에서 가장 위대한 업적으로 평가되는 일을 비로소 시작하게 되었다. 멜란히톤과 슈팔라틴은 그에게 필요한 것들을 지원해주었다.[47]

개혁가로서 루터가 활동해왔던 시간들을 되돌아볼 때, 그는 신앙의 모든 문제에 있어서 성경에 최고의 가치를 부여했고, 성경을 기반으로 가톨릭교회와 투쟁했다. 교회 공동체의 구성원 누구나 쉽게 이해할 수 있는 성경을 제공하는 일은 그가 추구하던 종교개혁의 정신을 구현하는 과업이었다.

성경을 손에 든 루터

독일 전역에 40개 이상의 루터 기념비들이 있지만, 흥미롭게도 거의 모든 동상은 한 손에 성경을 들고 있다. 이는 루터의 업적 가운데 후대인이 가장 중요하게 기억하며 기념하는 것이 무엇인지를 단적으로 보여준다. 루터는 신앙에서 성경의 중요성을 강조했을 뿐 아니라, 그 성경이 모든 신자들의 것이 될 수 있도록 그들의 일상어로 번역함으로써 아래로부터의 '종교혁명'을 추구했다. 이런 방식으로 루터는 로마교회가 주장하던 성경해석의 독점권을 효과적으로 무너뜨렸다.

로마교회는 라틴어 성경 불가타의 사용을 규범화함으로써 중세 내내 성직자들 외에는 성경에 대한 접근을 어렵게 만들었다. 하위 성직자들 중에도 라틴어 교육을 충분히 받지 못해 성경의 내용을 이해하지 못하는 이들이 적지 않았다. 라틴어 성경만을 허용할 뿐 아니라, 예배 언어로써 라틴어를 사용하는 정책은 교황을 정점으로 하는 라틴 그리스도교 세계의 통일성을 유지하는 근간이었다. 이런 상황에서 민중들은 사실상 접근이 봉쇄된 성경보다는 미사와 성사의 참여에서 종교 활동의 의미를 찾았다.

루터는 불가타 성경이 오류를 포함하고 있어 개선이 필요하다고 생각했지만, 민중들이 쉽게 접근할 수 없는 라틴어로만 통용되고 있는 사실이 더 근본적인 문제라고 인식했다. 따라서 그 벽을 허물어 누구나 신앙의 본질에 다가갈 수 있도록 해야 한다고 판단했다. 결국 그는 원전 성경 전체를 독일어로 옮겨 민중들에게 전달하고자 했다. 가톨릭 성직자들은 독일어를 비롯한 속어는 어휘가 빈곤하여 라틴어 성경만큼 정확하고 풍부하게 그 의미를 표현할 수 없다는 편견을 갖고 있었다.[48]

1500년경에는 인쇄술과 속어 사용 비중의 증가로 번역 성경을 위한 조건이 성숙해 있었다. 이 시기에는 이미 문자 생활에서 속어의 비중이 크게 늘어 출판물 중 15%가 라틴어가 아닌 지역의 속어로 출판되었다. 최초의 독일어 번역 성경은 1466년에 스트라스부르의 인쇄업자 요하네스 멘텔린Johannes Mentelin(1410년경-1478년)이 제작한 것이다. 이 성경은 1518년까지 14판이 간행되었으며, 그 사이에 두 번이나 수정 작업을 거칠 정도로 수요가 많았다. 그 후 약 반세기 동안 총 18종의 독일어 성경이 스트라스부르, 아우크스부르크, 쾰른, 뉘른베르크, 뤼벡 등 여러 출판 중심지들에서 제작되었다.[49] 이 번역들은 한결같이 당시 사용되던 라틴어 성경 불가타를 독일어로 옮긴 것이기에 번역이 정확했다고 하더라도 라틴어 성경 자체가 갖고 있던 오류에서 벗어날 수 없었다.

루터는 그 성경들에 비해 질적으로 현저히 나은 번역을 했기에 루터 성경이 등장한 이후에는 기존에 제작되고 출판된 독일어 성경들의 유통이 제한되었다. 그럼에도 불구하고 루터가 번역을 시도하기 이전에 그처럼 지속적으로 성경이 번역되고 있었다는 사실은 이미 독일어 성경에 대한 수요가 적지 않았음을 알려준다. 이처럼 루터 성경의 상업적 성공을 위한 토대는 이미 마련되어 있었다. 이 시기에 유럽 어디에도 독일만큼 자국어 성경의 출판이 활발한 국가는 없었다.[50]

성경 번역을 위해서는 해결해야 할 난제가 있었는데 다름 아

닌 성서 원전을 확보하는 일이었
다. 인문주의 정신의 영향으로
루터는 성경의 원전을 직접 독일
어로 옮겨야 한다는 생각을 갖고
있었다. 신약성경의 경우, 다행
히 루터는 인문주의자 에라스무
스가 편집하고 주석을 붙인 그리
스어 라틴어 대조성경을 안심하
고 사용할 수 있었다. 에라스무
스는 최초로 본문 비평Textcritic을

에라스무스 신약성경. 그리스어와
그에 대한 라틴어 번역을 나란히 실어
대조가 가능하게 했다.

거친 그리스어 성경을 제작했을 뿐 아니라, 그것을 라틴어로 번
역해 두 언어를 나란히 대조시켰다. 이는 불가타의 문제점을 노
출시키는 동시에 그것의 한계를 극복하려는 시도였다. 이 성경은
1516년에 초판이 나온 후 1519년에 보완된 재판까지 출판된 상
태였기에 루터는 이 재판을 통해 수월하게 원전에 대한 고민을
해소할 수 있었다.[51]

　루터는 비텐베르크에 다녀온 12월 중순 신약성경의 번역에 착
수하여 다음해 3월 1일 바르트부르크를 떠나기 전에 초고를 완
성했다. 루터가 번역을 완성하기까지 불과 11주 정도가 소요되
었을 뿐이다. 그는 비텐베르크로 복귀하기 전 번역문의 일부를
슈팔라틴에게 보냈고, 그것을 다시 멜란히톤에게 전달해 검토할

수 있도록 배려했다. 그리스에 정통한 멜란히톤과 독일어를 능란하게 다루는 루터의 협력은 성경 번역을 위한 '천상의 조합'이었다.[52] 루터 성경 번역의 첫 결실인 루터 역 신약성경은 1522년 9월에 출판되었다('9월 성경').

루터가 단기간에 신약의 번역을 끝낼 수 있던 것은 성경에 대한 이해가 깊었을 뿐 아니라, 어학 능력에 있어서도 준비된 학자였기 때문이다. 그는 대학 시절은 물론 수도사 시절에도 라틴어 공부에 전념할 기회를 가졌으며, 그리스어의 이해에 있어서도 동료들보다 월등했다. 루터는 1506년 저명한 히브리 학자이자 인문주의자의 책을 통해서 본격적으로 히브리어 공부도 시작했다. 그는 구약 중 가장 좋아했던 시편과 모세오경을 통해 히브리어를 훈련했다. 게다가 그리스어와 그리스 문화 분야에서 촉망받던 멜란히톤이 비텐베르크로 초빙된 것은 루터에게 여러 모로 큰 행운이었다. 그는 로이힐린에 의해 비텐베르크에 교수로 추천을 받았는데, 히브리어도 정통했다. 그 외에 또 다른 히브리어 전문가 아우로갈루스Matthäus Aurogallus도 1521년 이 대학에 부임했다.[53] 루터가 성경 번역에 착수하기 전에 필요한 인력들이 모두 이 도시로 모여든 셈이었다. 루터가 그들과 함께 번역 작업을 진행할 수 있었던 것은 큰 도움이 되었다.

루터는 '9월 성경'이 인쇄되는 동안에 구약성경의 번역도 시작했다. 그렇지만 구약은 분량이 많을 뿐 아니라, 다양한 성격의 책들이 망라되어 있고, 특히 욥기를 비롯한 시가서는 번역이 한층 까다로웠다. 구약성경 번역의 경우 여러 비텐베르크 학자들의 도움이 긴요했다. 그런 점에서 구약은 사실상 공동 작업의 결과물이라고도 할 수 있다.

요하네스 마테시우스의 진술에 따르면 루터 외에 멜란히톤, 크루시거Cruciger, 부겐하겐Johann Bugenhagen이 각각 70인역 성경(셉투아긴타), 유대 랍비 성경, 불가타 등을 함께 검토하며 토론하는 과정을 거쳤으며, 아우로갈루스도 전체 번역 작업에 참여했다.[54] 이 학자들은 원전의 의미를 살릴 적합한 독일어 표현을 찾아내기 위해 고심에 고심을 거듭했다.

1530년대 초 루터가 몸져누워 번역 작업이 중단될 위기에 처했을 때에는 요나스Justus Jonas와 멜란히톤이 외경 중에 그가 미처 번역하지 않은 책들에 대한 번역을 넘겨받아 이어가기도 했다.[55] 구약성서는 각 권을 별도로 인쇄하는 것이 전체를 다 모아 책으

루터 독일어 성경전서 초판본
(1534년).

로 만드는 것보다 비용에 있어서 저렴했기 때문에 번역이 진행되는 순서대로 부분적인 출판이 이루어졌다. 성경 전체의 번역이 완료되어 한 권으로 출간된 것은 1534년 9월이었다. 그렇지만 번역 작업이 오랜 기간에 걸쳐 권별로 진행되었기에 성경의 신구약 합본 초판본은 통일성 있는 편집 작업이 미흡했다.

루터 성경의 특성

루터의 완역판 성경에는 신구약 외에 현재 개신교에서 사용하지 않는 외경外經, Apocrypha이 포함되었다. 그는 외경을 "성경의 다른 책들과 동일하게 여겨지지는 않지만, 유용하고 읽을 만한 책"이라고 했다. 그 성경에는 루터가 개별 책들에 대해 쓴 서문들이 있고, 본문의 여백에는 난외 주석도 있었다. 또 중세 필사본 성경들의 영향을 받아 많은 이미지들도 담았다. 출판업자 되링Döring은 크라나흐의 작업실에 성경에 사용할 새로운 이미지 제작을 부

루터 성경 본문
(2016년판 영인본).
삽화를 많이 담았고 주석을
사용했음을 알 수 있다.

탁했다. 루터 자신도 삽화 제작에 적극 의견을 개진했으며, 삽화로 사용할 목판화 120점을 성경 곳곳에 적절히 배치했다.[56]

루터가 성경을 대하는 태도는 번역에도 그대로 반영되었다. 그는 성경 전체를 일관성과 통일성을 갖고 보았다. 그는 그리스도와 복음을 성경의 중심 주제로 이해했으며, 구약은 그리스도의 구원을 예고하고, 신약에서 그것이 완성된다는 관점을 갖고 있었다. 각 책의 중요도는 중심 주제와의 관련성 속에서 재평가되었다. 신약의 머리말에서 루터는 요한복음, 바울 서신, 그리고 베드로 서신을 다른 책들보다 높게 평가했다. 그 책들이 그리스도를 보여주고, 구원을 선명히 가르쳐주었기 때문이다. 반면 그는 야고보서가 복음의 내용을 담고 있지 않다는 이유로 '지푸라기 서신'이라 불렀다. 루터는 해당 책이 그리스도를 가르치고 있는지 아닌지를 기준으로 성경의 순서를 재분류했는데, 신약성경 목록에서 야고보서와 히브리서, 유다서, 요한계시록을 다른 책들보다 훨씬 뒤쪽에 따로 분류해두었다.[57]

루터의 번역은 앞선 시기의 번역들과 비교할 때 독창적이고 개선된 요소들이 많다. 우선 그는 번역문이 독일어의 고유한 문체와 언어적 특징을 잘 살려야 한다고 생각했다. 그는 원문에 충실한 문자적인 번역을 고집하기보다는 필요하다고 판단되면 원문에 적절한 단어를 추가하여 의미를 강조하는 것도 꺼리지 않았다. 잘 알려진 사례는 로마서 3장 28절 번역에 '오직'이라는 단어를 삽입하여 '오직 믿음으로'라는 문구를 만든 것이다: "오직 믿음으로 의롭게 된다고 우리는 확신합니다."[58]

루터는 엄격한 문자적인 번역이 아니라, 독자들의 이해를 염두에 두고 과감한 의역도 마다하지 않았다. 이런 원칙은 그의 번역이 대중적 호응을 이끌어낼 수 있던 중요한 요인이었다.[59] 루터는 장터에서 생활하는 민중들도 가까이할 수 있는 성경을 제공하고자 했던 것이다. 민중의 입장에서는 독일어 성경이 라틴어 성경보다 하느님과 복음을 이해하는 더 나은 통로였다.

앞선 번역자들과 달리 루터에게는 독일어 성경이 라틴어 성서를 이해하기 위한 보조적 도구가 아니라, 그 자체로 성스러운 하느님의 말씀이었다.[60] 그는 독일어의 언어적 특성을 잘 이해했으며, 민중들을 위해서 번역어에 구어체 독일어를 많이 반영했다. 이와 같은 특징들로 인해 성경을 민중을 위한 책으로 인정하지 않는 가톨릭 학자들로부터 많은 비난과 공격의 표적이 되었다.[61]

루터는 언어적으로 천부적인 재능을 지니고 있었지만, 더 나은 번역서를 만들어내기 위해 여러 언어 전문가들과 끊임없이 머리를 맞대며 오류를 줄이고 적절한 표현을 찾기 위해 노력했다. 훌륭한 번역 성경을 완성했음에도 루터는 자신의 번역이 완전하다고 생각하지 않았다.[62]

2부 개혁사상과 시대적 저항

표준 독일어의 출현

독일은 중세 내내 수도로 대표되는 정치적 중심지가 발전하지 않아 지배적인 언어, 즉 공용어의 발전이 지체되었다. 독일어는 16세기 초 지역 간 방언의 차이가 컸고, 조금만 멀리 벗어나면 말은 어느 정도 통해도 완전한 언어 소통에 제한이 있었다. 그렇지만 다행히 루터가 출생하고 활동하던 지역은 독일의 중부에 위치했을 뿐 아니라, 언어적으로 상이한 지역 방언들이 교류하고 교

독일어 방언 경계 지도

차하던 지대였기에 독일 전역에 언어적 영향력을 확산시키기에 용이했다.

루터 스스로도 번역어의 채택에서 광범위하게 사용될 수 있는 방안을 모색했는데, 작센의 공문서체를 사용했고, 가급적 지역 방언 표현을 피하고 초지역적으로 이해될 수 있는 독일 남동부의 출판 언어를 채택했다. 이런 노력은 결국 독일 제국 내의 언어의 표준화와 공통 문어체의 발전을 촉진시켰다. 의식적으로 표준화를 추구하는 과정에서 새로운 단어나 표현이 만들어지기도 했다. 결국 루터 성서라는 권위적인 텍스트가 등장하며 광범위한 지역에서 사용됨으로써 지역 간 언어의 장벽이 허물어지고 근대 표준 독일어가 출현하는 데 지대한 영향을 끼쳤다.[63]

루터의 언어와 문체는 독일어 성경뿐 아니라, 그의 신학적인 저작들과 설교, 탁상 담화와 찬송가 등을 통해서도 널리 확산되었다. 독일인들은 루터 성경을 대단히 존중했기에 루터가 사망한 이후에는 더 이상의 개정 작업이 용이하지 않았다. 루터와 함께 번역 성경을 수정하고 편집하던 게오르크 뢰러는 명백한 오류들을 바로잡고 루터 자신이 고치려 메모해 두었던 부분을 모아 유작遺作으로 출간하려 했지만 저항에 부딪혀 관철할 수 없었다.[64]

성경 출판과 그 영향

소위 '9월 성경', 즉 1522년 9월 말에 완성된 신약성경은 멜키

오르 로터Melchior Lotter d. J. 인쇄소에서 출판되어 라이프치히의 견본 시장에 선보였다. 그 성경에는 번역자 이름을 명시하지 않았는데, 이단 징계를 받고 있던 루터의 작품임을 밝힐 수 없었기 때문이다. 하지만 출판 장소가 비텐베르크로 확인됨으로써 곧 루터가 번역했다는 사실이 알려졌다.[65] 이 성경의 가격은 당시 송아지 한 마리 혹은 노동자 몇 주간의 임금에 해당하는 1.5굴덴이었다. 그럼에도 불구하고 성경을 구입하려는 사람들이 많아 석 달 동안 3,000부 이상이 판매되었다. 얼마 후 제작한 재판이 소위 '12월 성경'이다.

루터 신약성경은 1524년까지 14회의 수정판이 제작되었고 66쇄가 인쇄되었다. 출판사는 불법적인 출판을 막기 위해 1524년 이래로 성경 본문의 끝부분에 십자가를 지고 가는 어린 양과 루터 장미 이미지를 새겼다.[66] 구약 번역이 완성되던 1534년까지 신약성경은 약 20만 부가 배포되었다. 이는 당시 출판 시장에서 상상하기 어려운 부수였다.

최초의 완역판 독일어 성경은 1534년 비텐베르크의 한스 루프트 인쇄소에서 나왔다. 비교적 비싼 책인데도 초판 3,000부가 곧 절판되었다. 지속적인 수요로 인해 성경은 거의 해마다 새로 인쇄되어야 했다. 루터는 사망 직전까지도 성경 개정 작업을 중단하지 않고 끊임없이 교정했다. 그가 수정한 마지막 성경은 1545년에 완성된 10판이었다. 루터 성경은 16세기 중엽까지 약

50만 권이나 간행되었다.[67]

루터가 기대했듯이 장터에서 일하는 제화공이나 여성들 중에
도 루터의 성경을 열심히 읽는 이들이 적지 않았다. 이는 루터에
게 적대적이었던 당대의 신학자 코흘레우스가 남긴 기록이기에
더 신뢰할 만하다. 그는 루터가 민중을 위해 성경을 번역한 후에
벌어진 상황을 단편적이나마 전해준다. 그에 따르면 그들은 성경
에서 많은 지식과 교리를 습득한 후 심지어 가톨릭 사제나 신학
자와도 신앙 문제에 대해 대담하게 논쟁하려 했다고 한다.[68] 좀
처럼 기대하기 어려운 광경이 독일어 번역 성경의 등장으로 인해
도시의 광장들에서 연출되었던 것이다.

하느님의 어린 양과 루터 장미. 루터 성경의 도용 방지 표식이다.

2부 개혁사상과 시대적 저항

04
인쇄술과 새로운 매체

인쇄술은 루터의 개혁을 단기간에 강력한 대중운동으로 발전시키는 데
결정적으로 기여했다. 종교개혁은 인쇄술과 대중매체를 동원한 캠페인이
효과적으로 활용되었던 최초의 대규모 사건이었다.
루터가 독일어로 전단지와 소책자라는 새로운 대중매체를 통해
글을 쓰기 시작하자 출판 시장은 비약적으로 성장했고,
사람들은 그들의 생활공간에서 개혁사상을 접하게 되었다.
루터 서적은 출판이 금지되었으나 일부 인쇄출판업자들은
그의 종교개혁사상에 설득되어 목숨까지 내놓고 활동했다.
종교개혁 시기의 소책자들은 '시대적 저항의 가장 좋은 증거'였다.

인쇄술이 없었다면 종교개혁도 없었다

루터의 개혁이 앞선 시기의 개혁운동들과 완전히 차별화 될 수 있던 이유는 그가 탁월한 신학적 역량과 타인을 설득할 수 있는 문장력을 지녔기 때문만은 아니다. 개혁사상을 대중들에게 전달할 매체, 즉 이동식 활판인쇄술을 이용할 수 없었다면, 그의 저항은 광범위한 지역에 걸쳐 커다란 반향을 이끌어내지 못했을 것이다. 인쇄술은 종교개혁을 단기간에 강력한 대중적 운동으로 발전시키는 데 결정적으로 기여했다. 1500년경 유럽 300여 개 도시에 3,000여 개의 인쇄소가 존재했을 정도로 인쇄술은 유럽 전역에 빠른 속도로 확산되었다.[69] 인쇄술은 각종 인쇄물의 대량 제작을 가능케 했고, 책의 제작비용도 크게 낮추어 대중들에게 정보를 제공하고 의사소통을 확산시키는 데 크게 기여했다.

1450년경 독일 마인츠에서 금속활자를 발명한 구텐베르크 Johannes Gutenberg는 처음에 성경을 인쇄하려고 검토했으나, 상업적 성공 여부가 불분명했다. 게다가 불가타 성서의 여러 판본들을 통일하는 일은 그가 직접 해결할 수 없는 난제였다. 그는 손쉽게 활자로 제작할 수 있을 뿐 아니라 수익도 보장된 상품이 필요했다. 마침 가톨릭교회의 이해관계와도 맞닿아 그가 초기에 주문을 받아 대규모로 인쇄한 것은 면벌부였다.[70] 그 후 인쇄 사업이 안정되면서 품이 많이 들 뿐 아니라, 기술적으로도 까다로운 성서의 출판을 시도할 수 있었다. 종교개혁운동이 활기를 띠던 국면에서 인쇄술은 루터의 글을 대량으로 확산시키는 데 일등공신이었다. 교황의 면벌부와 종교개혁가들의 글들이 모두 동일한 매체를 통해 대량으로 생산되고 공급되었다는 사실은 아이러니가 아닐 수 없다.[71]

16세기에는 문맹률이 매우 높았는데, 과연 당대인은 시장에서 거래된 엄청난 양의 서적들을 실제로 읽었을까? 그리고 책을 구매한 사람들은 그 내용을 이해할 수 있었을까? 1500년경 독일 사회에서 문자 해독률은 매우 낮았다. 그러나 당시에는 대다수가 지식과 정보를 구전으로 습득했기 때문에 문맹이 일반적 지식이나 개혁사상을 접하는 데 결정적 장애물이 되지는 않았다. 그리고 농촌과 달리 도시에서는 문자 해독률이 점차 높아지고 있던 상황도 주목해야 한다.

불가타 성경은 이미 1460년부터 독일어로 번역되어 출간되었는데, 도시에는 상인들을 위한 실용적인 학교들이 늘어나면서 라틴어를 모르는 평민들과 수공업자들도 이런 독일어 성경을 어느 정도 읽을 수 있었다. 15세기부터 늘어난 도시의 학교들과 성경 읽기 문화가 없었다면 종교개혁 초기 갑자기 많은 수의 시민들이 소책자의 독자가 되거나 직접 신학적 주제에 대해 글을 쓰는 일이 가능하지 않았을 것이다.[72] 한편 도시 인구의 비중은 전체의 10% 내외였지만, 도시민 남성의 경우 약 30% 정도 글을 읽을 수 있었을 것으로 추정된다.[73]

인쇄업자나 책과 소책자를 제작하는 출판업자들은 늘 판매를 염두에 두어야 했기 때문에 내용과 형식에서 독자층의 관심과 수준을 고려해야 했다. 필요에 따라 이미지도 풍부하게 사용했는데, 소책자나 전단지에 인쇄된 삽화들은 글을 모르는 대중들에게까지 강한 인상을 주었다. 그런 효과 때문에 개혁세력이나 가톨릭 측 모두 이미지를 활용해 개혁정신을 선전하거나 그에 대한 비판을 강화하려 했다.[74] 종교개혁은 시장을 매개로 하여 발전하고 있던 인쇄술과 대중매체를 동원한 캠페인이 효과적으로 활용되었던 최초의 대규모 사건이었다.

종교개혁의 견인마, 전단지와 소책자

한때 유대인의 개종을 둘러싼 논란이 일었을 때 황제 막시밀리안은 유대 문화에 정통한 로이힐린을 전담자로 내세웠다. 로이힐린은 유대인에 대한 논쟁에 사용하기 위해 1511년에 『검안경檢眼鏡, Augenspiegel』을 소책자 형태로 발행한 바 있었는데, 이것이 소책자를 대중적인 논쟁에 사용한 첫 사례였다.[75] 이 소책자와 전단지라는 낯선 매체가 갑작스레 전성기를 맞게 된 것은 전적으로 루터의 공로였다.

1517년 11월과 12월 사이 루터의 95개조 논제는 도시들을 중심으로 놀라운 속도로 확산되었다. 미코니우스Oswald Myconius는 상상할 수 없던 결과에 대해 "마치 천사가 심부름꾼 역할을 한 것 같다"고 놀라움을 표했지만,[76] 사실 그 심부름꾼은 다름 아닌 인쇄출판업자들이었다. 라이프치히, 뉘른베르크, 바젤 세 도시의 인쇄업자들은 서로 독립적으로 루터의 논제를 1517년 12월 5일과 23일 사이에 인쇄해 유포시켰다. 그 논제의 신속한 확산은 전단지와 소책자라는 새로운 대중매체 시대의 출발을 알렸다. 그러나 루터의 글은 본래 라틴어로 쓰였을 뿐 아니라, 학자들을 대상으로 신학 논쟁적 주제에 대한 의견을 밝힌 것이라 그리 대중성을 지니고 있지 않았다. 인쇄된 양도 불과 몇백 부 정도였으리라 추측된다.

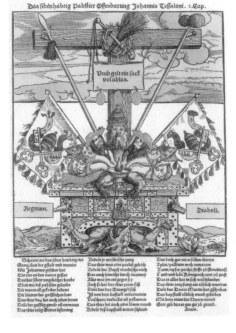

일곱 개의 머리를 가진 괴물 교황.
교황과 면벌부 판매를 비판하는
목적으로 만든 전단지이다.

그럼에도 불구하고 그의 글이 미친 파장으로 인해 그 사건을 계기로 새로운 성격의 소책자Flugschrift 문화가 번성하게 되었다. 1518년 이후 루터가 발표한 적은 분량의 글들은 대부분 소책자 형태로 제작되었으며, 많은 수요를 창출했다. 소책자라 불리는 인쇄물은 제본되지 않은 여러 장의 낱장 문서를 의미하는데, 보통 4절판 크기였고 분량은 4쪽에서 16쪽 정도였다. 그와 더불어 필요에 따라 낱장으로 된 전단지Flugblatt도 제작되었다. 루터의 95개조 논제는 낱장부터 여러 쪽 분량의 소책자에 이르기까지 여러 형태가 만들어졌으며, 본래 라틴어였던 것을 대중들의 필요에 의해 단기간에 독일어로 번역해 보급시킨 특이한 사례였다. 루터는 저술 활동에서 점차 독일어로 쓰는 비중을 늘려가다가 1520년대 중반부터는 대부분의 글을 독일어로 발표했고, 특별한 경우에만 라틴어로 썼다. 이런 변화들은 모두 새로운 독자층인 대중을 염두에 둔 선택이었다.

독자층이 확대되어 출판 시장이 비약적인 성장을 하게 된 결정적인 요인은 독일어 사용과 관련이 있다. 특히 루터가 독일어로 글을 쓰기 시작한 것은 종교개혁이 대중운동으로 전환되는 전기가 되었다.[77] 종교개혁 초기 1519년부터 3년 사이에 독일어 출판물은 약 7배나 급속히 증가했다. 루터의 첫 독일어 글『면벌부와 은총에 대한 설교』는 1518년과 1520년 사이 25회나 인쇄되었다. 1520년 8월에 인쇄된『독일 그리스도교 귀족에게』는 4,000부가 불과 2주 내에 품절되었으며, 그 후 14회나 추가로 인쇄되었다. 『그리스도인의 자유』도 18회나 인쇄되었다. 루터의 글이 등장하기 전까지 출판 시장에는 라틴어 인쇄물이 압도적이었으나, 1520년에 처음으로 독일어 출판물이 더 많아졌으며, 이후 독일어 비중은 더욱 증가했다.[78]

소책자는 평민들도 마음먹으면 구매할 수 있을 정도로 그리 비싼 상품이 아니었다. 루터 신약성경이 1.5굴덴 즉 360페니였던 데 반해, 소책자는 분량에 따라 보통 1페니에서 8페니 사이에 살 수 있었다. 이는 노동자의 하루 또는 며칠 일당에 해당했다.[79] 1517년 이래 소책자 생산은 비약적으로 증가했으며, 그 이후로도 상승세가 계속되어 1524년에 절정을 이루었다. 그렇지만 농민전쟁 이후로는 큰 폭의 감소세를 보였다.[80] 이와 같은 출판물의 제작 규모는 종교개혁운동의 초기 역사와 그 흐름이 일치했다. 1520년대 중반 이후에는 특정 시기에 갑자기 생산이 늘었다가 다시 감소하는 현상이 반복되었다. 소책자는 대부분 유료였기에 생산량이 대중의 관심을 반영했지만, 드물게는 선전 수단으로 무상으로 나눠주기도 했다.[81]

낱장으로 된 전단지의 경우 본래 성상 그림이나 인쇄물로 휴대하고 다니며 관상의 수단으로 사용하는 경우가 많았다. 그런데 종교개혁 시대에는 선전 매체로서 새로운 기능을 담당하게 되었다. 전단지는 전하려는 생각을 간결하고 단순화시켜 이미지로 표현하고 그 하단에 간단한 설명을 덧붙여지는 것이 보통이었다. 이는 전달력이 뛰어나 대중들에게 큰 효과가 있었다. 특히 루터의 조력자로 종교개혁의 전개에 큰 기여를 했던 크라나흐 부자는 이미지를 선동적 목적으로 활용하는 데 남다른 역량을 발휘했다. 1521년 루카스 크라나흐Lucas Cranach가 출간한 화보집『그리스도와 적그리스도의 생애』는 본격적인 이미지 투쟁의 산물이었다. 그 그림은 크라나흐의 공방에서 작업했지만, 루터와 멜란히톤의 생각이 대폭 반영되었다. 그 그림에서 보듯이 그들은 교황을 적그리스도로 부각시킴으로써 적대 진영을 악마화하는 전형적인 선동 방식을 사용했다. 물론 이런 태도에 있어서는 가톨릭측도 크게 다르지 않았다.[82]

베스트셀러 작가 루터와 협력자들

여러 통계들은 대중작가로서 루터가 얼마나 예외적인 존재였는지 잘 보여준다. 루터가 1517년에서 1520년 사이 쓴 약 30편의 글은 총 30만 부 이상 판매되었으며, 그가 번역한 성경을 제외하고 인쇄된 저작은 총 300만 부를 상회했다. 종교개혁운동을 진행하는 동안 루터가 쓴 소책자들을 모두 모으면 200편이 넘는데, 격주마다 한 권의 책을 출판한 셈이다. 1540년까지 독일 책 출판시장에서 루터의 저작이 차지한 비중이 30% 이상을 차지했다는 통계도 있다.[83] 그의 글은 어느 시대 어느 작가와도 비교가 불가능할 정도의 베스트셀러였다. 당연한 결과로 그의 글을 인쇄했던 인쇄업자들은 큰돈을 벌었으며, 그가 활동했던 도시 비텐베르크의 인쇄업을 활성화시켜 아우크스부르크 다음 가는 출판업 중심지로 발전시키기도 했다.[84]

한편 그 시대 출판 활동은 정치권력의 영향을 벗어날 수 없었다. 작센 공작 게오르크는 자신의 통치 지역 내에서 루터의 인쇄물을 제작하는 것을 허용하지 않았다. 1524년 라이프치히에서 인쇄물의 제작이 완성 단계에 있었던 루터의 신약성경은 출판이 금지되어 파기해야만 했다.[85] 이런 요인으로 인해 강력한 제후의 비호가 없었지만, 정치적으로 비교적 자유로웠던 남부 독일의 제국 도시들에서 출판 활동과 종교개혁이 활발할 수 있었다.

소책자와 전단지의 출판에 대한 일화들은 종교개혁이 대중의 협력에 의해 성취되었던 사실을 알려준다. 검열이나 출판 금지 조치는 작가보다는 인쇄출판업자들이 주요 대상이었다. 루터 서적에 대해서는 감시하는 눈들이 많았음에도 불구하고, 출판업자 중에는 그의 종교개혁사상에 설득되어 목숨까지 내놓고 활동하던 사람들이 있었다. 뉘른베르크 인쇄업자 횔첼Hieronymus Höltzel도 그중 하나였다. 그는 1517년 95개조 논제를 시작으로 1525년까지 루터의 저작 19종과 한스 작스의 글을 인쇄했는데, 칼슈타트, 뮌처Thomas Müntzer(1489~1524년), 그리고 익명의 농민전쟁 문건들을 출판한 죄목으로 체포되기도 했다.[86] 뉘른베르크 인쇄업자 헤

어고트Hans Hergot도 위험을 무릅쓰고 활동을 지속했다. 그는 루터 추종자로서 초기에는 익명으로 소책자를 제작했으나, 농민전쟁을 거치며 좀 더 과격한 주장에 동조하게 되었다. 그는 1527년에 라이프치히에서 체포되어 교수형에 처해졌다.[87]

오즈맹Steven E. Ozment은 소책자가 없었더라면 종교개혁도 불가능했으리라고 단정했다. 그는 이 매체가 사람들에게 개혁사상을 이해시키고 널리 보급시켜 그들이 생활하던 공간에 뿌리내리게 하는 데 결정적인 역할을 했다고 보았다.[88] 소책자와 전단지에는 축적이 필요한 정보보다는 주로 토론거리가 될 만한 주장이나 의견들이 담겼다. 그것들은 루터의 개혁사상이 어떻게 단기간 안에 광범위한 계층에게 큰 반향을 불러일으켰고 나아가 대중운동으로 확대될 수 있었는지 해명하는 중요한 실마리를 제공한다. 새

'진리의 승리'라는 제목의 전단지(1524년). 복음의 가르침이 확산되어 궁극적으로 가톨릭에 승리할 것임을 형상화한 그림이다. 대제사장, 선지자, 사도들이 성서가 담긴 가마를 앞세워 민중의 환호를 받으며 도시로 입성하고, 그 뒤로 울리히 폰 후텐이 고양이, 염소, 돼지 등 동물로 묘사된 교황, 주교, 신학자 등을 끌고 간다. 그리스도의 승리의 마차에는 루터와 칼슈타트가 선두에 있다.

2부 개혁사상과 시대적 저항

로운 출판 붐은 당대인들로 하여금 종교적·사회적 사안들에 대한 관심을 고조시켰고, 특히 평민들을 사회적 이슈에 끌어들이는 결과를 낳았다.[89]

종교개혁기에 출판된 소책자들은 주로 종교적 주제를 다루었는데, 유형별로 구분하면 설교, 서신, 대화문 등이 주종을 이루었다. 가장 비중이 큰 것은 성직자들이 집필한 설교였으나, 가장 혁신적인 동시에 인기를 끌었던 것은 대화문들이었다. 라틴 문학에서 넘겨받은 대화체 형식은 질문과 답변을 통해 지식이 없는 사람들도 이해할 수 있도록 유도했기 때문에 새로운 종교개혁 사상을 확산시키는 데 기여했다.[90] 글을 쓴 저자들은 대체로 성직자였으나, 이 시기에 속인들이 쓴 소책자가 10%를 상회한다는 사실에도 주목할 필요가 있다. 15세기까지만 해도 귀족이 아닌 평민들이 공개적으로 글을 발표한 경우는 거의 없었다. 반면 16세기 초 소책자 저자들 중에는 도시 수공업자와 여성들도 상당수 포함되어 있다. 이는 종교개혁 시대에 평민들이 비로소 공적 영역에서 목소리를 내기 시작했다는 사실을 보여준다.[91]

시대적 저항의 증거

종교개혁 초기에 개혁사상을 지지하는 소책자들만 출판되었던 것은 아니다. 가톨릭 측에서는 개혁가 혹은 그들의 주장들을 비판하는 책자들을 간행했다. 그러나 그것들은 개혁세력에서 생산한 글에 필적할 수 없었다. 무엇보다도 가톨릭 성직자들은 독일어로 글을 쓰는 일에 익숙하지 않았으며, 대체로 글이 현학적이고 딱딱해 대중들의 마음을 사로잡지 못했다. 이런 요인 때문에 판매도 잘 되지 않아 인쇄업자들이 기피했다. 결국 개혁을 주장하던 세력은 이 대중매체를 십분 활용한 반면, 가톨릭은 그 영향력을 제한적으로만 이용할 수 있었다. 가톨릭 측에서는 종교문제를 성직자와 신학자의 전유물로 인식하고 있었기 때문에 대중적인 글을 쓸 저자를 확보하거나 발굴할 수도 없었다.[92] 이런 맥락에서 볼 때 속인들이 지니고 있던 역동성도 종교개혁의 성공에 큰 역할을 담당했음을 알 수 있다.

속인 작가들은 구성도 매우 다양했다. 기사 후텐과 지킹엔 외에 뉘른베르크의 수공업자 한스 작스, 아우크스부르크의 직조공 우츠 리히스너Utz Rychssner, 메밍엔Memmingen의 모피 가공업자 세바스티안 로처Sebastian Lotzer, 용병 외르크 그라프Jörg Graff와 볼프강 치어러Wolfgang Zierer, 시 정무관 하우크 마아샬크Haug Marschalck 등은 주목을 받던 작가들이었다. 그 외 익명의 작가가 쓴 『카르스탄스Karsthans』가 있었는데, 이는 농민의 작품으로 추정된다. 여성들이 종교개혁에 대해 집필한 것 중 1523년에서 1524년 사이에 출판된 것만도 15편이나 된다.[93]

속인들이 쓴 소책자들에는 자의식이나 성직자와의 평등의식이 적지 않게 부각되어 있다. 일부 속인들의 글에 드러난 종교적 평등사상은 루터의 만인사제론에서 유래했다고 볼 수 없다. 성직자 중 귀족 출신이 아닌 사람들이 쓴 글들은 좀 더 과감하게 성직자의 권위를 공격하고, 속인과 성직자 차별을 비판했다. 대표적으로 울름의 프란치스코회 수도사 하인리히 폰 케텐바흐는 평신도가 성찬에서 포도주를 받지 못하는 것이 성경에 위배된다고 주장했다.[94]

　이처럼 종교개혁 시기의 소책자들에는 당대의 주요 쟁점들은 물론 속인들과 평범한 성직자들이 지니고 있던 생각이 투영되어 있다는 점에서 "시대적 저항의 가장 좋은 증거"라고 평가되기도 한다.[95] 결국 여러 평민 작가들이 보여준 다양한 글과 활동은 독일의 종교개혁이 루터가 일사분란하게 통솔하고 이끌었던 운동이 아니었음을 보여준다. 루터의 역할이 지대했다는 사실은 이론의 여지가 없지만, 그 운동에 참여했던 사람들은 독자적인 혹은 다양한 생각을 갖고 반응했으며, 그 결과 운동의 지향점도 여러 방향으로 향하고 있었다.

3부

위기와 돌파
그리고 루터의 유산

01

동지들과의 협력과 갈등

루터는 비텐베르크로 복귀해 그 도시에서 발생했던 혼란을 수습하는
과정에서 급진적으로 개혁을 추진하던 동지들을 비판하고 배척했다.
루터는 작센 선제후의 뜻을 거스르는 활동이나 혼란을 피해야 한다는
생각에 사로잡혀 동지들에게 치명적인 상처를 주었다.
그에게 기대를 걸고 이 도시를 찾았던 급진 종교개혁가들에 대해서도
현실적인 개혁 목표의 달성을 위협하는 '열광주의자'이자 '거짓 형제들'로
간주해 거리를 두었다. 유럽 개혁세력들 사이의 협력이 필요했던 시기에
루터의 작센 선제후에 대한 의존은 더욱 높아졌고,
그가 홀로 개혁의 방향과 속도를 조절하는 위험한 상황이 초래되었다.

루터의 공백과 개혁 초기의 혼란

1521년 4월 루터가 보름스 제국의회를 향해 떠난 이후 비텐베르크에서 개혁을 주도해 나갈 책임은 그의 동료인 칼슈타트, 츠빌링Gabriel Zwilling, 요나스, 멜란히톤 등에게 주어졌다. 루터가 그동안 여러 개혁에 대한 구상을 밝혔지만, 막상 이 도시에서 실제적인 변화가 이루어지지는 않았다. 위축되어 있긴 했어도 여전히 사제들이 기존처럼 미사를 주관했고 성사들도 거행되었다. 루터는 『교회의 바벨론 포로』에서 성사들 중 세례, 성찬, 고해만 성경에 부합하다고 인정했고, 성찬의식에 대해서도 신랄하게 비판한 바 있었다. 하지만 그는 가톨릭교회가 위로부터 질서 있게 개혁되는 것을 기대했기에 강제로 예전禮典에 변화를 가하려 하지 않았다. 루터의 개혁사상에 동조하던 사람들은 성경에 비추어 교회가 지니고 있는 문제들을 점차 인식하게 되었으나 교회의 미사를 개혁할 방법을 마련하지는 못했다.

이 국면에서 개혁을 주도적으로 추진한 인물이 칼슈타트였다. 그는 1504년에 비텐베르크 대학에 부임했고, 1511년에는 신학부 학장이 되어 루터에게 직접 신학박사 학위를 수여하기도 했다. 그는 본래 스콜라 철학에 경도되어 있었으나 루터의 영향을 받아 신학적 입장을 수정했다. 그렇지만 그는 루터의 신학을 내면화하는 데까지는 나아가지 않았다. 라이프치히 논쟁 당시에 에크가 공격의 목표로 삼았던 것은 루터였으나, 그의 공식 논쟁 상대로 대학을 대표했던 신학자는 칼슈타트였다. 그는 열정은 넘쳤으나 대인관계는 다소 미숙했다는 평을 받고 있다. 하지만 자신보다 젊은 루터의 활약을 지켜보며 지지하고 있었다.[1] 루터와 칼슈타트는 사실상 같은 목표를 추구했기 때문이다. 두 사람은 개인 미사의 폐지, 미사의 희생 제사적 의미의 거부, 성상 제거 등에 대해 입장이 다르지 않았다. 다만 개혁의 방법이나 속도에서 차이를 보였을 뿐이다.[2]

칼슈타트는 설교와 저술을 통해 미사, 성찬, 수도사 서약 등에 대해 비판했고, 루터가 제안했던 개혁을 실현하기 위해 노력했다. 그는 1521년 7월 19일에 발표한 성찬에 대한 글에서 속인들 중 성찬에서 빵만 취하고 포도주를 마시기를 거부하는 것은 죄를 짓는 것이라고 주장했다. 루터도 이종배찬二種陪餐, Utraquism[3]을 지지하고 있었지만, 칼슈타트의 과격한 주장은 당시 루터의 생각과도 달랐다. 선제후 프리드리히는 여전히 성유물 수집에 관심을 보이고 있었으며, 개인 미사의 폐지가 초래할 경제적 이해관계에 대해서도 민감했다. 그는 혁신적 변화를 급히 추진하려는 시도를 바람직하게 생각하지 않았다. 한편 루터는 말씀에 의해 양심이 변화되는 것이 관건이라는 원칙적인 입장을 밝힐 뿐 선제후의 뜻을 거스르려 하지 않았다.

이런 분위기에서 9월 29일에 서품도 받지 않은 멜란히톤이 몇몇 학생들과 더불어 비텐베르크 시 교회에서 빵과 포도주를 모두 분배하는 이종배찬을 거행했다. 이 사건이 소위 '비텐베르크 운동'의 시작이다.[4] 며칠 후 도시 내의 아우구스티누스 수도원에서는 '제2의 루터'라는 평판을 듣고 있던 가브리엘 츠빌링이 미사 제도와 수도원 제도의 폐지를 강하게 주장하며 수도사복의 착용을 거부하고 나섰다. 그는 수도원장 헬트Helt의 허락도 없이 10월 13일에 자신의 영향력을 활용해 수도원 내에서 미사를 중단시켰다.

멜란히톤은 며칠 후 칼슈타트가 주관한 지도자 회의에서 개혁의 추진 과정에서 약한 사람들을 배려할 것을 주장했다.[5] 선제후는 츠빌링의 급진적인 개혁 조치에 대해 곧바로 조사하도록 지시했는데, 칼슈타트를 비롯한 조사 위원들은 아우구스티누스 수도회의 개혁을 옹호하는 의견을 냈다. 성 교회에 소속된 가톨릭 사제만이 발생한 폭력 행위를 부각시키며 과도했다는 입장이었다.[6]

츠빌링의 영향으로 상당수 수도사들이 수도원을 떠나기 시작했고, 적지 않은 혼란이 초래되었다. 열정적인 두 개혁가 칼슈타트와 츠빌링의 영향을 받은 수도사들과 성급한 시민들은 교회와 수도원에 있는 성상들을 파괴했으며, 시 교회에서 사제들이 미사를 거행하는 것을 무력으로 방해하기도 했다. 본래 성상 철거는 시참사회의 결정에 맡기려 했으나 일부 시민들은 그때까지 기다리지 못했다.

바르트부르크에 머물고 있던 루터는 멜란히톤을 통해 비텐

엘베 강 너머에서 바라 본 루터 시대 비텐베르크 전경. 궁정백작 오트하인리히의
여행 앨범(1536년).

베르크의 소식을 전해 들었다. 그리고 개혁의 추진 과정에서 다
소 혼란이 발생했다는 사실을 알게 되었다. 루터는 실상을 직접
확인하고 다른 동지들과도 만나 의견을 나누고 싶은 생각에서
1521년 12월 4일부터 9일까지 비밀리에 비텐베르크를 방문했다.
그는 암스도르프의 집에 머물며 멜란히톤을 비롯한 소수의 사람
만 만나 여러 의견을 나누었다. 루터는 짐작했던 것과 달리 도시
의 상황이 아직 크게 우려할 정도는 아니라고 판단했다.

통상 이 시기에 발생한 혼란은 칼슈타트가 독단적으로 개혁
을 추진한 것이 원인이라고 지적되고 있다. 하지만 적지 않은 서
적에서 '소란'이니 '혼란'이니 평가하는 것 자체가 다소 과장되었
을 뿐 아니라,[7] 그가 시민들과 논의를 거쳤고 필요할 경우 설득하
면서 개혁 방안들을 합법적으로 추진했던 사실들이 간과되고 있
다. 그의 대표적인 성과는 비텐베르크 성도들의 이름으로 1521년

12월 17일 시참사회에 '개혁을 위한 6개항'의 관철을 요청한 일이다. 그 내용에는 이종배찬의 시행, 교회 성유물의 해체, 미사 강요의 종결, 성경의 자유로운 설교 허용 등이 포함되었다. 다수의 시민들은 칼슈타트의 의견이 대폭 반영된 제안들이 서둘러 제도화되는 데 동의했다. 하지만 그 도시에는 그와 다른 의견을 가진 시민들도 적지 않았다. 시 공동체는 이와 같은 구체적인 사안에 대해 의견이 나뉘어 있었다. 특히 선제후가 이런 방식의 변화에 대해 부정적인 입장을 취하고 있었다.[8]

1521년 성탄절에 성 교회에서 진행된 미사는 개혁세력 내부에 잠복해 있던 갈등이 폭발하는 계기가 되었다. 약 2,000명이 참여한 그 축일 미사는 칼슈타트가 주관했다. 그는 의도적으로 사제

일명 칼슈타트로 불린 안드레아스 보덴슈타인.

복이 아닌 평상복을 입고 제단에 올랐으며, 독일어와 라틴어를 섞어서 미사를 진행하면서 희생 제사적인 성격으로 해석되는 요소들을 모두 생략했다. 그리고 일주일 전에 시참사회에도 요청했듯이 성찬 예식을 거행하면서 속인들에게 빵은 물론 포도주도 분배했다. 그의 주도 하에 비텐베르크에서 최초로 속인들에게 공식적인 이

종배찬이 거행된 것이다.[9] 그 이후에 도시에서는 위령 미사가 중단되었고, 미사에서 독일어로 진행되는 부분도 점차로 늘어났다.

그로부터 한 달이 경과된 1522년 1월 24일 비텐베르크 시참사회는 첫 교회 조례Kirchenordnung를 승인했다. 이는 매우 이례적인 일로 받아들여졌는데, 급진적이지 않은 시참사회가 혁신을 반대하고 있던 선제후에게 이의를 제기한 셈이었기 때문이다. 칼슈타트와 츠빌링은 그 사안들이 공동체의 권리라고 강조했다. 승인된 조례에 따르면 성체 배령자는 빵에 손을 대는 것이 허용되었고, 성상들은 철폐되어야 했으며, 미사는 평상복을 입고 주관할 수 있었다. 또 걸인들의 구걸 행위는 금지되며, 매춘을 비롯한 모든 부도덕한 행위들은 도시에서 추방되었다.[10]

얼마 전 시장으로 선출된 바이어Christian Beyer는 선제후에게 대학과 시참사회는 이 결정을 환영하며 지지한다는 의견을 표명했다. 조속한 개혁을 위해 앞장선 사람은 츠빌링과 칼슈타트뿐이었지만, 비텐베르크의 종교 지도자들 중 이를 노골적으로 반대하는 사람도 없었다. 멜란히톤은 소란이 생긴다면 언제든지 의견을 접겠다는 태도였다. 관건은 선제후와 루터였는데, 선제후는 단기간 내에 과도하게 변화를 추진하는 점에 대해 크게 우려하고 있었다.[11]

선제후의 개입

유럽의 종교개혁은 본래 하나의 일사불란한 성격의 운동이 아니라, 서로 이질적이거나 독립적인 운동들의 총합이었다. 1520년 경에 이르렀을 때 그 운동들은 공동 전선을 도모하는 양상을 보였다. 특히 루터가 글을 통해 표명한 개혁사상과 선제후의 보호 하에 비텐베르크와 작센에서 구현되리라 기대되었던 변화들은 개혁에 대한 지지세력을 확대시켰을 뿐 아니라, 연대를 희망하는 일부 개혁세력을 이 도시로 유인했다. 그중에는 '급진적인' 사상을 가진 '츠비카우Zwickau에서 온 예언자들'이라 불린 사람들이 있었다. 츠비카우는 평신도 공동체 발도파의 세력이 1462년에 재판을 받았던 곳으로 그들의 영향이 어느 정도 남아 있었다.[12]

1521년 성탄절 무렵 비텐베르크에 찾아온 사람들 중에는 한때 이 대학에서 수학했던, 슈튀브너Stübner라는 이름으로 더 잘 알려진 토매Markus Thomae가 있었다. 그 무리에는 그 외에 직조공 슈토르히Nicholas Storch와 드렉셀Thomas Drechsel도 있었다. 그들은 환상을 통해 하느님과 천사의 음성을 들었다며, 유아세례 배격, 성상제거, 임박한 종말 고대, 무력에 의한 사회 전복 등을 주장했다. 그들은 멜란히톤에게 미래에 대한 계시를 전해 큰 감동을 주었다. 그들의 확신에 찬 태도는 도시민들로부터 주목을 받았다. 멜란히톤은 루터와 선제후에게 편지를 써서 다소 혼란스러운 심정을 전하고, 루터 외에는 그들을 바르게 판단할 사람이 없으리라

3부 위기와 돌파 그리고 루터의 유산

고 밝혔다. 루터는 그 상황을 애써 무시하는 태도를 보였지만, 선제후는 그보다 훨씬 심각하게 받아들였다.[13]

비텐베르크 시와 작센 선제후령의 지배자 프리드리히가 도시의 상황을 우려했던 실제적인 이유들이 있었다. 우선 일부 개혁가들이 미사에 급격한 변화를 도입해 혼란스러워 하는 시민이 적지 않았다. 개혁세력을 추종하던 사람들 중에 급격한 변화에 불만을 갖고 심지어 가톨릭으로 돌아가는 성도들도 늘고 있었다. 비텐베르크의 소식을 전해들은 인접 지역의 제후들은 이 대학에 파견했던 유학생들을 원소속지로 복귀시키는 조치를 취했다. 그 결과 대학생의 수가 적지 않게 줄었다. 이 무렵 작센의 게오르크 공작은 비텐베르크에서의 급진적 변화와 무질서를 묵과한 선제후를 비난하고 있었다.

더 이상 인내할 수 없었던 선제후는 2월 13일 마침내 그동안 진행되었던 변화들을 중단시키고 이전의 상태로 복귀할 것을 명령했다. 그는 급작스런 개혁 조치들로 인해 변화를 수용할 준비가 안 된 연약한 그리스도인들에게 혼란을 초래했다고 주장하고, 이 혼란의 주동자인 칼슈타트에게 설교를 금지시키고 개혁의 진행을 강압적으로 제지했다.[14]

본래 루터는 개혁이 철저히 그리고 신속히 진행되기를 희망했다. 그러나 비텐베르크의 상황 전개가 우려스러운 양상을 보이자 『소란과 동요를 잠재우기 위해 모든 그리스도인들에게 드리는 훈계』를 발표해 동료들이 자신의 생각을 오해했으며, 연약한 형제들을 배려해야 한다는 점을 강조했다. 심지어 루터는 조급함은 악마로부터 온 것이라며, 개혁 조치들은 성경에 토대를 두어야 하고, 다른 지역에 있는 사람들도 개혁에서 이탈하지 않도록 배려해야 한다는 의견을 표명했다. 그리고 세속 권위가 공권력을 통해 필요한 변화를 추진하는 방식으로 교황의 권위를 무너뜨려야 하며, 평민은 제후에게 순종해야 한다고 주장했다.[15]

하지만 루터의 그와 같은 입장 표명은 본인이 주장했던 개혁안을 실천하기 위해 노력하고 있던 동료들을 갑작스럽게 등지고, 나아가 시민들과 공동체가 합의를 통해 이룬 법적 조치마저 훼손하는 행동이었다. 루터는 선제후의 불편하고 불안한 마음을 배려했을 뿐 아니라, 소란이나 폭동에 대해 지니고 있던 그의 본능적인 거부감이 발동되었다. 칼슈타트나 츠빌링은 루터의 권고에도 불구하고 계속 개혁을 진전시키고자 했다. 소요가 발생할 조짐까지 보여 불안해하던 선제후는 폭력적인 행동에 대한 처벌을 시사했다. 상황이 다급하다고 판단한 멜란히톤은 루터에게 도움을 요청했으며, 시참사회도 루터가 속히 돌아와 혼란스런 상황을 해소시켜주기를 원했다.[16]

루터의 귀환

루터는 법률상의 보호가 박탈된 상태였기에 안전을 확신할 수 없었으나 위험을 무릅쓰고 비텐베르크로 귀환할 것을 결심했다. 선제후는 교황과 황제의 징계를 받은 루터가 공개적으로 모습을 드러내면 새로운 논란이 초래될 것을 우려했다. 그러나 루터는 선제후의 동의도 얻지 않은 채 3월 6일 비텐베르크로 귀환했다. 그는 비텐베르크에서 벌어진 사태에 책임을 느끼고 있었으며, 질서를 뒤엎는 폭동이나 반란으로 복음을 왜곡하거나 오용해 합법적인 권위에 도전할 위험이 크다고 판단해 복귀한 것이라고 밝혔다.[17]

루터는 돌아와서 3월 9일 사순절 첫 번째 주일부터 일주일에 걸쳐 총 8회를 연속해서 설교했다.[18] 소위 '탄원 설교'라고 이름 붙여진 이 설교에서 루터는 그리스도교의 근본 진리와 개혁에 대한 구상을 자세히 밝히면서 신앙을 혼란스럽게 하는 의식의 도입이나 변화를 비판하고 모두에게 자제를 요청했다. 그는 성직자들의 결혼, 수도원주의, 금식, 성상과 성화 사용 등의 문제들은 사람마다 의견이 다를 수 있기에 개인의 양심에 맡겨야 한다고 했다. 성상을 파괴하거나 이종배찬을 강요하는 것은 잘못이라고 했다. 그는 "개혁이 옳은 방향이지만 서두르다가 혼란을 자초하는 것은 하느님을 대적하는 일"이라고 주장하며, 결국 성찬에서 속인은 빵만 받도록 원상회복시켰다.[19]

루터의 설교는 혼란을 느끼고 있던 시민들로부터 큰 공감을 이끌어냈다. 그는 이 설교를 시작으로 몇 주 내에 권위를 완전히

비텐베르크 시 교회의 제단화. 루터의 복귀로 성화, 성상, 제단의 파괴가 중단되었다. 그는 제단을 성찬을 위한 식탁으로 생각했으며, 제단을 장식하고 싶은 소망을 피력했다. 그는 후에 크라나흐에게 성찬, 세례, 고해, 설교의 네 가지 핵심 소재를 담은 중앙 제단화를 주문했고, 크라나흐 부자가 1539년경부터 작업한 결과 비텐베르크의 시 교회에 개신교회로서는 이례적인 제단화가 남게 되었다.[20]

회복해 도시 내에서의 개혁을 주도하게 되었고, 반면 급진적인 개혁을 추진하던 그의 동료들은 설 자리를 잃었다. 루터는 자신이 하느님에 의해 부르심을 받았지만, 그렇지 않은 사람도 있다고 언급함으로써 사실상 칼슈타트를 공개적으로 비판했다. 루터는 인내를 갖고 개혁을 추진해야 한다는 점을 강조함으로써 사실상 개혁 추진여부는 물론 그 속도도 스스로가 결정하겠다고 선언한 셈이었다.[21]

결국 츠비카우의 예언자들은 실망하고 도시를 떠났다. 츠빌링은 자신의 행동에 잘못이 있었다고 뉘우쳤으며, 인근 도시 알텐

3부 위기와 돌파 그리고 루터의 유산

부르크Altenburg에서 목회 자리를 찾았다. 멜란히톤도 적절하게 처신하지 못한 것을 후회했으며, 다시 루터와 협력했다. 칼슈타트를 제외하고는 모두가 루터의 지적을 수용했다. 칼슈타트에게는 대학에 남는 것이 허용되었으나 설교는 금지되었다. 루터가 복귀한 지 채 열흘도 지나지 않은 3월 15일에 시참사회원 슈르프는 선제후에게 서신을 보내 "루터가 비텐베르크 시민들을 진리로 돌아오게 했다. 학식이 있는 자나 없는 자 모두가 다시 크게 기뻐하고 있다. 칼슈타트는 여전히 불만을 품고 있지만 더 이상 아무런 해도 끼칠 수 없다"고 보고했다.[22]

칼슈타트는 그 후 학문 활동을 멀리하고 근신하는 모습을 보였다. 평신도가 되겠다며 농사일도 시작했다. 이 무렵 그의 신앙의 성격도 점차 신비주의로 기울었다. 1523년 여름에 오를라뮌데 Orlamünde의 회중들이 그를 목회자로 초청해 그곳에서 목회를 시작했다. 그는 좌절되었던 개혁을 이곳에서 새로이 추진했다. 성상을 제거했고, 유아세례와 미사를 배척했으며, 성찬은 그리스도의 죽음을 기념하는 것으로 해석했다. 그는 루터를 비판하는 글도 발표했다.[23] 칼슈타트는 루터를 '반쪽 개혁가'라고 비난했고, 그의 '오직 믿음으로 의로워진다'는 주장을 비판했다. 루터가 믿음에 의한 의로움 즉 칭의를 강조한 반면, 칼슈타트는 칭의는 그리스도인의 삶의 시작일 뿐이고 진정한 그리스도인의 삶 즉 성화가 뒤따라와야 한다고 강조했다.

반면 루터는 구원의 문제에서 올바른 삶을 강조하는 것이 불필요하다고 보았다. 이런 차이가 행위를 강조하는 야고보서에 대한 견해 차이로 발전했다.[24] 두 사람 사이에는 구원, 선행, 성찬 등 핵심적인 주제에 대한 신학적인 견해차가 컸다. 루터는 칼슈타트의 글에 대해 검열을 요청했고, 출판이 되지 않도록 방해했다. 결국 선제후령 작센 당국은 칼슈타트가 루터를 비판하는 것을 막기 위해 1524년 9월 루터의 동의하에 그를 오를라뮌데에서 추방했다.[25]

루터가 반대를 무릅쓰고 비텐베르크로 돌아왔을 뿐 아니라, 신속한 개혁의 추진을 주저한 이유에 대해서는 많은 추측들이 있다.[26] 그렇지만 다른 시각에서 보면 루터는 더 이상 상황이 악화되도록 방치하지 않고 적절한 때에 개입해 개혁을 구출했다. 그는 선제후의 의사를 거슬러서는 안 되며, 그의 협조 하에 그동안 추진해온 개혁을 성공으로 이끌어야 한다는 생각이 확고했다. 루터는 개혁이 정치적 지원 없이 관철될 수 없기 때문에 제후들의 호의가 없다면 종교개혁이 뿌리 뽑힐 수도 있다고 믿었다. 루터의 의도대로 혼란은 통제되었지만, 이후 개혁의 진행 과정에서 제후에게 더욱 의존하는 상황이 초래되었다. 루터는 제후들의 호의를 계속 독점했지만 개혁의 동지들은 흩어지고, 개혁세력도 차츰 분열되는 과정을 겪었다.

배척된 급진주의자들

개혁을 열망하던 사람들은 루터의 개혁사상에 크게 고무되었고, 그만큼 기대도 컸다. 루터가 제시한 개혁 원리는 성직자와 속인들 모두에게 강력한 영향력을 미쳤다. 특히 그의 만인사제론은 속인들이 교회와 사회의 문제를 방관해서는 안 된다는 의식을 갖게 만들었다. 이는 츠비카우 예언자, 재세례파, 뮌처 등에게도 영향을 미쳤다. 종교개혁기에 급진 종교개혁자라고 불린 그 집단들은 루터에게서 새로운 희망을 보았을 뿐 아니라, 그들 스스로도 크게 성장했다. 하지만 그들은 종교적으로 경도되었고, 실현이 불가능한 목표를 루터가 동의할 수 없는 수단으로 추구하고 있었다. 루터는 그들을 현실적인 개혁 목표의 달성을 위협하는 요인으로 간주하고, '열광주의자' 혹은 '거짓 형제들'이라 칭하며 거리를 두었다.[27]

1520년대에는 스위스 개혁파들도 점차 성장하고 있었으나, 루터는 자신의 종교적 경험과 이신칭의에 대한 확신을 토대로 의견이 다른 다양한 개혁세력을 급진주의자 또는 과격파라고 폄훼했다. 반면 그들 '급진주의자들'은 믿음만으로 의로워진다는 루터의 사상이 지닌 문제점도 지적했다. 그들이 하느님의 은혜를 부정하는 것은 아니었지만, 행위를 전적으로 배척하는 루터의 태도를 비판했다. 또 제한적일지라도 개혁가들 중에는 루터와 달리 자유의지를 긍정하는 사람들이 있었다. 그의 성찬에 대한 해석도 상당수 개혁가들은 받아들일 수 없었다.

이처럼 각론에 있어서 견해차가 뚜렷해졌기에 루터와 급진주의자들은 과연 신앙의 본질적인 부분조차도 달랐던 것인지 논란이 있다. 오늘날과 16세기에 신앙고백이 다른 공동체에 대한 태도에 차이가 크다는 점도 고려되어야 하겠지만, 현재는 루터가 급진주의로 분류했던 종파들이 대부분 범프로테스탄트 계열 내에 속해 있다.

급진주의자들은 루터가 자신들과 같은 진영이라 생각했지만, 당시 루터는 그들을 용납할 수 없다고 판단하고 배척했다. 루터가 지향하고 있던 신앙이나 사회관에서는 급진주의자들의 주장이 지나치게 과격한 것이었다. 세례에 대한 견해차도 있었지만, 루터는 특히 선행의 필요성을 강조했다는 점 때문에 재세례파들을 이단으로 간주했다. 루터가 다른 개혁가들을 포용하지 못하고 사실상 자신의 견해를 절대시했다는 점에서 호워트Robert Glenn Howart는 루터의 특성을 일종의 '그리스도교 근본주의Christian fundamentalism'라고 평하기도 한다.[28]

루터와 개혁의 동료들은 1520년대에 비텐베르크에서 결정적인 질문들에 대한 해답도 찾아야 했다. 개인 미사들을 얼마나 빨리 폐지해야 하는지? 성찬에서 포도주를 평신도들에게도 주어야 하는지? 성직자의 혼인 문제를 어떻게 정의해야 하는지? 그리스도인은 어디까지 세속 권력에 복종해야 하는지? 수도서원은 금지해야 하는지? 등등.

루터는 이 문제들에 대해 이미 입장을 밝혀두었지만, 다른 개혁가들과 의견 차이가 부각되었다. 그리고 그 구상을 실천하는 과정에서 작지 않은 혼란이 발생하자 루터는 동료들의 추진 방식을 나무랐다. 루터는 자신에게 먼저 의견을 구하지 않고 실행하거나 혼란을 유발할 수 있는 갈등 상황을 용납하지 못했다. 한편으로는 칼슈타트와의 경쟁 의식도 작용했고, 다른 한편으로는 폭력과 불안을 극단적으로 기피한 경향도 영향을 미쳤다.[29]

루터는 동료들을 설득하려 시도하지 않았고, 스스로 주도권을 회복해 개혁의 내용과 속도를 통제했다. 루터가 강력한 지도력을 지니게 되자 칼슈타트, 뮌처, 츠빙글리Ulrich Zwingli(1484~1531년) 등 상이한 의견을 지닌 개혁세력들과의 협력은 점차 어려워졌다.[30] 루터가 이 국면에서 보여주었던 배타적이며 독선적인 태도와 지도력은 유럽적 차원의 종교개혁운동이 협력을 필요로 하던 시기에 오히려 그것을 가로막은 커다란 장애물로 작용했다.

02
농민전쟁과
좌절된 대중운동

농민전쟁은 루터의 한계를 적나라하게 노출시켰다.

루터는 결코 농민들의 봉기를 부추길 의도가 없었지만

그들은 루터가 불의에 대한 저항을 지지한다고 오해했다.

루터는 세속 정부에 대한 반란은 합법적인 권위를 파괴하는 행위라며

명백한 불의에 대해서조차 인내해야 한다고 했다.

종교개혁은 본질상 사회 변혁적 속성을 내포하고 있었으나,

루터는 제후나 귀족이 권력을 남용해 농민들을 피폐하게 만드는

현실에 대해서 무관심했다. 오히려 그는 종교개혁이 사회적·정치적

성격으로 발전하는 것을 철저히 차단하려 했다.

농민전쟁을 계기로 농민들은 개혁운동으로부터 소원해졌고,

종교개혁이 대중운동으로 발전될 가능성도 제한되었다.

세속 권력, 어디까지 복종해야 하는가

작센의 게오르크 공작이 자신의 영토 내에서 루터의 신약성경 출판을 금지하자 루터는 그에 대항해 1523년 1월 『세속 정부에 대하여, 어디까지 복종해야 하는가?』를 발표했다.[31] 그 글에서 루터는 소위 '두 왕국론'이라고 불리는 그의 정치신학을 설명했다. 그는 세속 지배자들에게 뭐든지 허용된다는 생각이 잘못이라고 지적하고, 종교 문제에 있어서 세속 권력의 한계를 구체적으로 논했다. 루터는 우선 하느님의 왕국과 세속 왕국, 종교와 세속이라는 두 세계가 상호 결부되면서도 명료하게 구분되어 있다고 전제했다. 하느님은 정의로운 사람들이 속해 있는 왕국은 복음의 말씀으로 통치하시지만, 정의롭지 않은 사람들은 세속 정부의 가혹한 권력으로 다스리신다고 했다.

그는 세속 국가를 선한 자를 보호하고 악한 자를 처벌하기 위한 도구로 이해했다. 즉 사회적 질서와 정의를 이루기 위한 수단이지 신정 정치를 위한 제도가 아니며, 세상이 복음에 의해 통치될 수 없다는 점을 강조했다. 그렇지만 루터는 하느님이 통치자들을 임명했기에 세속의 영역에서 신하는 주군에게 반항할 수 없고, 제후들이 공적 업무를 참된 그리스도인으로서 수행해 달라고 탄원하는 것이 최선이라고 주장했다. 세속 정부에 대한 루터의 이와 같은 태도는 기본적으로 로마서 13장의 해석에 근거한 것이었다.[32]

한편 그는 종교적 권위가 잘못을 범할 경우에는 저항하는 것이 허용될 뿐 아니라 필요하다고 보았다. 후에 그는 만약 세속 권위가 하느님의 계명을 거슬러 행하거나 그리스도인이 성경적 원칙에 따라 사는 것을 막는다면, 그들에 대한 복종은 철회되어야 한다는 생각도 덧붙였다. 이 소책자에서 루터는 세속 통치자 즉 작센의 게오르크 공작이 신민의 종교 문제에 간섭하거나 성경 출판과 배포에 관여해서는 안 된다고 주장하고, 그가 세속 정부의 관할권을 혼동하여 신앙의 문제를 방해하고 있다고 비판했다.[33]

루터는 1523년에 저술한 또 다른 소책자 『그리스도교 회중은 모든 교의를 판단할 권리와 힘을 지닌다』에서 라이스니히Leisnig 평신도 집단을 옹호했다. 그는 회중들이 하느님의 말씀에 따라 사제를 선출하고 예배 규정을 자율적으로 제정할 권한이 있음을 강조했다. 하느님의 의지에 반하여 통치하는 종교적 폭군들은 그리스도교 세계에서 추방되어야 한다고도 했다.[34]

루터의 이처럼 강경하고 신념에 찬 주장은 봉건적 질서와 사회적 모순에 신음하던 농민들에게 위로와 더불어 현실의 변화를 모색할 용기를 제공했다. 그가 이미 발표한 『그리스도인의 자유』뿐 아니라, 교회의 부패와 사회적·정치적 문제에 대한 제후의 책임을 지적한 그 후의 저작들은 그 개혁가가 사회와 국가의 모순을 극복하기 위한 민중들의 저항을 지지하고 있다고 믿게 만들었다. 그러나 루터는 신민과 국가에 대해 일관된 관점을 견지했다. 국가 혹은 제후에 대한 반란은 하느님의 뜻을 거스르는 것이며, 신앙과 관련된 문제에 있어서만 저항이 허용된다며 지배계층을 두둔했다.[35]

비현실적 이상주의자 뮌처

루터가 비텐베르크에서 한창 개혁을 추진하고 있던 때에 농민들이 대규모 봉기를 일으켰다. 1524년 6월 라인 상류 지역 슈틸링엔Stühlingen에서 시작한 농민봉기는 남서부 독일과 중부 독일까지 급속히 확대되었다. 역사학의 아버지 랑케Leopold von Ranke는 이 봉기를 종교개혁의 전개 과정에서 발생한 부산물로서 '독일사에서 가장 불미스러운 사건'으로 평가했다. 그렇지만 근래는 농민들이 변혁의 주체가 된 사회혁명으로 해석하기도 한다.[36]

이 봉기는 1525년 2월부터 극적인 국면에 돌입해 6월에 종료되었다. 절정에 달했던 3월에서 5월 사이에는 독일 전역에서 총 20~30만 명의 농민과 도시 중하층민이 무장봉기에 가담했다. 그러나 농민군은 조직되지 않았고 무기도 변변치 않아 결국 격퇴되었다. 뮌처는 튀링엔Thüringen 지역의 농민군 지도자로 5월 15일 작센 선제후의 군대와 그가 동원한 용병들에 맞서 프랑켄하우젠 전투를 이끌었다.

뮌처는 한때 루터를 추종했으며, 1520년에는 루터의 추천으로 츠비카우에 선교자로 임명되기도 했다. 그는 프라하를 비롯해 여러 곳을 전전하다가 1523년 봄, 궁핍한 소도시 알슈테트Allstedt 에서 본격적인 주목을 받았다. 그는 14세기 신비주의자 타울러 Johannes Tauler와 츠비카우의 예언자 니콜라우스 슈토르흐의 영향을 받아 하느님과의 직접적인 교통을 믿었고, 성령의 영감 있는 해석이나 인도가 필요하다고 주장했다.[37] 그는 독일어로 설교했으며, 성찬 때에는 속인에게도 빵과 포도주를 모두 분배하던 개혁적인 인물이었다.

뮌처는 루터를 성경의 문자에 얽매이는 성경 숭배자라고 비판했다. 뮌처는 평민들을 억압하는 제후들과 사제들로 인해 독일의 불행이 초래되었으며, 반그리스도적 세상 권력이 정복되고, 하느님의 도구인 민중이 변혁을 실천해야 한다고 주장했다. 루터는 급진적 견해를 가진 뮌처를 종교개혁의 성공을 위태롭게 하는 인물로 생각한 반면, 뮌처는 루터를 '스스로 천거한 새로운 운동의 교황'으로 간주하며 점차 공공연하고 격렬하게 루터를 비난했다.[38]

농민군 지도자 뮌처의 초상. 작자 미상.

뮌처는 농민전쟁을 새로운 사회를 건설할 수 있는 묵시론적 계기로 간주하고 행동을 통해 악한 자들을 뿌리 뽑을 때가 왔다고 확신했다. 그는 1524년 7월 13일 지

3부 위기와 돌파 그리고 루터의 유산

역을 돌아보며 상황을 파악하기 위해 방문한 제후들 앞에서 행한 알슈테트 교회의 설교에서 자신의 비전을 설명했다. 그는 악을 무력으로 심판하는 것이 세속 권력의 의무라고 전제하면서 작센의 통치자가 진리와 복음을 대적하는 자들에 대항하여 무력을 사용해야 한다고 주장했다. 그리고 그들이 실패하면 농민들이 일어날 것이라고 했다. 말씀대로 통치하지 않는 제후들은 행동으로는 그리스도를 부인하는 자들이기에 그들에게 칼을 빼앗길 것이라고 설명했다. 흥미롭게도 뮌처의 설교에 대해 제후들은 크게 반발하지 않았다.

반면 루터는 얼마 후에 폭력을 동원해 질서를 무너뜨리려는 의도가 담긴 뮌처의 설교를 관용해서는 안 되며, 그가 대가를 치러야 할 것이라고 했다.[39] 뮌처의 목표는 세상을 새로운 질서로 재편하는 것이었다. 그런 변혁이 가능할지, 현실적인지는 그에게 문제가 되지 않았다. 그는 그것이 하느님의 명령이라고 받아들였기 때문이다.

제후들의 아첨꾼

1525년 초 봉기의 중심지였던 남부 독일의 메밍엔에서 소위 '슈바벤 농민의 12개조'라는 농민강령이 작성되었다. 모피 직조공 로처와 메밍엔의 설교자이자 츠빙글리의 제자 샤플러Christoph Schappler가 주변 300여 개 촌락에서 제기된 탄원서들을 종합하여 작성한 이 요구는 농민전쟁 전 과정에서 가장 널리 전파된 선언문이었다. 농민들은 봉기의 명분을 복음과 하느님의 법에서 찾았으며, 그들의 요구 사항이 성서에 근거한다는 점을 강조했다. 그리고 농민의 주권과 형평성 있는 세제를 촉구했다. 농민들은 그들의 주장이 비텐베르크 개혁가들의 사상과 동일선상에 있다고 믿었다.[40]

루터는 협상을 통한 갈등의 해결이 가능하다고 믿고 1525년 4월 제후들과 농민들의 양심에 호소하는 글『평화를 위한 훈계-슈바벤 농민의 12개조에 대하여』를 발표했다. 그는 여기서 혁명의 잠재력을 통제하지 않으면, 하느님의 말씀과 세속 권력이 모두 전복될 것이라며 통치자와 신민 모두를 질책했다. 그는 먼저 제후들과 주군들에게 사치와 낭비를 위해 민중을 수탈하는 행위를 일삼는 그들의 사악함과 불의를 질책했다. 그러나 루터는 설사 통치자들의 잘못이 더없이 중대할지라도 그것이 민중의 폭력 사용을 정당화시켜주지는 못한다는 점을 강조했다. 그는 통치자는 억압적인 폭군이 되는 것을 멈춰야 하고, 농민은 그들의 요구 사항을 완화하여 평화를 회복해야 한다며 양측의 타협을 권고했다.[41]

루터의 이러한 태도는 정치적인 중재라기보다는 설교자로서의 권고에 가까웠다. 그리고 그의 의도는 농민들의 주장에 어느 정도 공감하지만 폭력적인 행동은 철회되어야 한다는 것이었다. 그렇지만 루터의 이와 같은 양비론적 태도는 농민들에게 아전인수

3부 위기와 돌파 그리고 루터의 유산

격으로 해석되었다. 그의 의도와 달리 봉기를 일으킨 농민들은 오히려 고무되었다.[42] 무엇보다도 루터가 이 글을 발표했을 때 농민들은 이미 목숨을 걸고 최후의 대치를 하고 있는 상황이었기에 루터의 피상적인 희망은 실현될 가능성이 없었다.

1525년 4월 16일에 아이슬레벤을 방문했다가 농민들의 약탈에 의해 황폐해진 현장을 목격한 루터는 농민들의 폭력이 파괴적일 뿐 아니라, 상황이 진정될 수 없으리라는 사실을 직감했다. 루터는 작센 주변에서도 봉기가 발생하고 있을 뿐 아니라, 폭력과 무법을 지지하는 근거로 자신이 최근에 발표한 글이 인용되고 있다는 사실도 알게 되었다. 또 그는 가톨릭 측 일부로부터 농민 봉기의 원인을 제공한 자라는 비판을 듣고 있었기에 경우에 따라 책임을 추궁당하거나, 귀족들이 자신과 종교개혁에 대한 지지를 거두어들일 수도 있다는 점을 우려했다.[43] 무엇보다 루터는 농민들이 봉기를 일으킨 것이 잘못이라고 확신했으며, 복음으로 세상의 질서를 전복하려는 뮌처와 급진주의자들의 행위를 근절시켜야만 한다고 판단했다.

그의 강경한 태도는 5월 6일 비텐베르크로 돌아온 직후의 설교에도 반영되었다. 루터는 『약탈과 살육을 일삼는 농민 패거리에 반대하여』라는 제목으로 재차 글을 발표했다.[44] 루터가 볼 때 농민들은 합법적 정부에 대한 맹세를 위반했고, 강도질과 살육을 일삼았으며, 복음의 기치 아래 범죄를 벌임으로써 하느님을

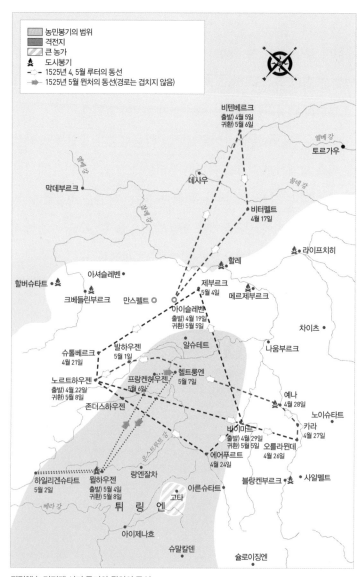

범례
- 농민봉기의 범위
- 격전지
- 큰 농가
- 도시봉기
- 1525년 4, 5월 루터의 동선
- 1525년 5월 뮌처의 동선(경로는 겹치지 않음)

비텐베르크
출발) 4월 5일
귀환) 5월 6일

엘베 강

토르가우

엘베 강

데사우

물데 강

막데부르크

비터펠트
4월 17일

라이프치히

할레

아셔슬레벤

제부르크
5월 4일

메르제부르크

할버슈타트

크베들린부르크   만스펠트

아이슬레벤
출발) 4월 19일
귀환) 5월 5일

차이츠

슈톨베르크
4월 21일

발하우젠
5월 1일

알슈테트

나움부르크

노르트하우젠
출발) 4월 22일
귀환) 5월 8일

프랑켄하우젠
5월 6일

헬트룽엔
5월 7일

예나
4월 28일

존더스하우젠

노이슈타트

바이마르
출발) 4월 29일
귀환) 5월 5일

카라
4월 27일

하일리겐슈타트
5월 2일

뮐하우젠
출발) 5월 4일
귀환) 5월 8일

랑엔잘차

에어푸르트
4월 24일

오블라뮌데
4월 26일

블랑켄부르크

사알펠트

베라 강

튀 링 엔

고타

아른슈타트

운스트루트 강

아이제나흐

슈말칼덴

슐로이징엔

튀링엔 농민전쟁 시기 루터와 뮌처의 동선.

모독하는 죄를 범했다. 따라서 미친개와 같이 날뛰는 반역자들이 공동체 전체를 더 큰 위험에 빠뜨리기 전에 당장 진멸해야 한다고 주장했다: "누구든지 할 수 있거든 저들을 쳐 죽이고, 목 졸라 죽이고, 찔러 죽이시오. 반란자보다 더 유해한 것은 악마 외에는 없소."

앞선 글에서 루터는 통치자들에게도 책임을 물었지만, 이 글에서는 그들에게 자신들에게 속하지 않은 것을 탐내는 농민들의 폭력 행위를 바로잡을 역할을 부여했다.[45] 루터는 입에 담기조차 주저되는 폭력적인 언어들을 동원해 농민들에 대한 처참한 살육 행위를 촉구했다. 전쟁에서 제후들은 압도적인 힘으로 농민들을 진압하고 있었기 때문에 루터가 그 이상의 처벌을 주문하는 것은 사실상 불필요했다. 루터와 달리, 임종을 앞두고 있던 프리드리히 선제후는 그의 지위를 계승하게 될 동생에게 폭도들을 진정시키기 위해 최선을 다하라고 조언했다.[46]

튀링엔의 농민들은 1525년 초부터 무력투쟁을 준비해 왔으나, 5월 15일 농민 1만 명이 프랑켄하우젠에서 벌인 최후의 전투에서 허무하게 패배했다. 5,000명은 전장에서 사망했고, 전투 후 생존자 중 300명은 참수형을 당했다. 영주의 군대에서는 희생자가 단지 6명뿐이었다. 이와 같은 결과는 이 전쟁이 일방적이었으며, 농민은 사실상 희생자였음을 잘 보여준다. 생포된 뮌처는 혹독한 고문을 받은 후 5월 27일 처형되었다.

소책자 『약탈과 살육을 일삼는 농민 패거리에 반대하여』는 5월 10일에 처음 인쇄되었는데, 농민군 중 다수가 희생된 후에도 여러 차례 추가로 인쇄되면서 본격적으로 사람들에게 알려졌다. 살육과 무차별한 진압을 목도한 사람들은 제후들의 입장을 일방적으로 편들었던 루터를 '제후들의 아첨꾼'이라 비난했다.

츠비카우의 시장 헤르만 뮐포르트Hermann Mühlpfort는 본래 루터와 가까운 사이였다. 루터가 『그리스도인의 자유』 독일어판을 그에게 헌정한 사실만으로도 두 사람의 관계는 어느 정도 짐작이 가능하다. 하지만 뮐포르트는 농민전쟁 이후 루터와 거리를 두었다.

그가 1525년 6월 4일 비텐베르크의 스테펜 로트Stephen Roth에게 보낸 편지에 따르면, 농민전쟁에 대한 루터의 태도는 민중과 학식 있는 자 모두에게 충격을 주었으며, 그가 외면받는 결정적 계기가 되었다. 뮐포르트는 농민전쟁에 대한 루터의 글들 사이에 뚜렷한 태도 변화가 있었다고 지적했다. 그리고 루터가 폭력을 행사하던 자들 편에서 농민에게 일방적인 양보를 요구한 행위는 경솔했으며 당시 농민이나 지역의 상황을 충분히 감안하지 못한 것이었다고 평가했다.

뮐포르트는 그 서신에서 루터가 농민전쟁의 강경 진압 및 유혈 사태에 책임이 있다는 점을 분명히 했다. 농민들은 당시 민심이나 그들의 요구를 전달할 통로가 없었고, 제후와의 사이에 공정한 재판관도 없었다. 뮐포르트는 제후들이 조금 양보해 문제를 해결할 수 있었지만 그렇게 하지 않았다고 지적했다. 전쟁 후 농민들은 반역자로 낙인찍혔으며, 보복을 두려워해야 하는 상황에 직면했다는 것이다.[47]

루터는 1525년 7월 주변의 비난을 의식하여 내키지는 않았지만, 이전에 발표했던 글을 해명하는 『농민들에게 가혹했던 소책자에 대한 공개편지』를 내놓았다.[48] 만스펠트Mansfeld의 뮐러 Caspar Müller에게 바친 그 편지에서 루터는 당시 하느님의 의가 혼돈을 겪는 상황이 초래되었다며, 제후들이 농민군에게 패배할 경우 닥칠 전면적인 혼란을 우려했다고 강변했다. 그는 잘못을 인정하기보다는 오히려 자신의 행위를 정당화했다.[49]

루터의 책임

루터의 저작은 농민과 도시 노동자를 포함해 독일 사회의 모든 계층에 영향을 미쳤다. 특히 루터가 강조한 정의, 그리스도인의 자유, 교황과 교회의 부패에 대한 비판 등은 본래의 종교적 의미를 넘어서 봉건적 질서에서 억압받고 있던 농민들에게 사회적·정치적 의미로 읽힐 수 있었다. 루터는 결코 봉기를 부추길 의도가 없었다. 하지만 농민들은 그의 글을 자의적으로 수용해 루터가 사회의 불의와 모순에 대한 저항을 지지한다고 오해했다.

이미 엠저와 코흘레우스 등 루터의 가톨릭 측 비판자들은 그가 강조한 율법으로부터의 자유와 만인사제론이 농민들로 하여금 종교적, 세속적 멍에를 스스로의 힘으로 벗도록 고무시켰으며, 결국 농민전쟁까지 초래했다고 비판하고 있었다. 그들은 사실상 루터가 뮌처보다도 더 위험한 존재라고 몰아세웠다. 루터로서는 집요하게 이어졌던 그와 같은 비난을 무시하기가 쉽지 않았을 것이다.[50]

루터는 세속 정부에 대한 반란은 하느님이 세우신 합법적인 권위와 세속 질서를 파괴하는 엄중한 행위이며, 폭동을 진압하고 질서를 회복하는 것이 그리스도인 제후의 의무라고 이해했다. 반면 그는 제후나 귀족이 권력을 남용해 사회적 약자인 농민들을 피폐하게 만드는 현실에 대해서는 무관심했다. 정작 자신도 농민의 후손이었지만 그가 평민들의 삶의 조건을 개선하는 문제에 대해서 깊게 고민한 흔적을 찾아볼 수 없다.[51]

루터는 농민전쟁의 사회적 성격에 대해 자각하지 못했으며, 그로 인해 농민들에게 종교개혁의 메시지를 설득력 있게 전할 수 없었다. 종교개혁 초기부터 루터의 관심은 귀족들에게 국한되었다.『독일 그리스도교 귀족에게』에서 만인사제론을 언급했을 때에도 그가 염두에 둔 것은 사실상 속인 전체가 아니라, 귀족들뿐이었다. 농민전쟁을 경험한 후 민중에 대한 그의 관심은 더욱 줄어들었다. 그는 민중이 자율적인 존재가 되기에는 많이 미숙할 뿐 아니라, 위험할 수 있다고 생각해 세속 제후와 관리들을 한층

3부 위기와 돌파 그리고 루터의 유산

더 의존하게 되었다.

농민전쟁은 루터의 한계를 적나라하게 노출시켰다. 16세기에 종교가 지니고 있던 포괄적인 성격 때문에 종교개혁은 본질상 사회 변혁적 속성을 내포하고 있었다. 봉기의 형태를 띠었지만 평민들의 운동은 분명 종교개혁의 일부였다. 대부분의 평민들은 복음을 사회적·경제적·정치적 측면에도 적용하는 것이 마땅하다고 생각했다. 뮌처의 사회적 강령은 그리스도교적인 이상에 고무된 결과였으며, 농민들의 폭력은 그들을 억압하던 더 큰 폭력에 대한 방어적인 성격을 띠었다.

그러나 루터는 중세적 신분 질서를 절대적인 것으로 간주했으며, 당대의 사회적 문제를 개혁하려는 생각을 갖고 있지 않았다. 농민이 다른 신분을 위기에 빠뜨리는 것은 복음을 남용하는 것이며, 농민은 명백한 불의에 대해서조차 인내해야 한다고 했다. 그는 종교개혁이 사회적·정치적 성격으로 발전하는 것을 철저히 차단하려 했다. 농민전쟁에 대한 루터의 억압적 태

신분제 나무(1520년대). 사회적 위계의 가장 밑바닥에 농민이 존재한다는 사실을 풍자한 그림이나.

도는 그가 지향했던 목표와 전략을 보여준다.

블리클레Peter Blickle는 공동체운동에 편승해 초기에 종교개혁을 성공으로 이끌었던 루터가 농민전쟁을 거치며 민중을 배신했고, 그 후 가시적인 성과를 위해 초기의 개혁 기조에서 후퇴함으로써 자율적인 공동체를 근거로 하는 종교개혁은 사실상 포기되었다고 해석했다.[52]

브란덴부르크 선제후, 작센 공작, 브라운슈바이크 공작 등 선제후령 작센 주변의 가톨릭 제후들은 개혁신앙이 초래한 위험을 가까이서 학습하는 기회를 가졌으며 그 후 옛 신앙을 오히려 강화하려 했다. 작센 선제후 프리드리히의 사망도 그들에게는 새로운 기회로 여겨졌다. 결국 농민전쟁 후 변화된 환경은 무력을 지니고 있는 군주들의 권한을 강화시켰다. 루터는 여러 제후들과 귀족들의 지지를 계속 받을 수 있었기에 세속 권력자에 의한 종교개혁의 성공을 더욱 모색하게 되었다.

억압받던 농민과 수공업자들은 크게 좌절했다. 그들은 루터에 대한 신뢰를 거둬들였으며, 개혁운동으로부터도 적잖이 이탈했다. 결국 종교개혁이 대중운동으로 발전할 수 있는 가능성도 제한되었다. 전쟁이 가장 격렬했던 남부 독일에서 주민들은 대체로 가톨릭에 잔류했으며, 일부는 1525년 이후 급격히 확산된 재세례파로 개종했다. 초기의 재세례파는 대의를 위해 무력 사용을 반대하지 않았으나, 1520년대를 거치며 극단적인 평화주의를 추

3부 위기와 돌파 그리고 루터의 유산

구하는 분파가 형성되었다. 그들 평화로운 재세례파들은 폭력이 문제 해결의 궁극적 수단이 되지 못한다는 점을 자각하고 더욱 평화로운 수단을 추구했으며, 모든 것을 공유하는 공산주의적 공동체를 형성하기도 했다.[53]

한편 오즈맹은 루터로 대표되는 개혁운동의 주류 세력의 선택을 독특한 방식으로 해석한다. 그는 루터의 태도와 정치사상이 철저히 실용주의적인 태도에 기반한 것이었다고 옹호한다. 그들은 몽상적이고 자기 기만적 목표를 추구했던 것이 아니라, 온건하고 실행 가능한 방식으로 기존 정치 체제 내에서 질서와 안전이라는 소박한 목표를 확보하는 전략을 택했다는 것이다. 그것이 종교개혁이 성공할 수 있었던 중요한 이유이며, 결과적으로 종교개혁은 실현불가능한 다른 정치적 이념들에 비해 일반 독일인의 정신적·정치적 성숙에 건설적으로 기여했다고 평가한다.[54]

그렇지만 공평과 정의의 관점에서 볼 때, 현실에서 고통받고 있던 사회적 약자들에 대해 눈을 감고, 다수의 농민들을 희생시켜 얻은 성취를 과연 성공이라고 평가할 수 있을지 의문이다. 루터는 대다수의 농민을 배제한 채 제후들의 아량에 기대 가시적인 성과를 얻으려 노력했다. 그 결과 후대에게 권위주의적 유산을 물려주었다. 루터의 선택과 돌파는 이른바 '성공의 실패'의 대표적인 사례로 판단해야 하는 것이 아닌지 반문하게 된다.

03
교회의 재조직과 영방교회

루터의 종교개혁은 장기간에 걸친 독일의 영방화 과정에서
발생한 사건이었으며, 결국 영방교회 형성으로 귀결되었다.
제후의 보호와 통제 하에 놓인 영방교회는 일종의
국가 관료 기구적 속성을 지니게 되었으며, 목사들은 영방의 지배력을
궁벽한 시골까지 연결해주는 통로로 작동했다.
교황교회로부터는 분리되었으나 다시 제후가 감독하는
일종의 국가교회 제도에 편입된 셈이다.
세속적인 이해관계에 좌우되는 제후에게 교회를
보호하는 역할을 맡겼기 때문에 교황교회의 실패를
극복할 수 있을지 낙관할 수 없었다.

제후들에게 의존한 개혁

농민전쟁은 종교개혁의 전환점이었다. 일부 학자는 이를 기점으로 '공동체 혹은 민중 종교개혁'에서 '제후의 종교개혁'으로 성격이 변화되었다고 평가했다.[55] 루터의 정치사상의 영향으로 국가도 일종의 신성한 존재가 되었으며, 종교개혁은 이제 주권이 보장된 통치자들의 양심에 의존해야 하는 상황으로 변모했다.[56]

이 무렵에 농촌과 달리 도시들에서는 시민들이 주체가 된 종교개혁운동이 활발하게 전개되고 있었다. 1524년과 1526년 사이 막데부르크, 브레슬라우Breslau, 뉘른베르크, 메밍엔, 스트라스부르Strasbourg, 취리히Zurich 등의 도시들에서는 시민들이 주체가 되어 종교개혁을 받아들였다. 따라서 농민전쟁을 종교개혁의 성격이 전환되는 기점으로 보려는 시각이 만족스러운 것만은 아니다. 그렇지만 급진주의자들이 추구해왔던 신정주의적 모델이 농민전쟁을 거치며 현저히 약화된 것은 분명히 확인된다. 초기에 종교개혁운동에는 여러 발전 가능성이 있었으나, 1520년대 중엽 루터에게는 현실적인 노선 외에 다른 가능성이 사실상 배제되기에 이르렀다. 루터가 민중으로부터 받았던 광범위한 지지와 존경을 크게 상실하게 된 상황은 제후들과의 관계에서도 그의 운신의 폭을 제한하는 요인으로 작용했다.

신성로마제국 내의 각 영방들은 중세 말 이래 배타적인 권력을 강화하기 위해 노력해왔다. 황제의 권력이 개별 영방 내에는 사실상 침투해 들어갈 수 없게 된 것도 그 때문이었다. 종교개혁은 장기간에 걸친 영방화 과정에서 발생한 사건이었다. 분권적인 정치세력들은 할 수만 있다면 그 개혁운동의 활력을 활용하고자 했다. 따라서 종교개혁가들이 제후들의 품에 안겨 그들의 권력 강화를 도운 것인지, 아니면 종교개혁운동의 발전 과정에서 그들이 제후들을 개혁신앙으로 회유하고 계도했던 것인지 쉽게 결론 내리기가 어렵다.[57]

어찌 되었든 결과적으로는 두 흐름이 수렴되어 점차 국가 및 영방의 보호를 받는 영방교회 또는 도시교회가 형성되었다. 제도화 이후에도 개혁사상이 실제로 관철되고 또 뿌리내리기 위해서는 제후들과 관리들을 설득하여 법적 지위를 통한 강제력을 확보해야만 했다. 루터와 개혁가들로서는 개혁의 가시적인 '성공'을 위해 종교개혁의 도입과 관철이 통치자들의 이익에도 부합한다는 점을 꾸준히 입증해야 했다.[58]

선제후령 작센의 통치자는 대체로 개혁에 우호적인 태도를 보였다. 급격한 변화는 주저했지만, 제후들이 개혁가들을 특정 방향으로 몰아가려 하지는 않았다. 작센의 선제후 프리드리히는 농민전쟁이 한창이던 1525년 5월 5일 사망했고, 그의 동생 요한 Johann이 뒤이어 선제후 직을 계승했다. 요한은 전임자와 달리 성유물 숭배와 성인 공경을 중단했으며, 성경 말씀을 가장 거룩하고 중요하게 생각한다고 고백했다. '한결같은 자Beständige'라는 그

루터 시대 3명의 작센 선제후. 프리드리히 현명공, 견실공 요한, 선량공 요한 프리드리히.
루카스 크라나흐의 그림들이다.

의 별명이 시사하듯이 요한은 시종일관 루터를 존중하고 지지했
으며, 사회와 교회의 질서를 확립하는 문제를 루터와 의논하며
진행했다. 그로 인해 '그리스도인 제후'의 이상에 가장 부합한 사
람이라는 평가를 받았다.[59]

　루터는 『독일 그리스도교 귀족에게』에서 제후들이 세속 권력
을 이용해 교회를 감독하고, 필요할 경우 재정을 지원하는 등 긍
정적인 후견 기능을 행사하는 방식으로 개혁에 동참해달라고 요
청했다.[60] 그러한 이유에서 제후들에게 '비상 주교Notbischof'라는
지위를 제시했다. 제후들로 하여금 교회를 감독하게 하려는 발
상은 사실 루터의 발명품이 아니었다. 이미 15세기부터 알려졌던
격언, "클레베의 공작은 그 지역의 교황이다"가 이를 증명한다.[61]
루터는 교회개혁을 위해 제후들의 욕망을 선의로 활용할 수 있

으리라 기대했던 것이다. 문제는 제후들의 이해관계와 개혁가들의 사상이 충돌할 때에도 과연 개혁이 좌초되지 않고 지속될 수 있는가 하는 점이었다. 하지만 루터는 지속하여 제후의 신뢰를 얻고 있었기에 그런 우려를 해야 할 필요를 느끼지 않았다.

시찰 활동과 영방교회의 확립

작센 선제후령 내 개별 지역들의 실상을 파악하고 종교개혁을 재차 추진하기 위해 루터는 1525년 10월부터 여러 차례에 걸쳐 선제후 요한에게 시찰 활동을 요청했다.[62] 루터는 우선적으로 지역 목회자들의 생계를 걱정했으며, 그와 더불어 대학에서의 교육과 장차 목회자가 될 대학생들을 위해 필요한 조치가 무엇인지 파악하기 위해 그러한 제안을 했다. 그는 복음을 확산시키기 위해서 통치자가 교회, 목사관, 학교 등을 지원하고, 목사의 봉급과 교회 유지비용까지도 제공해야 한다는 생각을 했다.[63] 선제후는 부담해야 할 재정이 지나치게 컸기 때문에 이 사안을 대대적으로 추진하는 것을 주저했다. 그런 이유에서 루터의 반복되는 요청이 있었지만 선제후 요한이 선제후령 전체에 대한 시찰을 공식 승인하기까지는 약 2년이나 소요되었다. 최종 결정은 1527년 6월 16일에 내려졌고 시찰은 그해 7월에 시작되었다.[64] 가톨릭교회에서 주교가 담당하던 시찰 활동이 세속 통치자의 통제 하에 놓이게 되었다.

선제후가 의도한 것은 아니었지만, 1529년부터 1531년에 걸친 선제후령 전역에 대한 시찰 활동은 영방교회 건설의 토대를 놓는 기획이었다. 영방 군주는 '비상 주교'로서의 권한을 부여받아 새로운 복음적 교회 질서에서 핵심적 역할을 수행하게 되었고, 다른 국가 혹은 영방들에서는 이것을 군주가 주도하는 종교개혁의 모델로 간주했다. 물론 시찰이 영방교회 건설의 유일한 수단이었던 것은 아니다. 1526년 슈파이어 제국의회에서 루터파에 대한 처벌이 완화됨으로써 복음주의 제후들의 활동 반경은 더욱 넓어졌고 영방화 추세는 탄력을 받았다.[65]

선제후 요한은 루터는 물론 멜란히톤, 요나스, 슈팔라틴, 미코니우스와 같은 개혁가들, 그리고 몇몇 유력한 평신도들을 시찰단으로 임명했다. 멜란히톤과 루터의 참여는 이 일에 대한 신학적·정치적 정당성을 부여해주었다. 루터는 다른 사역들에 대한 부담이 컸으므로 시찰 위원회를 관장하는 책임은 멜란히톤이 맡았다.

이들이 본격적인 시찰에 앞서 지역의 종교적 상황들을 조사한 결과는 매우 실망스러웠다. 목회자들은 부패하고 부도덕했을 뿐 아니라, 그들 중에는 주정뱅이는 물론 직접 술집을 운영하는 자도 있었다. 설교자가 존경받지 못했고, 신자들이 연보捐補를 제대로 하지 않아 목회자는 궁핍했다. 교회와 학교가 폐허로 방치된 곳도 적지 않았다. 또 지역의 속인들은 루터의 종교개혁사상과 교리들을 거의 이해하지 못하고 있었던 사실도 드러났다.[66] 첫 시찰 후 멜란히톤은 『선제후령 작센의 교구 목사 시찰자를 위한 지침서』를 제작했다. 루터가 이 책에 서문과 주해를 덧붙여 1528년 3월 책으로 완성했다. 이 지침서는 시찰단이 교구 목사들을 교육시키기 위한 지침을 정리해둔 것인데, 그들이 믿고 고백한 내용을 파악할 수 있다.[67]

조직화된 영방교회에서 정부는 외적인 질서를 돌보는 교회의 구성원으로서의 지위를 갖게 되었다. 제후는 영혼 구원이나 교육 등 교회 내부의 문제에 대해 결정할 권리가 없었으며, 직접 간섭하려 하지 않았다. 그것은 소명받은 신학자나 목사의 역할이었다.[68] 영방교회의 가장 중요한 운영 기구는 신학자와 법률가로 구성된 감독회Konsistorium였다. 제후나 시참사회는 그 구성원들에게 의견이나 압력을 가할 수 있었기에 교회 내부의 사안에 대해 간접적인 영향력 행사가 가능했다.[69]

본래 일회적인 시찰을 염두에 두었으나, 정기적인 시찰이 정착된 것은 이것이 루터파의 교리와 의식을 지역의 신자들에게 뿌리내리도록 하기 위한 장기적이고 효율적인 제도적 장치로 평가되었기 때문이었다. 1529년 초 루터가 교구 시찰이 작센 선제후의 업적들 가운데 가장 성공적인 것이었다고 평가했을 정도로 만족스러운 결과를 얻었다. 그리고 이런 과정을 통해 1530년경에는 루터파가 가톨릭과 구별되는 정체성을 지닌 실질적인 종파로 안

착할 수 있게 되었다.[70]

영방교회가 확립되는 과정은 개별 지역 및 그 구성원들이 영방과 국가 권력에 결속되는 과정이기도 했다. 교회의 목회자들은 영방의 지배력을 궁벽한 시골까지 연결해주는 통로의 역할을 했고, 교회는 일종의 국가 관료 기구적 속성도 지니게 되었다. 목사들은 점차 영방에 소속된 공무원 같은 성격으로 변모했다. 더불어 교육을 통해 성경과 신앙의 내용을 잘 이해하고, 그것을 가르칠 역량을 갖춘 목회자를 양성해야 한다는 과제도 제기되었다. 그리하여 목회자 양성을 조직화하는 방안이 마련되었다. 비텐베르크 대학의 신학자들이 주관하는 시험을 통과한 사람들에게만 목사 자격을 부여하는 방안이었다. 1535년에 첫 자격자들이 배출된 이후 목회자 양성 과정이 자리를 잡았고, 점차 목회자에게 대학 교육도 의무화되었다. 이는 목회자들의 역량을 향상시켜 개혁사상의 확산에 크게 기여했다.[71]

감독회는 전통적으로 교회가 담당해온 예배와 신앙 교육의 내용을 점검하는 것은 물론 결혼과 빈민 구호 같은 문제까지 통제하게 됨으로써 세속 권력의 관할 영역이 확장되는 결과를 초래했다. 자격 없는 성직자가 추방되었고, 미신적이거나 비복음적 관례들은 제거되었으며, 의식과 신앙의 내용이 통일되는 데에도 기여했다.[72] 교회와 수도원 재산은 정부에 귀속되었고, 성직자 재판권도 세속 법정에서 관장했다. 이런 맥락에서 영방교회의 발전은

동시에 영방과 근대 국가의 권력을 강화하고 국가의 신민들을 사회적으로 규율화하는 과정이었다.[73]

작센 선제후 요한은 교회의 보호자 역할을 충실히 수행했고, 종교개혁의 성공을 위해 헌신적인 노력을 기울였다. 그렇지만 그의 교회 정책에는 불가피하게 세속적인 이해관계와 권력 의지가 작동했다. 이는 귀족이나 신민들에 대해 영방 제후의 권력을 확립하는 방편이었던 셈이다. 결국 영방교회는 국가에 종속되었고, 제후가 영방 내 교회를 감독하는 일종의 국가교회 제도가 확립되었다.

중세 교회에서 주교들은 교황교회의 지역 책임자로서 종교적인 역할을 담당했을 뿐 아니라, 국왕을 위한 세속적인 의무를 진 제후의 역할도 담당했다. 정치와 종교가 엄밀히 분리될 수 없었기 때문이었다. 한편 교황교회에서 분리되어 나온 개신교 교회에서는 세속의 제후들이 비상 주교라는 명의만 지닌 채 주교의 역할을 담당하게 되었다. 그러나 이 경우에는 그 책임자가 성직자도 아니었다는 점에서 교회 기관 내부에 오히려 더 심각한 문제를 야기할 위험이 잠재했다.[74] 제후들이 종교개혁운동의 주체로 등장하면서 사회적·정치적 혼란을 초래할 요소들은 제거되었지만, 루터가 추진했던 영방교회가 교황교회의 실패를 극복할 수 있을지는 낙관할 수 없었다.

제후들의 입장에서는 영방교회의 확립이 정치권력을 강화하는 유용한 수단이었고, 더불어 영방 내의 수도원과 가톨릭교회의 재산을 군주의 소유로 전환시킬 수 있었기 때문에 경제적으로도 큰 이득이 되었다. 그렇게 확충한 재산은 지역에 따라 차이가 컸지만 종종 전체 소유의 3분의 1 내지 4분의 1 정도에 이르렀다. 이는 현실적으로 독일뿐 아니라, 북유럽의 많은 제후들이 루터파를 수용하겠다고 결심한 주요 동기로 작용했다. 그렇지만 세속 권력으로 하여금 종교개혁을 보호하는 역할을 맡긴다는 것은 상당한 위험 부담을 동반했다. 제후들에게는 교회 공동체의 유익과 의사보다는 제후의 이해관계가 우선하기 때문이다. 독일의 종교개혁이 성공은 했으나 불철저하게 진행된 이유를 이 부분에서 찾을 수 있다.

미사 개혁

종교개혁운동이 유럽 전역에서 진행되면서 가톨릭 미사와는 다른 새로운 대안적 예배들이 다양하게 실험되었다. 1522년 이래로 바젤, 뉘른베르크, 스트라스부르, 동프로이센 등에서 다양한 방식의 미사들이 시도되었다. 본래 루터가 제안했던 예배에 대한 구상이 출발점이었으나, 다양한 의견과 해석들이 존재했기 때문에 그것을 인위적으로 통일하기는 어려웠으며, 특정 형태만이 옳다고 주장할 수도 없었다.[75] 비텐베르크에서는 루터가 선제후와 시참사회의 전폭적인 지지를 받고 있었기에 그가 견지하고 있던 신학적 견해가 수용되었다. 그럼에도 불구하고 확고한 전범이 존재하지 않았기 때문에 프로테스탄트의 새로운 예배 형태가 정착하기까지는 어느 정도 시행착오가 불가피했다.

칼슈타트가 새로운 예배 형식을 급격하게 도입하려 해 혼란이 발생한 점을 의식했던 루터는 신중했다. 그는 '미사'라는 용어뿐 아니라, 가톨릭의 예배 형태도 크게 바꾸지 않았다. 그는 변화를 최소화하면서 저항이 미미할 때까지 기다리며 점진적으로 전환시키는 전략을 취했다. 그가 바르트부르크로부터 귀환하던 해에는 성체 축일에 행렬을 거행하는 것조차 반대하지 않았다. 성찬식에서 속인이 빵과 포도주를 모두 받는 것이 바람직하다고 설교하면서도 한동안 강요하지는 않고 선택에 맡겨두었다. 그는 어느 정도 시간이 경과한 후에야 성유물, 행렬, 개인 미사, 망자를 위한 미사 등을 폐지하는 절차를 밟았다.[76] 루터는 융통성을 두었지만, 새로운 예배를 위한 지침이 필요하다고 생각했다. 그래서 1523년에는 『미사와 성찬 순서Formula Missae』를 작성했고, 1526년에는 『독일어 미사 순서』를 제작했다. 선제후의 승인을 받아 새로운 예배 순서를 공식적으로 도입한 것은 1525년 10월이었다.[77]

그는 성찬 의식에서 예수의 몸을 의미하는 성체에 대한 해석이나 태도에 가톨릭과 차이를 두었지만, 성찬식 때 성체를 거양하는 의식도 한동안 그대로 유지했다. 다소 지체되었으나 1525년에는 결국 성찬식에서 속인들도 빵과 포도주를 모두 수령하게 되었

3부 위기와 돌파 그리고 루터의 유산

다. 예배에서 가장 큰 변화는 가톨릭의 미사가 성체 성사 중심이었던 반면, 개혁교회 예배에서는 미사의 희생 제사적 성격이 제거되고 설교가 예배의 중심적 지위를 차지하게 된 점이다.[78] 그리고 설교를 통해 신앙의 내용을 교육하는 데 큰 의미를 두었기 때문에 속인들도 이해할 수 있는 언어를 사용하는 것이 필요했다. 예배 중 여전히 라틴어를 사용하는 부분이 있었으나, 예배 용어가 대부분 독일어로 전환되어 누구나 설교와 기도를 알아듣게 되었다.[79]

루터는 음악이 하느님의 귀한 선물이며 신앙생활에 유용한 수단이라고 평가했다.[80] 그는 스스로 악기를 연주하고 작곡도 했으며, 예배 음악에 대해서도 새롭게 해석했다. 그의 가장 혁신적인

개신교 최초의 회중 찬송가. 비텐베르그에서 출판된 개신교 최초의 회중 찬송가집 표지이다(1524년).

기여는 예배에 회중 찬송을 도입한 일이다. 전통적으로 미사에서는 성가대만 찬송을 불렀다. 루터는 예배 시간에 모든 회중이 함께 찬송을 부를 수 있도록 변화를 주었다. 1523년부터 그는 직접 찬송을 작곡하고 편곡했다. 찬송의 가사에 시편과 같은 노래나 복음의 내용을 실어 민중을 효과적으로 성경으로 이끌 수 있다고 생각했다. 노래가 지닌 정서적 힘까지 더해져 회중 찬송은 루터파의 두드러진 특징이 되었다. 루터는 신자들이 즐겨 부르게 된 찬송을 만들어 종교개혁의 정신을 보급시켰고, 1524년에는 23곡이 담긴 개신교 최초의 찬송가를 제작했다.[81] 이처럼 현재 개신교회 예배에서 설교가 중심이 되고 회중이 함께 찬송하는 형식은 비텐베르크에서 그 골격이 형성되었다. 사제 중심의 예배로부터 회중과 함께하는 예배로 전환된 것이다.[82]

루터의 교리문답은 작센 지방 시찰을 통해 얻은 결실이었다. 루터는 시찰 활동을 통해 설교와 저술만으로 개혁을 확산시킬 수 없다는 점을 자각했다. 그리하여 그는 1529년에 신앙의 핵심 내용을 정리한 『대교리 문답서』와 『소교리 문답서』를 독일어로 집필했다. 교리 부분은 십계명, 사도신경, 주기도문 같은 전통적인 신앙 문헌에 대한 해설을 실었다. 그 외 세례와 성찬에 대한 해설까지 포함해서 주요 항목을 총 5개 부분으로 구성했다. 그 외에 기도문이나 지침 같은 부록이 첨부되었다. 특히 『소교리문답』은 학교와 교회에서 신앙 학습의 교재로도 사용되는 등 성경을 제외하고는 그 어떤 책보다 널리 보급되었다. 결국 이런 교육적 배려와 제도적 조치를 통해 루터는 신앙 교육을 강화했고, 신자들의 일상적인 삶을 신앙과 일치시키도록 유도했다. 그 결과 신앙생활이 체계화되고 제도화될 수 있었다.

성직자 신분의 폐지 – 루터의 결혼

1521년 5월 비텐베르크에서 사제 신분의 성직자가 처음으로 결혼한 이래,[83] 개신교 목회자의 두드러진 특징은 결혼하고 가정을 거느리는 것이었다. 개혁가들은 이것이 그리스도인의 자유를 실증하는 것이라고 주장했다. 성직자의 결혼은 중세 교회에서 성직자들에게 멍에로 씌워두었던 독신 즉 순결 서약을 개혁가들이 전면 거부하였음을 의미한다.

종교개혁을 수용한 지역에서는 수도원들도 위기를 맞았다.[84] 지역 수도원들은 세속의 권력자나 개혁가들이 강압적으로 폐쇄하기보다는 소속 구성원들이 1520년대 이후 개혁정신에 동조하여 탈출하기 시작하면서 자연스레 해산되는 과정을 겪는 경우가 대부분이었다. 비텐베르크에서는 츠빌링의 영향 아래서 다수의 수도사들이 떠나면서 폐쇄의 과정을 걸었다. 수도원이 비면 통치자들은 통상 그 건물과 땅을 몰수하여 새로운 재산으로 활용하거나 구빈원救貧院이나 교육기관 등으로 전환시켰다.

루터는 오랫동안 수도사로서의 정체성을 지니고 살았다. 그가 수도사복을 벗은 것은 1524년이었다. 중세 수도사들은 독신과 청빈을 서약했지만, 루터는 수도사의 서약이 유효하지 않다고 판단했다. 1521년 11월에 발표한 『수도 서약에 관하여』에서 그는 강제로 이루어진 독신 서약이 그리스도인의 자유와 배치된다고 주장한 바 있다. 루터는 독신의 폐지를 주장하기보다는 독신 서약이 자유로운 양심과 자발적인 행동에 근거해야 함을 강조했다.[85]

결국 만인사제론과 목회자의 혼인으로 종교개혁을 수용한 지역에서는 성직자 신분이 존재할 수 없었다. 목회자들의 경우 공공 재정에서 봉급이 지불되었고, 세금을 내기 시작했으며, 죄를 지으면 세속 법정에서 처벌을 받았다. 이로써 특권 계급이자 제1신분이었던 성직자가 종교개혁을 거치며 시민이 되었다. 루터는 이미 『독일 그리스도교 귀족에게』에서 성직자와 속인의 구별이 로마주의자들이 만들어놓은 담이며, 성직자는 신분이 아니라 직위라는 점을 분명히 한 바 있었다.[86] 1520년대에 들어서는 성직자도 시민의 부담을 감당해야 한다는 요구가 제기되기 시작했다.[87] 그리고 종교개혁을 수용한 지역들 중에는 처음으로 스트라스부르에서는 이미 1523년에 성직자는 시민이기에 그들에게 시민권을 부여하는 논의가 전개되었고, 그해 5월 31일에서 6월 12일 사이에 7명, 1524년 1월까지는 45명의 성직자가 시민 대장에 이름을 올렸다.[88]

루터는 혼인이 하느님께서 제정하신 선한 제도라고 주장했지

만, 칼슈타트를 비롯하여 동료 개혁가들이 대부분 혼인한 후에
도 정작 본인은 결혼에 대한 의사를 밝힌 적이 없었다. 그는 늘
생명의 위협을 받는 상황에 처했기 때문이었다. 그러던 그가 농
민전쟁의 상처가 여전히 생생한 시기에 갑자기 결혼을 추진하여
주위로부터 눈총을 샀다. 루터가 부모의 소원을 들어주기 위해
가정을 이루게 되었다는 추측도 있지만, 서둘러 카타리나에게 청
혼했던 정확한 이유는 알려져 있지 않다. 주변의 곱지 않은 시선
에도 불구하고 루터는 자신의 혼인이 확신 있는 믿음의 행위이기
에 떳떳하다는 태도를 보였다.[89] 결혼은 루터가 농민전쟁의 참상
을 지켜보며 겪게 된 심리적 불안에서 벗어나려는 도피 수단이었
을 수도 있다.[90]

　루터의 배우자 카타리나 폰 보라Katharina von Bora는 님프센
Nimbschen의 시토 수도원에서 탈출한 후 고향 집으로 돌아갈 사
정이 되지 않아 탈출을 도왔던 루터를 따라 비텐베르크로 오게
된 수녀들 중 한 사람이었다. 루터는 42세의 나이에 배우자를 구
하지 못해 홀로 남아 있던 26세의 카타리나와 1525년 6월 13일
결혼했다. 결혼은 루터의 심신을 안정시켰고, 사역에 더 집중할
수 있게 해 주었다. 그들이 결혼한 지 1주년이 되었을 때 선제후
요한은 아우구스티누스 수도원 건물을 루터에게 선물했는데, 그
곳이 그들 부부가 죽음을 맞이할 때까지 거처하던 집이 되었다.
루터는 카타리나와의 사이에 6명의 자녀를 두었으며, 무법적이며

행복한 가정을 이루었다. 현재 루터 하우스Luther House로 보존되고 있는 그 집에서는 하숙생까지 포함해 25명이 넘는 루터의 대식구가 공동체를 이루며 모여 살았다. 카타리나는 그 많은 사람들을 헌신적으로 섬겼다.⁹¹

행복한 가정을 이루었다. 현재 루터 하우스Luther House로 보존되고 있는 그 집에서는 하숙생까지 포함해 25명이 넘는 루터의 대식구가 공동체를 이루며 모여 살았다. 카타리나는 그 많은 사람들을 헌신적으로 섬겼다.[91]

카타리나의 문(왼쪽)과 루터 하우스(아래).
1540년 루터가 집 현관에 조각 장식을 해
카타리나에게 선물했기 때문에 카타리나의
문으로 불린다. 문 좌우에 십자가 모양
아래로 돌출되어 있는 돌의 아래쪽을 들여다보면
루터 얼굴과 루터 장미가 새겨져 있다.

3부 위기와 돌파 그리고 루터의 유산

04

개혁세력의 분열

1520년대 중반 전후로 제국 내의 개혁가들은 성찬의 해석 문제를 두고
분열 조짐을 보였다. 제2차 슈파이어 제국의회 이후 헤센의 백작 필립은
개혁세력의 분열을 막기 위해 루터와 츠빙글리로 대표되는 비텐베르크와
취리히의 개혁가들을 마부르크로 초대해 열띤 토론을 벌였으나
성찬에 대해 의견을 좁히지 못했다. 개혁가들은 모두 성경에 대한 권위를
인정했지만, 막상 성경에 대한 해석 차이를 극복할 수 없었다.
각 교파들이 점차 신학적 견해와 교리들을 절대화했고,
정치적 입장도 달라짐에 따라 개혁세력의 분열은 차츰 굳어졌다.

프로테스탄트의 출현

제국 내 루터파 문제를 판단하는 법적 근거는 1521년 보름스 제국의회 후 내려진 보름스 칙령이었다. 이 칙령에서 루터와 그 추종자들에 대한 징계가 명시되었다. 그러나 그 이후에도 독일의 상당수 제후들은 루터를 지지하거나 그에게 호의적인 태도를 보여 왔다. 제후들 개인의 종교적 신념에 따른 입장이었다기보다는 영방의 독립성을 확보하는 데 개혁세력을 지지하는 것이 유리하게 작용했기 때문이었다. 1520년대를 거치며 루터파 문제가 계속 논란이 되었지만, 영방은 물론 도시들에서 그들은 계속 확대되고 있었다. 제국 내에 루터파 지지세력이 갖고 있던 현실적 힘 때

루터파의 확산. 색상의 옅고 짙음은 루터파 영향력의 세기를 대략적으로 나타낸다.

3부 위기와 돌파 그리고 루터의 유산

문에 정치적 타협이 유지되었다. 특히 불안정한 국제 정세로 인해 황제는 개혁적인 제후들의 지원이 필요했다. 신성로마제국과 프랑스 사이에는 갈등이 심화되고 있었고, 교황청은 두 세력 사이를 기웃거리며 저울질하고 있는 상황이 지속되었다. 한편 유럽 외부에서는 투르크가 지속적으로 제국을 위협하고 있었다.[92]

　제국의 종교 지형이 변화하고 있던 1526년에 슈파이어에서 제국의회가 개최되었다. 루터파에 가담한 군주들 때문에 보름스 칙령은 현실적으로 제국 내에서 관철될 수 없었다. 지역의 종교 문제는 사실상 그 지역의 군주가 결정권을 행사하고 있었다. 그로 인해 슈파이어 제국의회에서 루터파에 대한 처벌을 각 제후들의 의사에 맡긴다고 결론지음으로써 사실상 루터 지지자들에 대한 처벌이 철회되었다. 이전에 비해 개혁 진영에 더 많은 종교의 자유가 허용된 것이다. 루터는 고무되어 "슈파이어 제국의회에서 종교개혁의 권리가 확립되었고, 종교 문제에서 제후들의 권위를 정당화해주었다"라고 피력했다. 따라서 "이 결정이 교회에 대한 영방 통치의 시작"이라는 해석은 타당하다.[93]

　이 시기에 들어 비로소 여러 영방 제후들이 종교개혁운동에 개입해 그 흐름을 통제하는 데 커다란 관심을 보였다. 백작령 헤센의 지배자 필립이 영방교회의 확립을 위해 본격적으로 행동에 나선 것도 1526년이었다. 그는 수도원을 세속화한 후 1527년 그 자산으로 관리와 목회자를 양성하기 위해 마부르크 대학Philipps-

Universität Marburg을 설립했다.[94]

이 제국의회 이후 신성로마제국은 이탈리아에서 베네치아, 피렌체, 교황령이 연대한 코냑 동맹League of Cognac에 맞서 전쟁을 벌였고, 결국 승리했다. 황제와 그의 동생 페르디난트는 상당한 자신감을 회복했으며, 페르디난트는 전쟁 승리의 여세를 몰아 제국의회에서 종교 문제를 원상회복시키려 했다.

그는 1529년 2월 슈파이어에서 개최된 제2차 제국의회를 주도했는데, 개혁세력들이 더 확대되는 것을 저지시키기 위해 제1차 슈파이어 제국의회의 인준 사항을 무효화하려 시도했다. 그 최종 결정문에는 1526년 제국의회의 결정에는 커다란 오류가 있었고, 그 이후 충격적인 신흥 교리와 이단이 성장하는 빌미가 되었으며, 그와 같은 잘못을 단절시키고 바로잡고자 한다고 언급했다.[95] 신성로마제국 및 가톨릭 다수파는 루터파 제후들이 교회의 재산을 세속화하고 성직자 신분을 폐지하는 등 자의적으로 법을 폐지하거나 위반해왔다고 판단했다. 결국 제1차 슈파이어 제국의회의 결정은 번복되었으며, 루터 지지자들을 무법자, 범죄자로 선언한 보름스 칙령을 실천하여 가톨릭을 원상회복시킨다고 선포했다.

소수파인 루터파는 제국의회에 결정의 철회를 요구하는 '공식 항의서Protestatio'를 제출했다. 이는 전통적으로 용인된 법적 수단이었다. 작센 선제후 요한, 헤센의 백작 필립, 브란덴부르크-안스

바흐 변경 백작 게오르크Markgraf von Brandenburg-Ansbach Georg, 안
할트-쾨텐의 제후 볼프강Fürst von Anhalt-Köthen Wolfgang, 브라운슈
바이크-뤼네부르크 공작 에른스트Herzog zu Braunschweig-Lüneburg
Ernst I. 등 5명의 제국 제후와 14개 제국 도시들이 그 항의서에 서
명했다. 이들은 보름스 칙령을 관철하려 들 경우 전쟁이 불가피
할 것이며, 이미 결정된 사안은 철회할 수 없다고 주장했다. 이때
항의한 루터파들을 그 후 '프로테스탄트Protestant'라고 불렀으며,
이는 후에 개신교도 전체를 가리키는 호칭이 되었다.

프로테스탄트들은 이름에 걸맞게 이미 어느 정도 고유한 정체
성을 형성하고 있었다. 이 항의로 개신교와 가톨릭 두 세력은 제
국 기본법의 맥락에서도 분리되었다. 양심의 자유와 저항권을
주장하며 다수파에 맞섰다는 점에서 이 사건은 종교개혁운동에
서 '운명의 순간Sternstunde'이라고도 표현된다.[96] 황제 카알은 루터
파의 항의를 계기로 제국의 종교 문제를 직접 해결하겠다는 의지
를 표명했고 다음해에 아우크스부르크 종교회의를 소집했다.

마부르크 회담

1520년대에 스위스와 스트라스부르 등을 중심으로 개혁세력
이 성장하고 있었으며, 개인적인 친분과 네트워크를 통해 상호간
에 느슨하게 연대하고 있었다. 제1차 슈파이어 제국의회 이후 가
톨릭 세력은 상황을 반전시켜 루터파를 억누를 기회를 엿보고

있던 차에 제국 내의 개혁세력은 성찬을 둘러싼 문제를 두고 분열 조짐을 보였다.

루터는『교회의 바벨론 포로』에서 이미 성찬에 대해 의견을 밝힌 바 있었다. 루터와 갈등을 빚은 후 칼슈타트는 루터의 신학 중에 성찬에서 그리스도의 실재적 임재를 비판하는 글을 발표했다. 그에 대해 루터는 칼슈타트의 해석은 이단적이며, 그로 인해 지옥에서 벌을 받을 것이라며 저주에 가까운 험한 말을 쏟아놓았다. 칼슈타트의 신학은 스위스 개혁가들 특히 츠빙글리에게 영향을 미쳤기 때문에, 개혁세력 지도자들 사이에 성찬 논쟁이 불화를 초래하게 된 단초를 칼슈타트에게서 찾기도 한다. 그러나 칼슈타트의 해석이 당시 개혁가들 사이에 널리 영향을 미쳤던 에라스무스의 사상에서 유래했으며, 츠빙글리가 여러 개혁가들과 사상적 교류를 통해 확신에 도달했다는 사실을 감안하면 칼슈타트에게 책임을 묻는 것은 적절하지 않다.[97]

루터가 스위스 재세례파들의 신학을 비판하는 과정에서 유아세례 등 성례에 대해 의견을 밝힌 바 있었지만, 1525년부터 본격화된 루터와 츠빙글리 사이의 성찬에 대한 치열하고 집요한 논쟁은 심각한 양상을 띠고 전개되었다. 이 논쟁은 성경에 대한 해석 그 자체뿐 아니라, 비텐베르크와 취리히 사이에 개혁주의의 리더십을 두고 진행된 측면도 있었다. 스위스로서는 남부 독일 도시들의 실질적인 도움을 확보하기 위해서도 이 교리에 대해 더 설득력 있는 입장을 내세울 필요를 느끼고 있었다.[98] 그렇지만 이런 절실함이 결국 칼슈타트 같은 개혁가를 루터로부터 떼어놓고, 독일 중북부와 스위스 및 남부 독일 복음주의 개혁가들 사이를 결정적으로 갈라놓는 요인이 되었다. 개혁세력들은 미사의 희생 제사적 의미를 제거하는 것에는 동의했으나, 성찬의 본질을 규정하는 데에는 합의를 이루지 못했다.

성찬 의식에 신자들에게 분배하는 빵과 포도주가 그리스도의 물리적인 살과 피로 변하는가, 아니면 단지 그리스도의 살과 피를 상징하는 것인가가 논쟁의 핵심이었다. 성찬에 대해서 가톨릭은 화체설化體說, transubstantiation을 공식 교리로 삼고 있었다. 그에 따르면 사제가 제단 위에 놓인 빵과 포도주에 대해 축성할 때 그것들은 실질적인 그리스도의 살과 피로 변화가 일어난다는 것이다. 루터는 화체설을 부정했지만, 성경에서 예수가 언급했듯이 빵과 포도주 안에 그리스도가 실재實在로 현존(혹은 임재)한다는 공재설共在說(또는 공체설共體說, coexistentialism/consubstantiation)을 주장했다. 반면 츠빙글리와 칼슈타트는 그와 같은 루터의 해석은 가톨릭의 입장과 별반 다르지 않다고 판단했다. 그들은 예수가 언급한 빵과 포도주는 단지 그리스도의 희생 즉 몸을 상징할 뿐이며, 성찬은 그 의미를 상징적으로 재현하는 것이라고 이해했다.[99]

1529년 제2차 슈파이어 제국의회 이후 제국 내에서 '프로테스탄트'의 입지가 더욱 좁아졌다. 하지만 광범위한 연대를 위한 근정적인 기류도 형성되었다. 개혁파의 열성적인 지도자 헤센의 백작 필립은 개혁세력의 분열을 막고 견고한 동맹을 구축하는 정치적인 목표를 이루기 위해 마부르크에 위치한 자신의 성으로 루터와 츠빙글리를 비롯한 개혁세력의 대표자들을 초대했다.

직접 만나 대화로 이 문제를 해결하는 것이 필요하다는 주장은 츠빙글리와 부처 등이 그전부터 제기하고 있었다. 백작은 개신교 세력 전체의 연대를 위한 선결 조건이 성찬 논쟁의 종결이라고 판단하여 그 모임을 추진했다. 루터는 이 회담에 적극적인 입장이 아니었다. 그렇지만 헤센의 백작이 작센 선제후를 통해 참여를 요청했기에 거절할 수 없는 상황이었다. 결국 루터는 크게 기대하지 않은 채 회담에 참석하기에 이르렀다.

그해 10월 1일부터 3일까지 회담이 열렸는데, 비텐베르크 측에서는 루터, 멜란히톤, 요나스, 오시안더Andreas Osiander, 브렌츠 Johannes Brenz, 아그리콜라, 그리고 취리히 측에서는 츠빙글리, 외콜람파디우스Johannes Oecolampadius, 부처, 헤디오Caspar Hedio 등이 참석했다.[100]

참석자들은 첨예한 갈등이 불거지는 것을 피하기 위해 상호 배려하면서 서로의 견해를 재차 확인하고 설득했다. 양측은 미리 제안된 여러 논제들 중 가장 핵심적이었던 성찬을 제외한 모든 논제들에서는 일치에 이르렀으나, 정작 성찬에 대해서는 의견을 좁히지 못했다. 루터는 외콜람파디우스와 츠빙글리에게 "이것

아우구스트 노악, 《1529년 마부르크 회담》, 1867년 작.

은 나의 몸이다"라는 의미를 성경에 근거해 증명할 것을 요구했다. 그들이 의견을 밝히자 루터는 반박하며 받아들이지 않았다. 루터는 성찬에 대한 구절을 믿음의 대상으로 생각하여 융통성을 허용하지 않은 반면, 스위스 측은 해석의 여지가 있는 부분으로 간주했다. 부처는 회담 후에 의견이 달라도 서로 그리스도의 형제로 받아들이기를 권고했지만, 루터는 이것도 거부했다. 그들은 상호 비방을 삼가기로 했지만, 실질적인 연합을 이루는 데까지 나아가지는 못했다.[101]

모든 개혁가들은 교황과 가톨릭교회라는 제도적인 권위를 부정하고, 성경에 대한 권위를 인정했다. 하지만 성경의 구체적인 주제에 대한 해석 차이는 종종 격렬한 신학적 논쟁을 낳았고 이는 분열의 구실로 작용했다. 각 분파들이 점차 교리들을 절대화하기 시작했기 때문이다. 헤센의 백작과 스위스 개혁가들의 요청이 있었지만, 루터는 마부르크 회담에서 "기본적인 신앙고백이 모두 일치하지 않으면 신앙의 형제로 받아들일 수 없다"고 했다.[102] 신학적 견해 차이, 정치적 입장과 목표 등으로 인해 개혁세력의 분열은 차츰 굳어졌다. 루터는 1520년 교황에게 보낸 서신에서 자신의 입장을 철회하기를 거부하면서 말씀 해석에 고정된 법칙을 인정하지 않을 자유를 허용해달라고 요청한 바 있다. 그러나 정작 루터 스스로는 다른 개혁가들에게 그와 같은 자유를 주지 않았다.

아우크스부르크 종교회의

1530년 황제 카알의 요청에 의해 아우크스부르크에서 제국의회가 열렸다. 이 제국의회는 실은 가톨릭을 재차 강요하기 위해 마련된 자리였다. 황제는 가톨릭과 루터파 양측에게 신앙고백의 내용을 설명할 것을 요구했다. 작센 선제후는 루터파 신학자들에게 그 작업을 지시했다. 멜란히톤과 동료 학자들은 종교적 분쟁을 피하고 독일 제후들의 지지를 얻어내기 위해 루터파가 로마교회와 크게 다르지 않다는 점을 부각시키려 했다. 한편으로 루터파 신앙이 이단들과는 다르다는 사실을 강조해야 했고, 다른 한편으로 가톨릭의 공식적인 인정을 받기 위해 분쟁의 빌미를 주지 않아야 했다. 동료들이 제국의회에 참석하기 위해 떠났지만, 루터는 여전히 선제후령 작센을 벗어날 수 없는 상태였기에 그 남쪽 경계 지역인 코부르크Coburg 성에 체류하며 전령을 통해 연락을 주고받기로 했다. 그곳에서 아우크스부르크까지는 약 250km 거리로 3~4일이 소요되는 거리였다. 루터는 제국의회가 열렸던 6개월간 이 성에 은거하면서 멜란히톤을 비롯한 동료들과 의견을 교환했다. 그는 그곳에서 부친의 사망 소식을 전해 들었으나 그곳을 떠날 수 없었다.[103]

황제는 제국의회의 개회사에서 구교와 신교의 입장을 모두 들어보겠다고 발언했다. 멜란히톤이 주도해 여러 차례 수정하고 보완한 28개항의 『아우크스부르크 신앙고백서Confessio Augustana』는 6월 25일 황제 앞에서 독일어로 발표되었다. 루터파는 교리나 의식에 성경이나 보편적인 그리스도교에 위배되는 어떤 것도 포함되어 있지 않다고 강조했다. 그 내용과 표현을 살펴보면 그 시점까지도 루터파가 가톨릭 신앙에서 떠날 생각이 없었음을 알 수 있다. 「제7항 교회에 대한 입장」은 당시 루터파의 태도를 잘 보여준다: "어느 시대를 막론하고 모든 신자들의 모임인 하나의 거룩한 교회만이 존재했으며, 거기에서는 복음이 순수하게 전파되고, 복음에 따른 거룩한 성사가 시행되었다. 따라서 그리스도 교회의 참된 통인을 위해서는 일치하여 복음을 온전하게 전하고, 성사를 하느님의 말씀에 따라 시행하는 것으로 족하다. 교회의 참된 통일성을 위해 인간에 의해 제정된 의식과 예식이 어디서나 같아야 할 필요는 없다."104

이 신앙고백에는 이신칭의와 같은 복음적 교리가 표현되었고 미사의 희생 제사적 요소, 평신도에게 포도주를 주지 않는 것, 수도원 서약, 의무적 고해 등은 거부되었다. 하지만 성경의 유일한 권위는 명시하지 않았고 교황의 지위, 만인사제설, 연옥, 면벌부 문제 등도 언급하지 않았다. 루터파는 가톨릭 측을 자극하지 않으려고 민감한 교리들을 의도적으로 생략했다. 멜란히톤이 주도한 이 신앙고백에 대해 루터도 적지 않은 불만을 지녔으나 코

1530년 6월 25일 황제 카알 5세에게 전달되는 아우크스부르크 신앙고백. 17세기 동판화.

3부 위기와 돌파 그리고 루터의 유산

부르크를 벗어날 수 없었기에 개입할 수는 없었다.[105]

이 아우크스부르크 신앙고백은 루터파 신학의 결정판으로서 후에 독일뿐 아니라 독일 밖 루터파 교회의 교리적 기준이 되었다. 한편 이 제국의회에서 루터파가 보인 타협적 태도는 스위스 개혁가들의 반발을 샀다. 그들은 루터파를 비판하면서 더욱 혁신적인 개혁을 추구함으로써 개혁세력 내의 분열이 점차 굳어지게 되었다.[106]

이 시기 멜란히톤은 심지어 교황권도 수용할 수 있을 만큼 타협적이었다는 평가를 받았다. 실현 가능성이 낮았으나, 멜란히톤은 가톨릭과 타협에 이르는 것이 가능하리라는 기대를 버리지 않았다. 그는 갈등을 기피하는 성품의 소유자였다. 하지만 그의 평화적·타협적 태도는 당시 종파들이 대립하는 상황에서 비판을 피할 수 없었다. 그럼에도 불구하고 이 제국의회에서 루터의 역할이 제한적이었기에 멜란히톤이 중심이 된 루터파가 제국 내에서 입지를 확보할 수 있음을 과시하는 계기가 되었다. 멜란히톤은 이미 1521년에 『신학총람Loci Communes Rerum Theologicarum』을 출판하여 루터의 신학을 체계적으로 정리한 바 있었다. 루터로부터 극찬을 받은 이 책은 그 후 여러 차례 보완되어 1559년 최종판이 나왔는데, 루터파의 신학과 신앙에 근간을 이루었다.[107]

가톨릭 측에서는 에크와 그의 동료들이 『논박Confutatio』을 작성해 8월 3일 발표했다. 그 발표 후 카알은 루터파에게 그들의 주장이 반박되었음을 인정하라고 요구했다. 멜란히톤은 그 상황에서 『변호Apology』라는 글을 급히 작성해 재반박하려 했지만 황제는 그것을 허용하지 않았다. 결국 황제는 자신이 견지하고 있던 종교적 입장을 그 제국의회에서 노골적으로 드러냈다. 그는 루터파의 신앙고백을 거부하고 종파 간 협상이 결렬되었다고 선언했다. 그리고 프로테스탄트에게 1531년 4월 15일까지 6개월의 시한을 주고 옛 신앙으로 복귀하라고 명령했다. 제국에 종교전쟁의 그림자가 어른거리기 시작한 것이다.[108]

종교적 불관용과 종교전쟁

유럽의 종교전쟁은 종교개혁의 직접적인 결과였다. 신성로마제국 내에서 무력을 동원해서라도 종교적 자유를 찾고자 하는 움직임은 스위스 지역에서 가장 먼저 발생했다. 취리히가 이끄는 프로테스탄트 칸톤Canton 연합은 1529년에서 1531년 사이 가톨릭 칸톤 연합과 전쟁을 벌였다. 이 전쟁 중 종교개혁가 츠빙글리가 카펠 전투에서 목숨을 잃었고, 성인 남성 중 약 4분의 1이 사망하는 큰 희생을 치렀다. 그 후 체결된 평화조약을 통해 개별 칸톤이 종교를 선택할 수 있는 권리가 보장되었다. 이는 영주가 그 지역의 종교를 결정하는 원리가 발현된 최초의 사례로서 1555년 아우크스부르크 평화조약에서 재확인되었다.[109]

1530년 아우크스부르크 제국의회의 결과도 임박한 종교전쟁을 예고하고 있었다. 프로테스탄트 세력은 1531년 슈말칼덴 Schmalkalden에서 방어 동맹을 결성해 전쟁에 대비했다. 이 동맹을 주도한 것은 헤센의 백작 필립과 작센의 선제후 요한이었는데, 가입하는 세력이 점차 늘어나 강력한 힘을 보유하게 되었다. 이 동맹의 존속은 종교개혁의 지지 기반으로 작동했다.[110] 루터는 1531년 초에 출판된 글 『친애하는 독일인들에게 고하는 마르틴 루터의 경고』에서 무장 저항을 금했던 이전의 입장에서 선회해 복음을 보전하기 위한 전쟁의 정당성을 옹호했다. 그는 방어 전쟁에 협력하지 않으면 그동안 이룩했던 종교개혁의 성과를 모두 상실하게 될 것이라고 경고하며 적극적인 동참을 호소했다.[111]

루터파 제후와 도시들로 구성된 슈말칼덴 동맹은 제국의 종교적 통일을 포기하지 않으려던 황제 군과 종교전쟁을 치렀다. 황제의 적이었던 프랑스가 동맹에 가입하고, 오스만 투르크가 동맹을 지지한 사실이 시사하듯이, 이 동맹은 순수한 프로테스탄트 세력의 결집체가 아니었다. 그리고 종교전쟁은 그 이름과 달리 종교의 자유만을 목적으로 수행되지도 않았다.

슈말칼덴 동맹이 지도력 결핍과 분열로 어려움을 자초하면서 결국 1547년에 전쟁은 제국 군대의 승리로 끝이 났고, 패배한 개신교 세력은 큰 대가를 치러야 했다. 특히 동맹군 지도자 작센의 선제후 요한 프리드리히는 황제 카알에게 영지의 많은 부분을 빼앗겼을 뿐 아니라 포로로 잡혔으며, 선제후 지위도 작센 공작 모리츠에게 넘겨줘야 했다. 루터가 사망한 직후 이루어진 이런 정치 지형의 변화는 루터파에게 암울한 미래를 예고했으며, 적지 않은 도시들은 곧 가톨릭으로의 복귀를 선언했다.[112]

그러나 황제 군이 동맹세력을 압도할 수 없었기 때문에 전쟁 당사자들은 아우크스부르크에서 결국 타협에 이르렀다. 이는 가톨릭으로 제국을 통일하려던 황제 정책이 결국 실패했음을 의미했다. 1555년에 체결된 아우크스부르크 평화조약에서 루터파 문제는 비로소 해결책을 찾았다. 제국 내 군주들에게는 가톨릭과 루터파 중 선택할 수 있는 권리가 부여되었다. 결국 제국의 종교적 통일은 깨졌고, 가톨릭과 루터파로 분열되었다. 여기에서 아우크스부르크 신앙고백이 인정되어 루터파는 독일 내에서 가톨릭과 동등한 권리를 인정받았다. 칼뱅파 등 다른 개혁세력은 아직 인정되지 않았지만, 루터파는 제국 내 종교 갈등을 해결하는 데에 관심을 보이지 않았다. 이 조약의 가장 본질적인 문제는 제후들에게만 종교의 자유가 허용되었다는 사실이다. 신민들은 아직 종교 선택의 자유를 누릴 수 없었다. 그리고 그들의 군주가 종교를 바꾸기라도 하면, 신민은 그것을 받아들이든지 아니면 그 영토를 떠나야 했다.[113]

이 평화조약은 결국 개신교 지역 내에서도 종교의식 및 신조를 절대화하는 계기가 되었다. 결국 종교의 자유를 추구하던 종교개혁은 오래지 않아 새로운 형태의 불관용과 동일시되었다. 더

욱이 권위주의적인 영방교회 및 국가교회가 성립되자 제후 혹은 국가가 정통 신조를 규정했고 일반 신도들의 종교는 엄격히 통제되었다. 종교가 통치자와 세속 정치로부터 전혀 자유롭지 못한 상황이 되었다. 17세기 중엽에 이르기까지 종교 문제는 유럽에서 정치적 갈등과 전쟁의 주요인이었다. 종교적 관용은 오랜 기간에 걸쳐 참혹한 종교전쟁을 치르고 나서야 그 학습효과로 서서히 자리를 잡게 되었다.

05

마지막 전투, 유대인 문제

루터의 저작 『유대인과 그들의 거짓말에 대하여』는 나치 시대 반유대주의적
이데올로기와 인종주의적 선전에 활용될 정도로 폭력적이기에
루터를 '반유대주의의 아버지'로 만들었다.
그는 평생 반유대주의로 일관했으며, 인생의 마지막 순간까지
유대인에 대한 증오와 편견에서 벗어나지 못했다.
루터에게 유대인은 그리스도교 세계를 파괴하는 악마의 세속
대리인이었고, 최종적으로 하느님에 의해 거부된 자들이었다. 유대인에
대한 그의 인식이 16세기 전반 유럽인의 사고에서 크게 벗어나 있던 것은
아닐지라도, 그 위대한 개혁가가 왜 반유대주의적 사고에서 벗어날 수
없었는지 깊이 생각해볼 문제이다.

3부 위기와 돌파 그리고 루터의 유산

노년의 풍경들

종교개혁이 시작된 이래 루터는 대부분의 시간을 비텐베르크에서 설교자·목회자·작가로 매우 분주한 생활을 이어갔다. 이는 한편으로 그가 선제후령 작센을 벗어날 수 없어 1530년대 이후 멜란히톤이 대외적인 일들을 떠맡게 된 것과도 관련이 있다. 루터는 통상 일주일에 네 차례 설교했고, 대학에서 강의도 거르지 않았으며, 그의 의견을 듣고자 하는 사람들이 있으면 시간을 내서 개별적으로 만났다. 일부에서 지적하는 폭음은 대체로 루터가 사람들과 함께 어울리는 것을 즐겼기 때문에 듣게 된 정적들의 왜곡된 비방이었다. 그는 도덕적으로 흠이 될 만한 일을 거의 만들지 않았다. 외부로 여행해야 할 일도 종종 있었는데, 상황과 건강이 허락하면 마다하지 않았다. 지나치게 많은 일을 했기에 과로와 싸우는 것은 그의 일상이었다. 40세 이후에는 결석, 불면증, 두통, 치통, 신경통, 이명, 치질, 우울증 등 온갖 종류의 질병들로 인해 고통을 겪었다. 루터는 통증이 심해지거나 신경이 쇠약해지면 자제력을 잃는 경우도 적지 않았는데, 종종 음주가 도움이 되었다. 몸이 불편해도 그의 일은 줄지 않았다. 그는 끊임없이 일을 벌이는 사람이었기 때문이다.[114]

16세기 전반에 비텐베르크에는 대략 10년 주기로 흑사병이 반복되었다. 1516년, 1527년, 1535년, 1538년, 1539년 등 역병이 발병할 때마다 사망자가 속출했고 심지어 동료 교수 중에 목

병약한 모습으로 설교단에 선 노년의 루터.
요한 라이펜슈타인의 스케치이다.

숨을 잃는 사람도 생겼다. 특히 1527년과 1535년에는 극심한 흑사병이 돌아 급기야 대학을 예나로 임시 이전시키기로 결정하기까지 했다. 멜란히톤을 비롯한 대부분의 동료들이 도시를 떠났을 때에도 루터는 부겐하겐, 그리고 가족들과 함께 교회를 지키며 떠날 수 없는 사람들과 환자들을 간호하며 위로했다. 그는 "사랑의 빚을 진 사람들은 감염을 두려워해서는 안 된다. 그리스도인은 각자가 자기 이웃의 죽음에 책임을 져야 하기 때문이다"라고 말했다.[115] 이런 점에서 루터는 자기희생적인 모본을 보여주었다.

루터가 1516년 이후 30년간 집필한 책은 350종 127권에 이른다. 루터는 유사한 사례를 찾아보기 어려울 정도로 세기의 베스트셀러들을 남긴 작가였다. 하지만 그의 책을 출판해 부자가 된 한스 루프트Hans Lufft처럼 그 수입을 취해 부자가 되려는 생각을 하지 않았다. 그의 삶의 동기가 신앙과 이웃에 대한 사랑이었기 때문이다.

"만약 나의 수고와 고통이 사랑에서 우러나온 것이 아니고, 나를 위해 죽으신 분을 위한 것이 아니라면, 세상은 내게 책 한 권이라도 집필할 만한 혹은 성경을 번역할 만한 돈을 지불할 수 없었을 것입니다. 나는 내가 쓴 책들에 대해서 세상으로부터 보상과 대가를 받고 싶은 마음이 없습니다. 세상은 내게 만족을 주기에 너무 빈약하고 가난합니다. 내가 이곳에 온 이래로 나의 주군인 작센의 선제후에게 손을 내밀어본 적이 없는 것도 그 이유 때문입니다…."[116]

루터는 노년에도 권력자들과 가까웠다. 개혁교회를 바르게 이끌어가는 데 그들의 역할이 중요하다는 판단 때문이었다. 그는 통치자들이 복음에 따라 생활하며 책임을 다할 수 있도록 조언했다. 그렇지만 사생활이 단정하지 않았던 헤센의 백작 필립의 중혼 문제는 대표적인 실패 사례였다. 루터는 필립에게 실질적인 고해 신부 역할을 하며 조언을 했지만, 필립은 자신의 혼외정사에 대해 루터에게 솔직하게 털어놓지 않았고, 재혼 문제가 해결되지 않으면 개혁세력에서 이탈하겠다고 협박하여 원하는 것을 얻으려고만 했다. 루터는 멜란히톤과 더불어 모호한 조언으로 결국 제국의 법에서 금하고 있던 중혼을 허락했다. 루터가 재가했다는 사실을 비밀에 붙여달라고 했던 것까지 알려지게 되어 그의 명성에 커다란 손상을 입혔다.[117]

한편 루터와 작센 선제후 요한 프리드리히와의 관계는 별 어려움이 없이 지속되었다. 루터는 토르가우 성이든 비텐베르크이든

가리지 않고 그와 자주 만나 의견을 나눌 수 있었다. 두 사람은 통치자와 개혁가로서 상대방의 입장을 서로 존중했다. 그러면서도 루터는 목회자이자 개혁가로서의 역할에 충실했다. 루터는 토르가우의 성에서 선제후가 사람들에게 만취하도록 장려했던 사건을 알게 된 후, 설교에서 그 일을 공개적으로 비판한 적도 있었다.[118] 종종 그의 설교에는 귀족이 불편할 만한 권고들도 등장한다. 1537년의 한 설교에서는 다음과 같이 권면했다.

"여러분들이 귀족이면, 그로 인해 자부심을 갖기보다 농민들을 괴롭히지 말고, 그들을 개처럼 취급하지 않도록 주의하십시오. 여러분들이 귀족이기 때문에 하느님 앞에서 설교자, 시민, 농부보다 더 나을 것이라고 생각하지 마십시오. 하느님이 당신들을 귀족으로 삼은 것은 선을 베풀기 위함이지 거만하게 행동하라는 것이 아니었습니다."[119]

마지막 여행

루터의 생애 마지막 사역은 만스펠트 백작들 사이의 상속 분쟁을 조정해 화해시키는 일이었다. 만스펠트에는 당시 루터의 형제자매들이 생활하고 있었다. 그는 개혁신앙을 받아들인 만스펠트 백작 알브레히트와도 친분이 있었다. 이 지역은 광산업이 번영하고 있었고, 백작의 부는 광산 임대업과 관련이 있었다. 그는 부를 늘리려는 의욕이 앞서 그의 신민들은 물론 그의 동생 게르

하르트Gerhard와도 갈등을 빚고 있었다. 형은 부채가 많은 동생의 재산을 차지하려 부채의 청산을 강요해 갈등이 발생했다. 또 백작령 내에 있는 아이슬레벤의 목회자 충원을 두고도 분쟁이 있었다. 루터는 백작가의 유산 문제와 교회 문제를 중재하기 위해 1546년 1월 28일 자신의 출생지이기도 한 아이슬레벤으로 여행했다. 그는 두 백작 가문은 물론 또 다른 이해당사자들에게도 수차례 연락하고 설득하며 이 문제의 해결을 위해 노력했다. 어렵게 갈등은 해결했으나 과체중의 노인이 추운 겨울철에 무리한 일정을 감행한 탓에 2월 17일 저녁 결국 심장마비로 쓰려졌고, 다음날인 18일 목요일 새벽 3시경 사망했다. 그의 사망 장소는 출생지에서 불과 400m 정도 떨어진 곳이었다.

그런데 노년의 개혁가가 병약한 몸을 이끌고 이 도시를 방문하려 했던 숨겨진, 루터로서는 절박했던 목적이 있었다. 이는 당시그가 부인 카타리나와 주고받은 서신에서 밝혀졌는데, 만스펠트백작령에 머물고 있던 몇십 명의 유대인을 추방시키는 문제를 최종적으로 관철하기 위해서였다.[120] 본래 그 유대인들은 막데부르크에서 살고 있었는데, 미망인이 된 만스펠트 여백작 도로테아Dorothea가 보호를 약속해 새로운 도피처를 찾아 이동한 터였다. 아이슬레벤은 루터가 관련을 맺고 있던 지역들 가운데 유일하게 아직 유대인이 무리를 이루어 살고 있던 곳이었다. 루터는 통치권을 갖고 있던 백작 일브레히트에게 속히 그들을 추방하도록 요청하려 방문했던 것이다. 결국 루터의 요청을 받아들여 백작은 1547년에 그들을 추방했다. 루터는 사후에 마지막 여행의 목적을 이루었다.[121]

이 일이 그의 마음에 짐으로 남아 있었기 때문에 루터는 사망 3일 전에 성 안드레아스 교회에서 행한 마지막 설교에서도 유대인의 종교와 다른 그리스도교 신앙의 독특함에 대해 설교했다. 그는 유대인들이 마리아는 창녀이고 예수는 사생아라고 말하며 그리스도를 모독한다고 주장하면서 그들을 '그리스도인의 적'이라고 재차 공언했다. 그들은 할 수만 있다면 기꺼이 그리스도인 모두를 살해할 것이라고도 했다. 루터는 한편으로 모두가 유대인들에 대해 그리스도의 사랑을 실천하고 그들의 개종을 위해 기도해야 한다고 했지만, 다른 한편으로 개종을 거부하는 자들을 관용하거나 인내해서는 안 된다며 추방에 대한 의지를 피력했다.[122] 루터는 인생의 마지막 순간까지 유대인에 대한 증오와 편견에서 벗어나지 못했다.

반유대주의

루터의 저작들 가운데 후대인의 입장에서 가장 당혹스러운 글은 단연 루터가 사망하기 3년 전에 집필한 『유대인과 그들의 거짓말에 대하여』이다.[123] 히틀러 시대 이전만 해도 거의 잊혀져 있던 이 글은 매우 노골적이고 폭력적이어서 독일 제3제국 시대에

반유대주의적 이데올로기와 인종주의적 선전에 활용되면서 재차 부각되었다.[124]

『유대인과 그들의 거짓말에 대하여』 소책자 표지(1543년).

루터는 유대인들이 메시아 사상에 경도되어 구약성경을 고유한 방식으로 해석한다는 사실을 모르지 않았다. 하지만 그는 유대인의 성서 해석을 반박하고, 그들이 그와 같은 해석이 옳지 않다는 사실을 알고 있으나 핑계를 찾고 있다고 판단했다. 루터는 이 글에서 "유대인이 하느님의 아들과 그리스도인들에 대해 거짓과 저주와 신성모독을 일삼는 것을 용납해서는 안 된다"며 유대인의 신성모독 행위와 악행들을 지적하고, 그를 막기 위한 여섯 가지 실천 방안을 제안했다.

"첫째, 모든 유대교 회당과 학교를 폐쇄하고 사람들에게 그것을 배척하도록 경고해야 한다. … 둘째, 어느 유대인도 집을 소유할 수 없도록 파괴해야 한다. … 셋째, 그들의 모든 기도서와 탈무드를 빼앗아야 한다. … 넷째, 유대교 랍비들이 가르치는 것을 금해야 한다. … 다섯째, 유대인들에 대한 통행의 보호를 철회해야 한다. … 여섯째, 유대인의 대부업을 금해야 하며, 모든 금은과 현물을 빼앗아야 한다. …"

이 글은 루터가 한 진술이라고 믿기 어려울 정도로 폭력적이며 무자비하다. 루터는 유대인들이 생존을 위해 겨우 확보한 최소한의 보호 조치나 편익마저 박탈해야 한다며 제후와 관리들에게 극단적인 조치들을 요구했다. 그는 "그리스도인은 마귀 외에 유대인보다 더 독하고 극렬한 적을 갖고 있지 않다"며 유대인을 그리스도교 세계를 파괴하는 악으로 확신했다.[125]

추앙받는 종교개혁가에게 어울리지 않을 법한 반유대주의적 주장을 다루는 일은 여간 조심스럽지 않다. 그런 이유로 인해 루터를 다루는 많은 책에서 이 주제는 종종 생략된다. 물론 역사적 혹은 신학적으로 루터를 변호하려는 시도들도 있었다. 예컨대 로제Bernhard Lohse는 위와 같은 주장들은 루터의 독창적인 생각이 아니라, 오래 전에 여러 사람들이나 교회가 했던 주장을 그가 단순히 반복한 것에 불과하다며 두둔했다. 그리고 당시에 이교도들이 당했던 처형에 비하면 오히려 나은 편이라고도 덧붙였다.[126] 최근 교과서적인 루터 전기를 써서 호평을 얻은 셀더하위스Herman Selderhuis도 유대인 문제를 서술하는 부분에서는 균형을 잃었다.[127] 아무튼 루터의 유대인에 대한 주장이나 태도가 당대 프로테스탄트의 입장을 대변하는 것은 아닐지라도 납득하기 어려운 문제임은 틀림없다.

루터 시대에 유대인은 보호나 도움을 구할 곳이 없던 약자였으며, 파편화된 소수 집단이었기에 사회에 위협이 되는 존재가 아니었다. 그들은 이미 유럽 주요 국가들에서 여러 차례에 걸쳐 추방되었고, 독일에서도 15세기 말과 16세기 초 사이 적잖은 도시나 지역에서 추방령이 집행되었다. 유대인이 남아있던 지역은 국왕이나 제후의 특수한 보호 하에 있던 일부로 제한되었다. 그럼에도 불구하고 루터는 『유대인과 그들의 거짓말』에서 유대인의 전면적이고 예외 없는 추방을 다시 주장했다. 유대인이 해코지할 것을 두려워했다기보다는 그들의 종교적 태도를 용납할 수 없었기 때문이었을 것이다. 루터는 그들의 신성모독적 행위를 근거로 유대인의 종교와 교육, 나아가 존재까지 송두리째 부정하는 데까지 이르렀다.[128]

『유대인과 그들의 거짓말에 대하여』를 읽은 후 유럽 내 유대인 사회의 대변인 역할을 하던 랍비 로스하임의 요셸Josel of Rosheim(1478~1554년)은 "이전에 그 어떤 학자도 유대인에 대해 그와 같이 무도하고 난폭한 행위를 옹호한 적은 없다"고 했다. 그는 스트라스부르 시장에게 그 소책자의 유통을 금지시켜달라고 청원했다. 시참사회는 루터의 글이 폭력을 불러일으킬 소지가 있다며 그 청원을 받아들였다. 그들은 또 유대인에게 적대적인 설교도 허용하지 않았다.[129] 그렇지만 일부 지역에서는 루터의 제안이 선별적으로 시행되었다. 선제후령 작센을 비롯한 몇몇 지역에서는 유대인에 대한 안전 조치들이 폐지되었으며, 헤센의 필립은 유대인에게 대부업을 금했고 설교를 듣는 것조차도 허용하지 않았다.

반면 대부분의 통치자들은 유대인들이 그들의 통치 지역에서 담당하고 있던 요긴한 역할 때문에 제재에 동참하지 않았다.[130]

1543년에 루터는 유대인에 대한 글을 두 편이나 더 발표했다. 『그리스도의 함부로 입에 올릴 수 없는 이름과 탄생에 대해』와 『다윗의 마지막 말들』이 그것이다. 『그리스도의 함부로 입에 올릴 수 없는 이름과 탄생에 대해』는 '돼지 젖을 빠는 유대인 Judensau' 이미지와 관련된 내용이 포함되어 있다. 거기서 루터는 유대인을 대적하는 지혜롭고 존경받던 사람들이 그 조각을 만들었다며, "유대인들은 돼지 항문에서 '함부로 입에 올릴 수 없는 이름'을 읽는다"고 했다. 루터는 악마가 자신들에게 종속된 유대

비텐베르크 시 교회의 돼지 젖을 빠는 유대인 조각상. 루터 생존 당시 비텐베르크 시 교회에 있던 이 조각은 유대인을 돼지에 비유하며 비하하는 의미를 지녔다. 독일 내 다른 도시의 교회 건물에도 새겨져 있었는데, 유대인들이 그곳에 출입하지 못하도록 경계하는 효과가 있었다.

3부 위기와 돌파 그리고 루터의 유산

인들을 이용해 그리스도의 이름을 모독했다고 설명했다. 이와 같은 돼지 젖을 빠는 유대인 조각에 대한 루터의 해석은 당대는 물론 후대에 이르기까지 권위 있게 수용되었다.[131] 『다윗의 마지막 말들』을 비롯한 여러 편의 글과 설교에서도 루터는 이러한 관점을 표출했다. 그는 유대인들이 독일인에게 무거운 부담이자 불행을 초래하는 요인이라고 생각했다.[132]

유대인에 대한 편견과 혐오

루터는 한때 '유대인의 친구'라고도 불렸다.[133] 그렇기에 1543년에 발표한 소책자는 그리스도교를 받아들이지 않던 유대인에 대한 분노와 실망의 절정이며, 단지 루터가 범한 우발적인 실수라고 보려는 시각도 있다. 그의 노년과 나빠진 건강이 원인이었다는 것이다. 그러나 루터가 평생 유대인에 대해 진술했던 내용들을 추적해보면 그와 같은 주장은 설득력이 떨어진다.[134] 유대인에 대한 루터의 시각이 1530년대 중반 무렵 바뀌었다는 견해도 있지만 그의 반유대주의적 태도는 평생 큰 변화 없이 일관되었음이 분명하다. 그는 1513년에서 1515년 사이에 쓴 『시편 강의』에서도 유대인이 그리스도를 거부했기에 끊임없이 하느님의 분노로 인해 고통을 당하며, 그들을 개종하려는 노력은 헛되다고 강조했다.[135] 또 1515~1516년에 작성한 『로마서 강해』에서도 그는 유대인들이 그리스도를 모독하는 자들이었고, 그들의 성경 해석은 거짓이며,

관용될 수 없다고 진술했다.[136] 이런 흔적들은 루터가 당대의 유대인에 대한 일반적 편견에서 벗어나지 못했음을 보여준다.

이런 맥락에서 볼 때 『예수는 유대인으로 태어났다』는 오히려 예외적인 성격의 글이었다.[137] 아마도 루터가 이 시기에 유대인에게 복음을 전해야겠다고 새로운 마음을 먹으면서 태도가 바뀌었다고 보아야 할 것이다. 그는 여기서 그동안 사람들이 유대인들을 마치 개처럼 취급했다는 점을 비판하고, 유대인에게 사랑과 친절을 베풀고 주의 깊게 성경을 가르치면 대부분 진정한 그리스도인이 될 것이라며 관용을 요청했다. 종교개혁으로 인해 유대인들이 성경을 바르게 이해할 수 있는 기회가 주어졌으며, 새로운 신앙적 가르침에 대해서는 긍정적으로 생각할 것이라고 기대했다. 또 그들에게 시민에게 걸맞은 직업을 허용해야 대금업을 하지 않게 될 것이라고도 덧붙였다. 이 글에서 보인 루터의 전향적이며 개방적인 태도는 당대 여러 개혁가들에게 지지를 받았다.[138]

그렇지만 루터는 적지 않은 시간이 경과해도 유대인들이 막상 아무런 변화가 없자 크게 실망했다. 게다가 그는 몇몇 유대인들이 그리스도인을 유대교로 개종시키려 시도했던 소식들을 접하게 되었다. 1530년대 후반에 이르면 루터의 유대인에 대한 태도가 다시 강경해졌으며, 반유대주의적 발언도 잦아졌다.

이는 유대인 랍비 로스하임의 요셀과의 관계에서도 드러난다. 1536년 8월 작센 선제후 요한 프리드리히가 유대인들에게 선제후령에서의 체류와 노동을 금지하는 칙령을 반포하자 요셀은 루터에게 작센 선제후가 자신과 다른 몇몇 유대인들에게 그 영토를 지날 때 안전한 출입과 통행을 보장해줄 수 있는지 문의하는 서신을 보냈다. 그에 대한 루터의 답변은 불친절하고 부정적이었다: "왜 그 많은 그리스도인들을 미신에 물들게 하고, 몸과 재산을 상하게 한 불한당들에게 그것을 허용해야 합니까?"[139] 루터는 요셀에게 과거 자신이 유대인을 위해 중재도 시도했지만 유대인들은 친절을 악용만 할 뿐 그리스도에게 돌아가지 않았으며, 그리스도인들이 관용할 수 없는 일들을 자행한다고 했다. 루터는 이 시기에 유대인들을 단순히 종교개혁의 장애물로 간주했으며 작센의 통치자들이 그들을 다른 지역으로 추방하기를 바랐다. 그들에 대한 루터의 분노와 증오가 차츰 노골화하고 있었다.[140]

악마의 세속 대리인

많은 사람들이 지적했듯이, 루터의 유대인에 대한 인식이 16세기 전반 유럽인의 사고에서 예외적이었다고 보기는 어렵다. 당시에는 독일인이나 스페인인이나, 루터 추종자나 가톨릭교도나 유대인에 대한 태도에 있어서만은 별 차이가 없었다. 심지어 인문주의자들도 마찬가지였다. '평화주의자' 에라스무스도 뿌리 깊은 반유대주의자로서 유럽에서 유대인들이 모두 사라지기를 희망했나.[141] 그렇지만 당대에도 요나스와 오시안더같이 열린 태도로 유

대인을 대했던 개혁가들이 있었다. 이들은 적그리스도와의 싸움에 유대인들을 관련시키지 않았다.[142]

루터가 최소한 1523년의 글에서 보여준 상대적으로 개방된 태도를 유지할 수 없었던 이유는 무엇인가? 루터의 유대인에 대한 태도는 종교개혁의 성패에 직접적인 영향을 미친 사안은 아니다. 하지만 그가 왜 반유대주의적 사고에서 벗어날 수 없었으며, 더 개방적이거나 전향적인 사고를 할 수 없었는지 성찰이 필요하다.

이 질문에 대해 오랫동안 신학적인 설명을 찾아왔으며 일부는 현재도 찾고 있지만, 어떤 방식으로든 루터를 구출하는 데 성공하기는 어려울 것으로 보인다. 아니, 오히려 그런 시도들은 루터 신학의 한계를 인정하는 결과를 초래할 것이다.[143] 루터와 동료 개혁가들이 한때 히브리 전문가 로이힐린과 교류를 한다는 이유로 가톨릭으로부터 유대주의자의 영향을 받는다고 비난을 받았는데, 그것을 의식했다는 지적도 있다. 루터는 안식일 엄수주의자들도 종종 유대인에 포함시켜 다루었다. 이런 점에서 루터를 옹호하는 학자들은 유대인에 적대적인 루터의 본질은 인종적이기보다는 신학적이었다고 주장한다. 이를 인정할지라도 그의 잘못된 선동과 비판이 그를 '반유대주의의 아버지'로 만들었으며, 그가 개혁가의 권위를 이용하여 유대인에 대한 증오를 왜곡하고 은폐했다는 사실 자체가 부정되는 것은 아니다.[144]

루터가 유대인을 비판하고 공격했던 이유는 종교적 측면에만

한정되지 않았다. 그들이 대금업을 통해 독일인으로부터 돈을 착취했고 심지어 가난한 사람들에게까지도 인정을 베풀지 않았던 사실도 감안되었다. 그리고 루터의 고발은 당대의 민중들뿐 아니라, 통치자들로부터도 지지를 받았다. 유대인의 부가 그들을 보호하는 황제나 가톨릭 제후들에게 흘러들어가 결국 복음을 보호하는 독일 제후들에게 계속 맞서는 기반이 되고 있다는 점도 루터가 그들을 배척했던 중요한 요인이었다.[145]

루터의 유대인에 대한 사고가 유대교와 구약성경의 해석을 매개로 일어났다는 사실은 주목할 필요가 있다. 루터는 구약성경을 신약성경에 기반해 해석한 반면, 유대인들은 전통적인 메시아 사상에 따라 구약성경을 매우 배타적으로 인용하고 해석했다. 루터는 성경을 통해 가톨릭과의 싸움에서 이겼다고 자부해왔다. 그러나 그는 유대인들이 동일한 성경을 사용하면서도 전혀 다른 결론에 이르고 있다는 사실을 이해하거나 용납할 수 없었다. 루터는 그들도 잘못을 알지만 진리를 인정하지 않고 거짓을 말하고 있다고 결론을 내린 것이다.

말년의 루터가 유대인의 위험을 과장하고 왜곡한 이면에는 임박한 종말에 대한 관념도 큰 영향을 미쳤다. 그는 자신이 살아 있는 동안이나 늦어도 그 다음 세대에는 종말이 올 것이라고 예측했다. 세상이 점점 나빠지고 프로테스탄트 교회가 여러 위협을 받고 있는 것도 그와 관련시켰다. 가톨릭교회의 정점에 있는 교

황이 적그리스도임이 밝혀졌고, 세상은 전쟁의 불행에서 벗어나
지 못하고 있으며, 이슬람교도인 투르크가 그리스도교 세계를 점
점 거세게 위협하고 있는 상황은 모두 종말의 징조들이었다. 그
는 특히 교회를 공격하는 교황주의자, 열광주의자, 투르크인, 유
대인 등을 악마의 종으로 지목했고, 종말을 맞는 신자들은 최
선을 다해 그 적들을 물리치고 교회를 방어해야 한다고 생각했
다.146 루터에게 유대인은 악마의 세속 대리인이었고, "최종적으
로 하느님에 의해 거부된 자들"이었다.147

루터 개인의 사례에서 볼 수 있듯이 프로테스탄트 신학이나
종교개혁 운동은 유대인에 대한 당대 사회의 편견과 인식을 전
혀 바꾸어 놓지 못했다. 루터는 권력자들이 착취의 대상으로 대
했던 농민과 유대인이라는 사회적 약자들을 거리를 두고 지켜봤
을 뿐이었다. 루터는 더 이상 기댈 곳이 없던 유대인들의 삶의 기
반을 박탈하고 추방하려 했고, 봉건적 착취와 사회적 모순의 개
선을 기대했던 농민들을 폭도로 간주해 때려죽이라고 촉구했다.
이러한 루터의 태도가 종교개혁의 현실적인 성공을 위한 전략이
었을지는 모르겠지만, 그리스도교의 정신에 부합한다고 인정하
기는 어렵다. 루터는 평생 종교개혁이라는 과제를 완수하기 위해
최선을 다했지만, 그가 모든 면에서 완벽하고 균형 잡힌 판단을
했던 것은 아니었다. 루터는 약점도 많았고, 특히 노년에 가까울
수록 절제하지 못하는 모습이 표출되었다.

아이슬레벤의 루터 사망 장소(위)와 루터가 매장된 비텐베르크 성 교회(아래).

루터는 어디에서
길을 잃었는가

수도사 마르틴 루터는 시대의 요청에 의해 종교개혁의 전사로 호출되었다. 그는 누구보다 치열하게 교회의 개혁을 위해 싸우며 교회의 기초를 새롭게 했다. 그는 신앙의 진정한 토대는 복음과 성경이 되어야 함을 천명했고, 독일어로 성경을 번역해 시장에서 일하는 수공업자나 아낙네조차 하느님의 말씀을 통해 신앙의 본질에 다가갈 수 있도록 길을 열었다. 루터는 종교개혁이 실질적인 성공을 거둘 수 있도록 전력을 다했던 개혁가였다.

하지만 그가 남긴 유산들 중에는 부정적인 요소들도 존재한다는 점을 간과해서는 안 된다. 그의 신학에만 관심을 둘 경우 루터 개인의 삶과 사역에 대한 균형 있는 이해가 어려울 뿐 아니라, 종교개혁이라는 거대한 사건의 외연을 파악할 수 없다. 종교개혁은 본래 개혁신앙을 가진 무리들이 새로운 종파로 인정받는 것을 최종 목표로 삼고 추진했던 운동이 아니었다.

루터에 대한 비판은 보름스 제국의회 이후에 본격화된다. 그가 바르트부르크 성에 은거해 있는 동안 개혁운동은 예기치 않은 위기에 직면했다. 그 상황을 극복하는 과정에서 루터는 개혁의 동지들과 갈등이 불거졌고, 점차 현실과 타협해 실용적인 성과를 얻었다. 종교개혁의 당면한 과제이자 시대정신은 세속 권력에 대해서 종교의 자유를 확보하는 일이었으나 그는 세속제후의 품에 안기는 선택을 했다. 그로 인해 종교개혁운동이 갖고 있던 다양한 잠재력과 개혁의 가능성은 제한되어 버렸다.

루터가 1524년에 수도사복을 벗어버리고 작센 선제후 프리드리히가 선물한 옷을 입게 된 일화는 독일 종교개혁의 방향 및 성격의 변화를 상징한다. 선제후의 개입은 한편으로 종교개혁의 진전을 가능케 했지만, 제후의 이해관계를 벗어나거나 그와 충돌하는 목표를 지향할 수 없도록 했기에 그리스도교 공동체의 의사와 원리에 충실한 교회의 출현을 방해했다. 루터는 공동체가 중심이 되는 종교개혁을 배반했으며, 종교개혁운동이 보편적인 그리스도교 세계에 더욱 확대되는 데 더 이상 기여할 수 없었다.

루터의 개혁사상은 신학적 측면과 윤리적·사회적 측면이라는 이중성을 지니고 있었다. 루터 스스로는 종교 내적인 측면에 방점을 두고 개혁을 구상했지만, 민중들은 윤리적·사회적 측면 때문에 그를 환호하고 지지했다. 루터가 부패한 가톨릭교회에 저항하며 개혁의 기치를 높이자 그 주변으로 칼슈타트, 뮌처, 스위스 개혁파, 재세례파 등 다양한 개혁세력들이 모여들었다. 그러나 루터는 진리 혹은 그것의 해석에 대한 배타적 태도로 인해 생각이 다른 사람들을 폭넓게 수용하지 못했다. 루터가 비텐베르크로 귀환한 이후 칼슈타트와 벌인 갈등에서 그의 지도력의 일단을 엿볼 수 있다. 칼슈타트가 개혁 방안들을 급격하게 관철해 작센 선제후의 반발이 확실해지자 루터는 갈등의 빌미를 제공한 동지를 배제시키는 방향으로 영향력을 행사해 리더십의 위기를 자초했다.

루터는 교황의 성경 해석의 독점권을 비판했으며, 성경을 번역해 성서 해석의 민주화를 위한 길을 열었다. 마부르크 회담에서 볼 수 있듯이 루터는 성서 문자주의에 가까운 방식으로 성찬의 의미를 해석했고, 그와 의견이 다른 개혁가들의 견해를 수용할 수 있는 여지를 허용하지 않았다. 그는 진리를 판정하는 권한이 마치 자신에게 주어져 있는 듯한 독선적인 태도로 일관했다. 개혁세력은 성경을 신앙의 유일한 권위로 삼는 데에는 동의했으나, 성경의 해석을 두고 이견이 발생하자 그 차이를 좁힐 방안을 마련하지 못했다.

당시 루터가 차지하고 있던 강력한 지도력과 카리스마 때문에 그에게는 개혁세력을 아우르는 리더십이 요구되었다. 그렇지만 그는 포용력을 발휘하기보다는 개혁세력을 결정적으로 분열시키는 데 기여했다. 그가 오류를 범할 경우 바로잡을 수단이 없었으며, 그런 면에서 '개신교의 교황'이라는 비난까지 들었다. 루터가 주도했던 주류 종교개혁운동은 신앙이 지닌 다양하고 풍부한 속성을 배려하지 못했고, 결정적인 국면에서 루터 홀로 옳고 그름, 방향과 속도를 결정하려는 태도로 일관했다.

개혁가 루터는 자신이 박해를 받거나 죽음의 위험 아래 있을 때에는 이견자에 대해 관용을 요구했지만, 루터파가 제국 내에서 지배적인 종교로 확립되고 정치권력의 지원이 견고해진 상황에서는 불관용의 태도를 보였다. 아우크스부르크에서 칼뱅파와 다른 소수 개혁세력들에게 보인 태도는 이를 보여준다.

루터는 중세적 신분제와 봉건적 질서에 안주했다. 그의 관심사는 종교와 교회를 크게 벗어나지 않았으며, 신자들의 삶을 구성하는 다른 영역에 대해서 관심을 확장하려고 하지 않았다. 종교가 뿌리 내리고 있는 사회에 대해 이해가 결핍되어 있었기에 해결을 필요로 하던 당대의 사회적 모순, 공평과 정의의 문제를 도외시했다. 루터는 복음과 성경에 기반해 당대 사회를 충분히 해석해내지 못했다. 게다가 종교개혁의 성과에 연연했기에 세속 제후의 이해관계와 충돌을 빚는 지점까지 개혁정신을 확장할 수도 없었다.

루터의 실패는 신학의 문제 때문이 아니었다. 그에게는 종교가 삶의 전 차원, 즉 개인의 생활과 공동체적 삶, 나아가 사회의 다양한 영역을 포괄하지 못했다. 사회 구성원의 고통에 공감하는 능력이 결여되었기에 루터가 바라보는 세계는 피상적이었다. 루터가 농민전쟁 당시 취했던 태도와 입장으로 인해 종교개혁의 정신은 농민들과 사회적 약자에게까지 확장될 수 없었으며, 이는 종교개혁운동의 역동성을 현저히 약화시켰다. 그는 개인적으로 용기 있고 헌신적인 삶을 살았지만, 결과적으로 그에게 부여된 또는 기대되었던 시대정신과 개혁의 과제를 완수하지는 못했다.

1520년대 중반 이후 루터파의 공간적 확장은 한계에 부딪혔다. 종교개혁운동이 그리스도교 세계의 보편적 혁신운동으로 확장되고, 유럽 전역에서 루터에 의해 고무되었던 개혁세력들이 큰 틀에서 연대할 수 있는 기회를 그 스스로 포기해버렸기 때문이다. 그는 작센 선제후에게 종교개혁을 감독하는 지위를 사실상 위임함으로써 '독일적인 특수한 길Deutscher Sonderweg'을 예비했다. 주류 개혁세력은 교황으로부터 분리되었지만, 다시 선제후의 품에 안기는 방식으로 정치세력과 결탁했다. 영방과 국가가 강화되던 거스르기 어려운 역사적 흐름 속에서 루터는 종교가 영방 혹은 국가 내에서 자율적인 공간을 확보할 수 있는 가능성을 일찌 감치 포기했다. '비상 주교'라는 직위를 가진 제후들의 시선은 개혁보다 권력과 정치에 머물 수밖에 없었다.

루터가 생전에 지니고 있던 엄청난 영향력 때문에 얼핏 평범한 사람들이라면 용납되거나 이해될 수도 있던 실수가 두고두고 논란이 된다. 유대인 문제와 관련하여 문제를 제기하면, 루터가 16세기 전반 독일인들에게서 찾아볼 수 있던 일반적인 정서를 지녔을 뿐이라고 두둔하기도 한다. 혹자는 20세기 혹은 21세기의 시선으로 16세기 인물을 비판한다며 진지하게 받아들이려 하지 않는다. 루터의 영향력 때문에 후대에 예측하지 못한 엄청난 부정적 결과가 초래된 것도 사실이지만, 새삼 이 주제를 부각시킨 것은 루터 개인에게 책임을 묻고자 함이 아니다. 그보다는 루터에 대한 이해를 위해 필요하다고 판단되기 때문이다. 종교개혁가로서 그가 유대인 문제에 대해 신학적·종교적 그리고 공동체적 관점에서 균형 잡힌 판단과 해결책을 모색했던 것인지 성찰해볼 필요가 있다. 루터가 미래지향적 비전을 제시했던 것인지, 아니면 그저 자기세계 속에서 안주하려고 했던 것인지, 그에 대한 해석과 판단은 독자의 몫이 되어야 할 것이다.

루터는 사실상 본인이 옳다고 믿는 방향으로 종교개혁을 인도했다. 그리고 그것은 종교개혁에 대한 하나의 견해였을 따름이지, 종교개혁이 나아가야 할 유일한 길이 아니었다. 루터는 본래 성공을 염두에 두고 개혁을 시작했거나 교회에 저항한 것이 아니었다. 그렇지만 점차 현실적 조건과 상황을 염두에 두고 성과에 집착하는 경향을 보임으로써 초심을 상실하고 길을 잃었다. 결국 루터의 개혁은 가시적인 성과가 있었지만 미완으로 끝났다. 그는 복음과 시대정신에 더욱 투철해야만 했다.

종교개혁 500주년과 한국교회

루터는 종교개혁의 정신을 성경에서 길어 올렸다. 그리고 그리스도인이라면 성경과 그리스도라는 신앙의 본질이 훼손되는 경우 그에 맞서 저항해야 한다는 모본을 보여주었다. 그런데 2017년 종교개혁 500주년을 맞는 한국교회의 풍경은 어떠한가? 공교롭게도 한국교회는 종교개혁 직전 유럽 교회와 많은 부분이 닮아있다.

루터가 비판했던 것은 단지 면벌부 판매만이 아니었다. 면벌부를 발행하며 값싼 구원을 남발하고 있던 교회, 면벌부의 수입으로 화려한 베드로 대성당을 재건축하려는 교황과 교회의 왜곡된 욕망을 지적했다. 그리고 성직자, 교리, 교회제도 등이 신앙의 본질을 추구하지 않는 것은 물론이고, 오히려 본질이 무엇인지를 가려 아무도 그 본질에 다가갈 수 없도록 만들고 있던 당대 종교의 적폐를 비판한 것이었다.

종교개혁의 정신을 계승하기 위해 루터의 말이나 글을 당대의 맥락에서 정확히 이해하는 것은 중요하다. 하지만 21세기를 사는 우리들에게 더욱 중요한 것은 루터가 자신이 처한 상황에 대응하면서 부패한 교회를 개혁하기 위해 견지했던 저항과 비판 정신을 회복하는 것이다. 그리스도인들이 위기에 처한 교회를 스스로 갱신하지 않으면, 개혁 대상으로 전락하는 것은 시간문제다. 걱정거리로 전락한 한국교회가 과연 스스로 개혁할 의지가 있는지,

또 개혁할 역량은 있는지 세상은 우려의 눈길로 지켜보고 있다.

'오직 그리스도', '오직 성경'이라는 루터의 구호는 단순하고 강력했다. 그는 중세 교회의 겉치레를 배격하고 신앙의 대상과 개혁의 목표를 명료하게 제시했다. 그는 이 구호를 토대로 가톨릭교회의 부패와 모순을 지적하며 개신교의 토대를 구축하는 데 크게 기여했다. 그러나 그 간결한 구호로 인해 가톨릭교회가 포괄하고 있던 풍부한 신앙 유산이나 긍정적 전통들까지 모두 흘려보낸 것은 아닌지 돌아볼 필요도 있다.

요즘 개신교에서 수도원적 영성에 대해 관심이 많다. 그것은 개신교인들이 스스로를 성찰하는 능력이 부족하다는 사실을 자각하게 되었기 때문일 것이다. 종교가 다른 목적을 위한 수단으로 변질되어, 정작 종교의 본질이라 할 수 있는 절대자를 의식하며 인생을 바르게 살고, 이웃과 더불어 사는 모습을 상실했다. 종교 활동의 목표를 단지 천국에 들어가는 것으로 왜곡하고, 선행이 구원과는 관련이 없다고 전제함으로써 삶과 실천이 없는 신자들을 양산하는 데 기여했다. 본질이나 정신은 사라지고 공허한 구호만 남아 있다.

현재 한국교회는 종교개혁 직전보다 더 타락했다는 말을 듣고 있다. 그 말이 사실이라면 교회의 개선과 개혁을 위해 모두가 나서야 한다. 특히 교회의 위기를 초래한 배경에는 목회자의 문제가 크다는 지적이 많은데, 그들이 스스로 문제를 해결하도록 지켜보는 것만으로는 한계가 있다.

『독일 그리스도교 귀족에게』에서, 루터는 화재를 비유로 만인
사제론을 설명했다. 한 도시에 화재가 발생해 자꾸 피해가 확대
되고 있는데, 화재 진압을 지휘할 시장이 없다고 모두가 불을 끄
는 역할을 맡은 자를 무한정 기다릴 수는 없다고 했다. 중요한 것
은 불을 진압하는 일이고, 시장이 없다면 누구라도 나서서 일단
화재를 진압해야 모두가 살 수 있다고 했다. 만인사제설은 이런
맥락에서 나왔다.

교회 공동체에서 다수를 이루고 있는 평신도들이 공동체 구성
원으로서 주어진 책임을 다해야 한다. 루터는 성직자는 특권계
급이 아니라며, 성직주의를 질타했다. 성직자가 교회 내부에서는
물론 사회에서도 특권을 내려놓고 시민이 되는 것이 종교개혁의
정신이다. 그런데 한국교회는 만인사제설을 가르치지도 실천하
지도 않고 있다. 성직자 중심의 교회 운영은 많은 문제들을 낳고
있으며, 적지 않은 교회에서 목회자의 전횡으로 교회 공동체가
위기에 빠져 있다. 교회가 위기에 직면했으나 개혁이 어려운 원인
에는 민주주의라는 가치와 종교적 권위의 부조화가 자리하고 있
다. 교회에는 제도적인 민주주의보다 더 높은 차원의 성숙한 소
통과 정치가 필요하다. 담임 목회자 한 사람이 일방적으로 교회
공동체를 좌지우지하는 운영 방식으로는 바른 공동체를 이룰 수
없다. 목회자와 성도들이 제자리를 찾는 성숙한 교회 공동체가

절실하다.

개신교가 가톨릭의 부패를 비판하며 그로부터 이탈하여 독립한 지 500년이 지났다. 이즈음에서 개신교가 과연 바른 교회를 건설했는지, 오늘날 종교에 요청되는 자리에 서 있는지 평가해 봐야 한다. 다수의 시민들은 오늘날 한국에서 개신교보다 가톨릭이나 교황이 더 개혁적이라고 평가한다. 종교가 서 있어야 할 자리, 종교에 대한 기대를 가톨릭이 충족시키고 있기 때문이다.

지난 2~3년간 종교가 세상 속에 서 있어야 할 자리를 가장 잘 보여준 인물은 역설적으로 프란치스코 교황이 아닐까 싶다. 종교 지도자로서 프란치스코는 교회를 개혁하고 세상의 불의를 개선하고 사회의 약자를 끌어안으려는 노력을 이어가고 있다. 교황은 그늘에 있는 가난하고 억눌린 자는 물론이고, 환경, 기후 변화 등 인류의 보편적인 문제까지도 관심을 기울인다. 2017년 신년사에서도 교황은 공정하고 우애롭고 평화로운 세계를 만들기 위해 협력을 호소했으며, 청년들이 설 자리를 잃고 가장자리로 밀려나는 현실을 걱정했다. 반면 개신교는 위험에 빠진 세계, 공정함을 상실한 한국사회를 바로잡는 일에 거의 영향력을 발휘하지 못하고 있다. 대체로 개신교회들은 교회의 '성장'에 노예가 되어 있고, 교회 바깥의 세계에는 좀처럼 시선조차 주지 않는다.

종교개혁 이후 500년 만에 왜 이와 같은 역전 현상이 일어났을까? 루터기 당대 사회의 고통에 무감가했고 소극적이었듯이 한국에서 종교, 특히 개신교는 사회와 극심하게 분리되어 있다. 교회가 발을 딛고 있는 세상이 느끼는 고통에 대해 거의 아무런 감각도 느끼지 않는다. 루터는 복음이 하느님의 약속을 선포하는 것이지 사회의 윤리적인 갱신을 권고하는 것이 아니라고 판단했다. 과연 그 때문인가? 개신교는 소외된 자, 공공의 문제 등에 목소리를 내고 있지 않다. 루터는 세상의 변화에 대해 주목하지 않았으며, 성경이라는 창을 통해서만 세상을 이해하려 했다. 루터는 신대륙이 발견되어 세상이 크게 고무되고 있던 시대를 살았다. 하지만 그것이 어떤 의미를 지니는지 알려고 하지 않았고, 실제로 이해하지도 못했다. 그는 신대륙의 주민에게도 전도가 필요하다는 정도의 의견만 피력했다.

교회가 쇠락하고 역동성을 상실한 이유는 '그들'만을 위한 모임으로 변질되었기 때문이다. 복음의 시각에서 볼 때 존재 의의를 상실했다고 할 수 있다. 한국교회는 다시 세상과 이웃을 위한 종교로 거듭나야 한다. 루터는 우리 스스로를 돌아보는 거울이다. 그는 최선을 다한 개혁가였지만, 모든 면에서 완벽한 전범은 아니다. 한국의 개신교회는 루터가 유산으로 남겨준 빛과 그림자를 잘 분별하고, 새로이 미완의 종교개혁을 이어가야 한다.

루터와 종교개혁 연대표

1483. 11. 10.	마르틴 루터 아이슬레벤에서 출생
1484~1501.	만스펠트, 막데부르크, 아이제나흐 등에서 성장 및 학습
1485.	작센이 선제후령과 공작령으로 분리
1493.	막시밀리안 1세 신성로마제국 황제위 계승(재위 1493~1519)
1501~1505.	루터 에어푸르트 대학에서 학업
1502.	작센 선제후 프리드리히 비텐베르크 대학 설립
1505. 7. 17.	루터 에어푸르트에서 아우구스티누스 수도회에 수련 수사로 입회
1507. 4. 3.	루터 에어푸르트에서 사제 서품
1507.	교황 율리우스 2세 베드로 대성당 건축을 위해 면벌부 발행 천명
1510. 11~1511. 3.	루터 로마 여행. 1510년 12월 말부터 로마에 4주 체류. 다음해 3월 말 복귀
1512. 10. 19.	루터 비텐베르크에서 신학박사 학위 취득
1513.	교황 레오 10세 취임(재위 1513~1521)
1514.	알브레히트 마인츠 대주교 취임(재위 1514~1545)
1516.	에라스무스 그리스어 라틴어 대조 신약성경 편찬
1517.	면벌부 설교사 테첼 면벌부 판촉 활동
1517. 9. 4.	루터 스콜라 신학 반박 논제 발표
1517. 10. 31.	루터 「95개조 논제」 발표, 마인츠 대주교 알브레히트에게 발송
1518. 4.	루터 하이델베르크 아우구스티누스 수도회 분회 참석
1518. 6.	루터 「면벌부 효용에 대한 논제 해설」 발간
1518. 8. 25.	멜란히톤 비텐베르크에 도착
1518. 10. 12~14.	카제탄 추기경 아우크스부르크에서 루터 심문
1518. 12.	프리드리히 선제후 루터를 작센으로부터 추방하라는 카제탄의 요구 거부
1519. 1. 4~6.	루터와 밀티츠의 회동
1519. 1. 12.	막시밀리안 황제 사망
1519. 6. 28.	카알 5세 신성로마제국 황제로 선출
1519. 6. 27~7. 15.	라이프치히 논쟁 전개. 에크의 공격에 대해 칼슈타트와 루터가 대항
1520. 6. 11.	후텐과 지킹엔 등 백여 명의 기사가 루터 보호를 약속
1520. 6. 15.	교황이 루터 파문 교서 「엑수르게 도미네」 발행
1520. 8.	루터 「독일 그리스도교 귀족에게」 발간
1520. 10.	루터 「교회의 바벨론 포로」 발간

1520. 10. 10.	루터 비텐베르크에서 교황의 파문 교서 수령
1520. 10. 23.	황제 카알 아헨에서 대관식
1520. 11. 12.	쾰른에서 루터의 서적 불사름
1520. 11.	루터 「그리스도인의 자유」 발간
1520. 12. 10.	루터가 교황의 교서와 가톨릭 법전을 불사름
1521. 1. 3.	루터 공식 파문
1521. 1. 27.	보름스 제국의회 개회
1521. 3. 29.	루터 보름스 의회에 참석하라는 소환장 수령
1521. 4. 17~18.	루터가 보름스 제국의회 청문회에서 발언
1521. 5. 4~1522. 3. 1.	루터가 바르트부르크 성에 은거
1521. 5. 25.	보름스 칙령 – 황제가 루터를 무법자로 선포
1521. 12.	루터 신약성서 번역 시작
1522. 3. 6.	루터 비텐베르크로 복귀
1522. 3. 9~3. 16	루터 '탄원 설교'라 불린 사순절 8회 연속 설교
1522. 9.	독일서 신약성서(9월 성서) 발간
1523.	교황 클레멘스 7세 취임(재위 1523~1534)
1524.	루터 최초의 비텐베르크 성가집 출판
1524. 8.	남서부 독일에서 농민 봉기 시작
1524. 10.	루터 수사복을 벗음
1525. 4.	루터 「농민의 12개조에 대한 평화를 위한 권고」
1525. 5.	루터 「약탈과 살육을 일삼는 농민 패거리에 반대하여」
1525. 5.	작센 선제후 현명공 프리드리히 사망. 그의 동생 견실공 요한이 선제후 직 계승(재위 1525~1532)
1525. 6. 13.	루터와 카타리나 폰 보라 혼인
1525. 7.	농민에 대하여 냉혹한 태도를 취한 저서에 관한 공개 편지
1525. 10.	비텐베르크에 새로운 예배 순서 도입
1525. 12.	「노예 의지에 관하여」 저술
1525. 12.	독일(어) 미사
1526. 6~8.	제1차 슈파이어 제국의회
1527.	루터의 성찬에 대한 글 「이것이 나의 몸이다」 발간
1527. 7.	선제후령 작센에서 시찰 활동 시작
1529. 2~4.	제2차 슈파이어 제국의회
	루터파가 공식 항의서(protestatio) 제출 – '프로테스탄트'로 불림
1529.	루터 「소교리 문답」, 「대교리 문답」 발간

1529. 10. 1~10. 4.	마부르크 회담
1530. 4. 23~10. 4.	루터 코부르크 성에 은거
1530.	아우크스부르크 제국의회, 아우크스부르크 신앙고백서 제출
1531.	슈말칼덴 동맹 결성
1532.	작센 선제후 요한 사망. 선제후직 요한 프리드리히 승계(재위 1532~1547)
1534.	루터 독일어 성경전서 출간
1537.	슈말칼덴 신조
1539.	루터 전집 제1판 출간
1543.	루터 『유대인과 그들의 거짓말에 대하여』
1545. 3. 25.	루터 『마귀에 의해 성립된 교황 제도에 대한 반박문』
1545~1563.	트렌토 공의회
1546. 1.	루터 아이슬레벤으로 루터의 마지막 여행
1546. 2. 18.	루터 아이슬레벤에서 사망
1546. 2. 22.	루터 비텐베르크 성 교회에서 장례 및 안장
1547.	슈말칼덴 동맹이 황제 군에게 패배. 작센 선제후 요한 프리드리히 선제후 지위 상실. 작센 공작 모리츠가 넘겨받음
1552. 12. 20.	카타리나 폰 보라 토르가우에서 사망
1555. 9. 25.	아우크스부르크 평화조약에서 루터파 합법화

미주

프롤로그, 1부

1 스콧 헨드릭스, 『마르틴 루터: 그리스도교 개혁의 기수』, 전경훈 역(뿌리와이파리 2016), 23-33쪽.

2 *Philippi Melanchthonis Opera*, C. G. Bretschneider and H. E. Bindseil eds., vol. 11(1843), pp. 726-734.

3 루터에 대한 교회사와 세속사의 다양한 평가에 대해서는 김주한, 『마르틴 루터의 삶과 신학 이야기』(대한기독교서회, 2002), 12-16쪽 참조.

4 기존에 '95개조 반박문'이라는 번역어가 널리 사용되었지만, 서양어 표제어에 반박의 의미가 없기에 이 글에서는 '95개조 논제'라는 용어를 사용한다. 루터의 주장들이 담긴 글은 통상 'disputatio'(논쟁, 토론)라는 이름으로 시작한다. 반면 라틴어로 쓰인 '95개조 논제'는 독일어로 옮겨져 출판하는 과정에서 이름이 붙었고 이후 통상적인 명칭이 되었다. 당시 이 논제의 공식 명칭은 '면벌부의 효용에 대한 논제'(Disputatio pro declaratione virtutis indulgentiam)였다.

5 Volkmar Joestel, Jutta Strehle, *Luthers Bild und Lutherbilder. Ein Rundgang durch die Wirkungsgeschichte*(Wittenberg, 2003), pp. 9-13; 권진호, 「종교개혁 기념에 대한 역사: 1617년, 1717년, 1817년, 1917년 종교개혁 기념을 중심으로」, 《신학논단》 85집(2016.09), 10-15쪽. 100년 단위의 기념 행사는 본래 대학 문화의 일부였으나, 1617년 대학과 무관한 주제로는 사실상 처음으로 광범위하게 종교개혁 기념 축제가 거행되었다.

6 Thomas Kaufmann, "Reformationsgedenken in der Frühen Neuzeiten", *Zeitschrift für Theologie und Kirche 107*(2010), p. 295. 그렇지만 남부 독일의 개신교 지역에서는 19세기까지도 10월 31일이 아니라, 아우크스부르크 신앙고백을 제출한 6월 25일을 종교개혁일로 기념했다. Vinzenz Pfnür, "Die Bestreitung des Thesenanschlags durch Erwin Iserloh", J. Ott and M. Treu eds., *Luthers Thesenanschlag – Faktum oder Fiktion*(Leipzig 2008), p. 123.

7 오토 슐체는 종교개혁 400주년을 기념하여 "독일사에서 1517년 10월 31일보다 더 찬란한 날은 없다. 독일 민족에게 빛과 태양과 새로운 봄의 시작이었다"라고 그 의미를 강조했다. Otto Schulze, *Doktor Martinus. Ein Buch für das deutsche Volk zum Reformationsjubelfest 1917*(Gotha 1917), p. 43.

8 https://www.luther2017.de/en/martin-luther/history-stories/on-the-doors-of-the-wittenberg-churches/ 공식 사이트에 논제게시와 관련된 글을 쓴 트로위는 이 논문에서 분석할 뢰러 메모를 학술적으로 다시 부각시킨 당사자이며, 논제 게시가 있었다는 주장의 논문도 쓴

바 있다.

9　Lutherus, studio pietatis ardens, edidit Propositiones de Indulgentiis, quae in primo Tomo monumentorum ipsius extant, Et has publice Templo, quod arci Witebergensi contiguum est, affixit pridie festi omnium Sanctorum anno 1517. CR 6, pp. 161–162.

10　*Philippi Melanthonis opera, Corpus Reformatorum, vol. 25*(Braunschweig 1856), p. 777.

11　Heinrich Boehmer, *Der junge Luther*, 4. ed.(Stuttgart 1951), p. 156. 이절로는 뵈머의 서술에 대한 출처를 확인하여 아그리콜라의 자전적 진술이 잘못 옮겨졌다는 사실을 밝혀냈다. 아그리콜라는 "1517년 루터는 엘베 강에 위치한 비텐베르크에서 오랜 학술적 관습에 따라 토론을 제안했다. 나는 그에게서 누구를 비방하거나 부당한 일을 저지르려는 생각이 없었음을 입증할 수 있다"라고 기록했을 뿐이다. 그의 글에는 날짜는 물론 논제의 게시에 대해서 전혀 언급이 없다. A. Brecher, "Neue Beiträge zum Briefwechsel der Reformation", *Zeitschrift für Hist. Theol. 42*(1872), p. 326. Iserloh, *Luthers Thesenanschlag*, pp. 17–18에서 재인용.

12　WA 50, pp. 657–661.

13　Erwin Iserloh, *Luthers Thesenanschlag, Tatsache oder Legende?*(Wiesbaden, 1962). 1966년에 발행된 재판은 내용도 보완되고 책 제목도 바뀌어 출판되었다. *Luther zwischen Reform und Reformation. Der Thesenanschlag fand nicht statt*(Münster 1966).

14　WA I, p. 528, pp. 18–26.

15　Iserloh, *Luthers Thesenanschlag*, pp. 25–29.

16　Iserloh, *Luthers Thesenanschlag*, pp. 32–33.

17　Heinrich Steitz, Martin Luthers Ablaßthesen von 1517. *Bericht über die Diskussion*(1957–1965), *Geschichte in Wissenschaft und Unterricht 16*(1965), pp. 668–671. 특히 그리스도교 관련 매체들은 거의 예외 없이 1960년대 초에 이 논쟁에 관심을 기울였다고 할 수 있다. 독일의 대표적인 시사주간지 《슈피겔(Der Spiegel)》은 1966년을 여는 첫 호에 "루터의 논제: 망치 없는 개혁가"라는 표제어 하에 이 논쟁을 다루었다. Der Spiegel, 1/1966(1월 3일자), pp. 32–34.

18　이 논쟁과 관련한 내용은 다음의 논문들에 어느 정도 정리되어 있다. Hans–Christoph Rublack, "Neuere Forschungen zum Thesenanschlag Luthers", *Historisches Jahrbuch 90*(1970), pp. 329–342; Konrad Repgen, "Ein profangeschichtlicher Rückblick auf die Iserloh–Debatte", J. Ott & M. Treu eds., *Luthers Thesenanschlag*(Leipzig, 2008), pp. 99–110, 특히 pp. 103–105.

19　Kurt Aland, "Die theologischen Anfänge Luthers", *Communio 12*(1983), pp. 556–567. 이 논문에서 알란트는 칼슈타트가 슈팔라틴에게 보낸 1517년 4월 28일 서신을 언급한다.

20　Hermann Barge, *Andreas Bodenstein von Karlstadt vol. I*(Leipzig 1905), p. 463.

21　묄러는 루터가 2명의 주교 외에도 11월 20일 메르제부르크 주교를 비롯하여 다른 주교들에게

논제를 보냈을 가능성을 언급한다. Bernd Moeller, "Thesenanschläge", J. Ott and M. Treu eds., *Luthers Thesenanschlag*(Leipzig 2008), pp. 25–26.

22 WA I, pp. 232–238, pp. 525–628.

23 Volker Leppin, "Die Monumentalisierung Luthers", J. Ott and M. Treu eds., *Luthers Thesenanschlag*(Leipzig 2008), p. 89.

24 2007년 10월 26일과 27일에 걸쳐 비텐베르크에서 개최된 학술 모임에서 논제 게시를 둘러싼 공방이 재차 깊이 다루어졌으며, 발표된 주요 글들은 다음 서적에 담겼다. J. Ott and M. Treu eds., *Luthers Thesenanschlag —Faktum oder Fiktion*(Leipzig 2008).

25 Moeller, "Thesenanschläge", p. 13.

26 Manfred Eder, "Rörer", *Biographisch–Bibliographisches Kirchenlexikon*(BBKL) 8 (Herzberg 1995), pp. 523–526.

27 Anno do(m)ini 1517 in profesto o(mn)i(u)m Sanctoru(m), p⟨...⟩ Wite(m)berge in valuis temploru(m) propositae sunt ⟨...⟩ de Indulgentiis, a D(octore) Mart(ino) Luth(ero). Martin Treu, "Der Thesenanschlag fand wirklich statt. Ein neuer Beleg aus der Universitätsbibliothek Jena", *Luther 78*(2007), pp. 140–144, 위의 인용문은 p. 141에서 옮겼다.

28 트로위는 이 메모가 멜란히톤의 글보다 앞선 시기의 것이며, 루터와 함께 출판작업을 진행하던 1540년대 초일 것이라고 추측한다. Treu, "Thesenanschlag", p. 142, p. 144.

29 Treu, "Thesenanschlag", p. 144.

30 Volker Leppin, "Geburtswehen und Geburt einer Legende. Zu Rörers Notiz vom Thesenanschlag", *Luther 78*(2007), pp. 145–150. 반면 사람이나 공동체의 의미가 두드러진 'ecclesia' 대신 'templum' 사용한 것은 납득이 어렵지 않다.

31 Leppin, "Monumentalisierung", pp. 84–85. 해당 성경의 난외에 다른 메모들도 남아 있는데, 특히 뢰러의 메모가 있는 같은 면 바로 아래에는 같은 필체로 "멜란히톤이 1518년 8월 25일(바르톨로메우스 축일) 오전 10시경에 비텐베르크에 도착했다"라고 쓰여있다(본문 사진 참조). 이 정보는 유일하게 뢰러의 메모에만 등장한다. 뢰러는 관련 내용을 멜란히톤에게 직접 들었으리라 추정된다.

32 WABr4, p. 275.

33 Martin Brecht, *Martin Luther: I. Sein Weg zur Reformation, 1483–1521*, 2nd ed.(Stuttgart 1983), pp. 164–172.

34 Bernd Moeller, *Reichsstadt und Reformation*(Gutersloh, 1962), p. 19; Steven Ozment, *The Age of Reform, 1250–1550: An Intellectual and Religious History of Late Medieval and Reformation Europe*(New Haven, 1980), pp. 315–316.

35 Bernd Moeller, *Die deutschen Humanisten und die Anfänge der Reformation*, Zeitschrift für Kirchengeschichte *70*(1959), pp. 50–51; Lief Grane, *Modus loquendi*

theologucus: Luthers Kampf um die Erneuerung der Theologie(1515–18) (Leiden, 1975), pp. 104–110.

36 Brecht, *Luther I*, pp. 159–160.

37 Moeller, *Die deutschen Humanisten*, pp. 58–61.

38 S. 오즈맹, 『프로테스탄티즘: 혁명의 태동』, 박은구 역(혜안, 2004), 43–52쪽. 면벌부에 대한 일반 적인 설명은 Gustav Adolf Benrath, "Ablass", TRE(*Theologische Realenzyklopädie*) 1, pp. 347–364 참조.

39 Whiteford, p. 181.

40 면벌부(免罰符)라는 용어는 라틴어 'indulgentia', 독일어 'Ablaß', 영어 'indulgence'의 번역어이 다. 그동안 면죄부(免罪符)라는 용어로 통용되어 왔지만, 가톨릭교회의 가르침에 따르면 죄 자체 를 사해주는 것이 아니라, 연옥의 시간으로 환산되는 잠벌을 경감시켜 주거나 보속을 대신해 주 는 것이므로 현재에는 학계에서도 면벌부라는 번역어를 일반적으로 사용하고 있다. 가톨릭교회 에서는 대사부(大赦符)라는 용어로 번역해 사용하고 있다.

41 Bernd Moeller, Die Reformation und das Mittelalter, J. Schilling ed., *Kirchenhistorische Aufsätze*(Göttingen, 1991), p. 54.

42 보고(寶庫 thesaurus)는 하늘나라의 보물창고란 뜻인데, 교회에서 인정한 선행공덕을 뜻한다. 당시 가톨릭교회는 그리스도와 성인의 공덕이 재화처럼 축적되며, 그 사용권한은 교회가 행사 한다는 교리를 배경으로 면벌부를 팔았다.

43 Thomas Aquinas, *Summa theologiae supplementum*, pp. 25–26. http://www.sacred-texts.com/chr/aquinas/summa/sum570.htm. 중세 면벌부 이론의 발전에 대해서는 다음 두 글을 참조할 것. 최종원, 「천국을 향한 약속어음: 중세 유럽 면벌부 이론의 변화 연구」, 「인문연구」 56(2009), 174–184쪽; R. N. Swanson, *Indulgences in Late Medieval England. Passport to Paradise?*(Cambridge, 2007).

44 교황의 교서를 비롯하여 가톨릭의 많은 문서들은 글의 처음에 등장하는 한두 단어가 제목으로 불렸다. 따라서 여기에서도 번역하지 않고 라틴어의 발음대로 표기한다.

45 R. W. Shaffern, Lerned discussion of Indulgences for the dead in the middle ages, *Church History 61*(1992), pp. 367–381.

46 A. Störmann, *Die städtischen Gravamina gegen den Klerus am Ausgang des Mittelalters und in der Reformationszeit*(Münster, 1912), pp. 12–19.

47 최종원, 「천국을 향한 약속어음」, 184–189쪽.

48 Justus Hashagen, *Staat und Kirche vor der Reformation*(Essen 1931), p. 174.

49 Walter Köhler, *Dokumente zum Ablaßstreit, Sammlung ausgewälter kirchen- und dogmengeschichtlicher Quellenschriften, vol. 3*, 2nd ed.(Tübingen, 1934), pp. 83–93.

50 Brecht, *Luther I*, pp. 176–178.

51 Köhler, *Dokumente zum Ablaßstreit*, pp. 104–124.

52 헤르만 셀더하위스, 『루터: 루터를 말하다』, 신호섭 역(세움북스, 2016), 51–52쪽.

53 David C. Steinmetz, "Luther and Staupitz: The Unresolved Problem of the Forerummer", T. Maschke etc ed., *Ad fontes Lutheri: Towards the Recovery of the Real Luther*(Milwaukee, 2001), p. 271, pp. 278–278. 슈타우피츠의 신학사상이 루터에게 어떤 영향을 미쳤는지에 대해서는 자료부족으로 충분히 규명되지 않았다.

54 Brecht, *Luther I*, pp. 126–137.

55 루터는 이미 1514년에 시편을 강의하면서 면벌부 남용이 하느님의 은혜를 값싸게 만든다고 지적한 바 있다. Brecht, *Luther I*, pp. 182–183; WA I 65, 94, 141, III, p. 416.

56 *Reformation Writings of Martin Luther*, I. The Basis of the Protestant Reformation, transl. and ed. by Bertram Lee Woolf(London, 1952) 27. 루터가 발표한 주제는 "면벌부와 하느님의 은총"이었다.

57 루터가 논제를 95개조로 작성한 것은 알브레히트의 면벌부 지침서가 94개조로 작성되었기 때문에 하나를 늘려 반박한다는 의미가 담긴 것으로 해석되기도 한다. 그렇지만 본래 논제에는 항목을 구분하는 숫자가 적시되지 않았다. WA 1, pp. 233–238.

58 *Reformation Writings of Martin Luther*, p. 32.

59 WA 6, pp. 497–573.

60 알리스터 E. 맥그라스, 『루터의 십자가 신학: 마르틴 루터의 신학적 돌파』, 김선영 역(컨콜디아사, 2015), 35–36쪽.

61 Brecht, *Luther I*, p. 175.

62 WAB 1, p. 152.

63 WA 51, p. 540, pp. 26–27.

64 Heinrich Grimm, "Luthers Ablaßthesen und die Gegenthesen von Tetzel–Wimpina in der Sicht der Druck– und Buchgeschichte", *Gutenberg–Jahrbuch 43*(1968), p. 144.

65 Hilmar Schwarz, "In 14 Tagen durch ganz Deutschland gelaufen..... Der Druck von Luthers 95 Ablassthesen als Start in die Flugschriftära", Jutta Krauß ed., *Beissig sein ist nutz und not. Flugschriften zur Lutherzeit*(Regensburg, 2010), pp. 29–30, 42; Brecht, *Luther I*, pp. 195–196.

66 Heinrich Reincke, *Hamburg am Vorabend der Reformation*(Hamburg, 1966), p. 64, pp. 106–107.

67 Hans Volz, *Martin Luthers Thesenanschlag und dessen Vorgeschichte*(Weimar 1959), p. 141.

68 WATr 5, 177 no. 5480. Brecht, *Luther I*, p. 200.

69 *Zwei Straßburger Reden zur Reformationsfeier*(Leipzig 1918), p. 41.

70 Volz, *Martin Luthers Thesenanschlag*, pp. 26–27.

71 루터가 면벌부를 비판한 내용과 유사한 비판을 파리대학의 신학교수들도 1518년 5월 제기했다. 그렇지만 어떤 고발도 당하지 않았다. 이런 차이는 교황청의 면벌부 판매가 독일에 집중되었기 때문으로 추정된다. Heiko A. Oberman, *Werden und Wertung der Reformation: Vom Wegestreit zum Glaubenskampf*(Tübingen, 1977), p. 192, n. 90.

72 WA B 1, p. 152.

73 Krauß, *Beissig sein*, p. 34.

74 WA 1, p. 362. 루터는 중세 스콜라주의를 '영광의 신학'이라 칭하고, 자신의 신학을 '십자가 신학'이라 명명했다. 루터는 도덕적인 노력이나 합리적인 추론, 종교적 사색이나 선행 등에 의해 하느님께 다가갈 수 없다고 못박고, "지상으로부터 하늘로 올라가는 사다리는 없다"고 주장했다. 김주한, 『마르틴 루터의 삶과 신학이야기』, 74–76쪽.

75 James M Kittelson, "Luther the Theologian", William S. Maltby ed., *Reformation Europe*, *vol. 2*(St. Louis, 1992), pp. 21–32; 셀더하위스, 『루터: 루터를 말하다』, 175–177쪽. 루터는 1519년 이후의 저작에서 이 시기 발견한 이신칭의를 토대로 가톨릭교회의 교리와 제도에 대한 비판을 본격화했다.

76 Sylvester Mazzolini가 본명. 이단심문관이자 검열관으로 로이힐린과 루터의 소송에 관여했으며, 에라스무스의 우신예찬도 비판적으로 검토했다.

77 WA I, pp. 644–646.

78 WA B 1, p. 146.

79 *Dokumente zum Ablaßstreit*, pp. 158–160.

80 WA B 1, pp. 260–261.

81 황금장미장은 통상 교황이 공로를 세운 교회, 국왕, 군대 혹은 해당 통치자에게 공경과 애정의 상징으로 하사하는 상의 일종이다.

82 Otto Hiltbrunner, "Die Titel der ersten Stretschriften zwischen Eck und Luther", ZKG 64(1952/53), pp. 312–320.

83 Brecht, *Luther I*, pp. 285–295.

84 셀더하위스, 『루터: 루터를 말하다』, 198–199쪽.

85 Brecht, *Luther I*, pp. 295–296.

86 WA B 1, pp. 351–359.

87 루터가 후스를 두둔하는 모습을 지켜보던 게오르크 공작은 중간에 루터에게 고함을 치고 토론회장을 박차고 나갔다. 이후 작센의 공작 게오르크는 정치적으로 루터와 비텐베르크 종교개혁 진영에 커다란 적으로 남았다. 루터가 이 논쟁에 대해 슈팔라틴에게 요약 보고한 서신 참조할 것. 라이프치히 논쟁, 루터 선집 제5권(1984), 281–292쪽; 201–205쪽.

88 Brecht, *Luther I*, pp. 302–307. 작센공작은 이후에 루터와 보헤미아인들이 서로 연대하지 못하

도록 철저히 방해했다.

89 Brecht, *Luther I*, pp. 319–321.

90 WABr 1, pp. 459–462.

91 Remigius Bäumer, "Der Lutherprozess", R. Bäumer ed., *Katholisches Leben und Kirchenreform im Zeitalter der Glaubenspaltung*, *32*(Münster, 1972), pp. 18–48; Karl Müller, "Luthers römischer Prozess", ZKG 24(1903), pp. 46–85 참조.

92 필립 샤프, 『독일 종교개혁』(교회사전집 7), 박종숙 역(크리스천다이제스트, 2004), 194–196쪽.

93 샤프, 『독일 종교개혁』, 196–201쪽.

94 WA 7, pp. 161–82; *Brecht I*, pp. 403–406. 루터의 파문이 발효된 것이 언제부터인지 다소 논란이 있지만, 통상 파문교서에 허락된 120일간의 숙려기한이 끝나는 1521년 1월 3일로 본다.

95 루터는 1519년 초에 작성한 글에서 교회의 분열에 대해 깊은 혐오감을 표출했다. 후에까지도 그는 프로테스탄트 진영의 가톨릭으로부터의 분리는 일시적인 것이라 생각했다. 영구적인 분열을 현실로 수용하는 것은 1541년 레겐스부르크 회담의 결렬이 계기가 되었다. 맥그라스, 『십자가 신학』, 36–37쪽.

2부

1 Harry Loewen, *Ink against the Devil, Luther and his opponents*(Waterloo, 2015), pp. 14–15.

2 WA 6, pp. 285–324.

3 WA 6, pp. 404–469. 존 딜렌버거 편, 『루터 저작선』, 이형기 역(크리스천다이제스트, 1994), 480–568쪽에 전문이 번역되어 있음.

4 딜렌버거 편, 『루터 저작선』, 485–487쪽.

5 딜렌버거 편, 『루터 저작선』, 491–496쪽.

6 딜렌버거 편, 『루터 저작선』, 497–567쪽.

7 Brecht, *Luther I*, pp. 358–359.

8 Brecht, *Luther I*, pp. 359–361.

9 Loewen, *Ink against the Devil*, p. 17.

10 WA 6, pp. 497–573. 딜렌버거, 『루터 저작선』, 314–432쪽에 번역문.

11 루터는 본래 고해성사의 유용성이 크다고 판단하여 폐지하기를 원치 않았다. 셀더하우스, 『루터: 루터를 말하다』, 221–222쪽.

12 루터 스스로도 평생 부겐하겐에게 죄를 고백하며 그 유익을 직접 체험했다. Maximiian Liebmann, *Urbanus Rhegius und die Anfänge der Reformation*(1980), p. 178; 황대현, 「도시 수공업자는 종교개혁을 어떻게 수용했는가? 아우크스부르크의 직조공 우츠 리히스너의 사례」, 『서양사론』 100(2009), 175쪽.

13 딜렌버거 편, 『루터 저작선』, 322–360쪽.

14 Brecht, *Luther I*, pp. 362–366.

15 WA 7, pp. 20–38. 딜렌버거, 『루터 저작선』, 83–132쪽에 번역문.

16 16세기에 자유는 현대적 의미의 자유와는 다른 개념이었고, 오히려 다른 사람을 지배하는 권리
의 의미도 지니고 있었다. 오즈맹, 『프로테스탄티즘』, 256쪽. 루터에게서 자유는 아직 16세기 이
후 사상사에 등장하는 자연법적인 자유를 의미하고 있지 않다. 김응종, 『관용의 역사: 르네상
스에서 계몽주의까지』(푸른역사, 2014), 27쪽.

17 Brecht, *Luther I*, pp. 385–388.

18 딜렌버거 편, 『루터 저작선』, 84–94쪽에서 서신의 전문을 확인할 수 있음.

19 한스 큉, 『가톨릭교회』, 배국원 역(을유문화사, 203), 165쪽.

20 만인사제론에 대해서도 다양한 신학적 해석들이 존재한다. 베른하르트 로제, 『마틴 루터의 신
학』, 정병식 역(한국신학연구소, 2002), 401–402쪽. 루터의 만인사제론에 대한 신학적 설명에
대해서는 다음 논문 참조. 정홍열, 「루터의 만인제사장직」, 『ACTS신학과 선교』 9(2005), 178–
193쪽.

21 이러한 루터의 사상이 중세 말의 가톨릭 신앙과 얼마나 차이가 있었는지, 그 차이가 본질적인
것인지 아니면 주변적이기에 수용하거나 극복할 수 있는 것이었는지에 대해서는 다양한 해석
들이 있다. 가톨릭 교회사학자 로르츠(J. Lortz)는 성경, 그리스도의 고난과 하느님의 절대적
은총 강조 등을 감안할 때 루터가 신학적으로 가톨릭신앙으로부터 벗어나지 않았다고 주장한
다. 그보다는 바티칸의 성직자들이 루터를 수용할 수 없었던 사실에 비중을 둔다. J. Lortz, *Die
Reformation in Deutschland*(Freiburg, 1940), p. 156.

22 WA 6, p. 370.

23 Ulinka Rublack, *Reformation Europe*(Cambridge, 2005), pp. 65–66.

24 Brecht, *Luther I*, pp. 396–397, pp. 400–401.

25 Brecht, *Luther I*, pp. 401–402.

26 Hans J. Hillerbrand, *The Division of Christendom. Christianity in the Sixteenth
Century*(Louisville/London, 2007), p. 49.

27 Brecht, *Luther I*, pp. 413–415.

28 브레히트는 제국의회에서 루터 문제를 다루기 위해 황제의 고문들과 교황측 사이에 전개된 다양
한 논의를 상세하게 다루고 있다. Brecht, *Luther I*, pp. 416–425.

29 Brecht, *Luther I*, pp. 428–429.

30 Brecht, *Luther I*, pp. 429–430.

31 Brecht, *Luther I*, pp. 433–434.

32 WA 7, p. 838.

33 롤라드 베인톤, 『마르틴 루터의 생애』, 이종태 역(생명의말씀사, 1982), 239–245쪽; 셸더하우스,

『루터: 루터를 말하다』, 249-254쪽.

34 Brecht *Luther I*, p. 440.

35 Brecht, *Luther I*, pp. 442-447.

36 Gerhard Müller, "Die Römische Kurie und die Anfänge der Reformation", ZRGG 19(1967), pp. 12-13.

37 아우크스부르크의 경우 시참사회의 검열시도는 출판업자와 시민의 저항에 부딪혀 곧 철회되었다. Wolfgang Wettges, *Reformation und Propaganda. Studien zur Kommunikation der Aufruhrs in süddeutschen Reichsstädten*(Stuttgart, 1978), pp. 60-61; 황대현, 「도시 수공업자는 종교개혁을 어떻게 수용했는가?」, 165쪽.

38 WABR 1, pp. 250-251.

39 Sam Wellman, *Frederick the Wise: Seen and Unseen Lives of Martin Luther's Protector*(St. Louis, 2015), p. 246.

40 C. Scott Dixon ed., *The Reformation in Germany*(Oxford, 2002), pp. 1-2.

41 문화, 교육, 재정 등의 측면에서 루터가 선제후에게 미친 유용성에 대해서는 김선영 논문 참조. 김선영, 「신성로마제국 선제후령 작센의 프리드리히 현공에게 마르틴 루터의 의미」, 『한국기독교신학논총』 98(2015.10), 57-90쪽.

42 Brecht, *Luther I*, pp. 451-453.

43 Wolfgang Reinhard, "Pressures towards Confessionalization? Prolegomena to a Theory of the Confessional Age", C. Scott Dixon ed., *The Reformation in Germany* (Oxford, 2002), pp. 183-192.

44 융커(Junker)는 독일 특히 브란덴부르크 지역에서 통용되던 용어로 작위가 없는 귀족, 또는 젊은 귀족을 칭했다.

45 Brecht, *Luther II*, pp. 15-16.

46 WA Br 2, pp. 405-409. Brecht, *Luther II*, pp. 22-24.

47 Brecht, *Luther II*, pp. 453-54.

48 Eric W. Gritsch, "Luther as Bible translator", Donald K. McKim ed., *The Cambridge Companion to Martin Luther*(Cambridge, 2003), p. 62.

49 Stephan Füssel, *Die Luther-Bibel von 1534. Eine kulturhistorische Einführung* (Köln 2016), p. 25.

50 이탈리아의 경우 15세기 후반 독일 인쇄업자들이 이탈리아의 대도시들에서 활동하며 기술적·문화적 교류가 이루어졌고, 그 결과 인쇄술을 동원한 출판이 활발했다. 1460년대 후반 베네치아에서 활동한 요하네스 폰 슈파이어 같은 인물이 대표적으로 명성을 얻었던 독일인 인쇄업자였다. 그렇지만 번역성서의 필요성이 크게 부각되지 않았다. 그 외 유럽 각국의 초기 인쇄문화에 대해서는 다음 서적을 참조하라. Füssel, *Die Luther-Bibel von 1534*, pp. 42-46.

51 이 신약성경은 스위스의 인쇄업자 요하네스 프로벤이 에라스무스에게 제안하여 제작하게 되었다. 하지만 초판의 경우 충분한 시간을 갖고 교정과 편집을 거치지 못해 오류가 많았다. 1519년에 개정판이 나왔고, 이후에도 여러 차례 개정판을 내며 보완이 이루어졌다. 래리 스톤, 『성경 번역의 역사』, 홍병룡(포이에마 2011), 140–141쪽, 146–147쪽.

52 Scott H. Hendrix, *Martin Luther–Visionary Reformer*(New Haven, London, 2015), p. 126.

53 Gritsch, "Luther as a Bible translator", p. 63.

54 Werner Besch, Lutherbibel, W. Besch u.a. eds., *Sprachgeschichte. Ein Handbuch zur Geschichte der deutschen Sprache und ihrer Erforschung*, 2nd ed., 2nd part (Berlin/New York 2000), 1723; 최경은, 「루터 성경의 사회문화사」, 『독일언어문학』 54(2011.12), 221쪽에서 재인용.

55 Füssel, *Die Luther–Bibel von 1534*, p. 59.

56 Füssel, *Die Luther–Bibel von 1534*, pp. 63–64

57 헨드릭스, 『마르틴 루터』, 80쪽.

58 헨드릭스, 『마르틴 루터』, 75쪽.

59 M. Luther, *Sendbriefe vom Dolmetschen*, ed., by Karl Bischoff(Tübingen, 1965), pp. 16–18. 루터는 독일 민중이 사용하는 방식으로 표현하고자 했기에 성경에 등장하는 각종 칭호는 물론이고, 화폐와 거리 단위까지도 독일식으로 바꾸었다. 파울 슈레켄바흐, 프란츠 노이베르트, 『마르틴 루터: 풍부한 화보와 함께 보는 루터의 삶과 업적』, 남정우 역(예영커뮤니케이션, 2003), 85쪽.

60 WA 8, p. 30.

61 최경은, 「루터 성경의 사회문화사」, 225–227쪽.

62 WA 10/II, p. 60.

63 김태성, 「루터 성서의 언어형태」, 『독일어문학』 55(2011), 43–44쪽.

64 S. Michel, "Der Korrektor der Bibel. Luthers Übersetzung der Heiligen Schrift in den Händen Georg Rörers(1492–1557)", S. Michel und C. Speer, ed., *Der Chronist der Wittenberger Reformation*(Leipzig, 2012), pp. 181–199.

65 Gritsch, "Luther as a Bible translator", p. 63.

66 Füssel, *Die Luther–Bibel von 1534*, p. 58.

67 Füssel, *Die Luther–Bibel von 1534*, p. 66.

68 P. v. Polenz, *Deutsche Sprachgeschichte vom Spätmittelalter bis zur Gegenwart*, (Berlin/New York 1991), 252. 최경은, 「루터 성경의 사회문화사」, 222쪽에서 재인용.

69 Füssel, *Die Luther–Bibel von 1534*, p. 25.

70 스톤, 『성경 번역의 역사』, 129쪽.

71 H. Hiller and W. Strauss eds., *Der deutsche Buchhandel. Wesen, Gestalt, Aufgabe*

(Hamburg, 1975), p. 23.

72 Miriam Usher Chrisman, *Lay Culture, Learned Culture: Books and Social Change in Strasbourg, 1480–1599*(New Haven, 1982), p. 11, p. 162.

73 Johannes Schwitalla, *Flugschriften. Grundlagen der Medienkommunikation vol. 7*. (Tübingen, 1999), p. 27.

74 Krauβ ed., *Beissig sein ist nutz und not*, pp. 17–18.

75 Schwitalla, *Flugschriften*, pp. 49–50.

76 WA 51, p. 540, pp. 19–24.

77 Andrew Pettegree, *Reformation and the Culture of Persuation*(Cambridge, 2005), pp. 163–164.

78 Hans–Joachim Köhler, "Erste Schritte zu einem Meinungsprofil der frühen Reformationszeit", V. Press and D. Stievermann eds., *Martin Luther: Probleme seiner Zeit*(Stuttgart, 1986), pp. 250–251.

79 Hans–Joachim Köhler, "Die Flugschriften der fruhen Neuzeit. Ein Überblick", W. Arnold et al. eds., *Die Erforschung der Buch– und Bibliotheksgeschichte in Deutschland*(Wiesbaden, 1987), p. 325.

80 Köhler, *Erste Schritte zu einem Meinungsprofil*, pp. 266–270.

81 Krauβ ed., *Beissig sein ist nutz und not*, p. 24.

82 황대현, 「독일 종교개혁 전단지: 숭배대상에서 선전도구로 변화한 시각적 이미지」, 「사림」 34(2009), 278–290쪽.

83 Thomas Hohenberger, *Lutherische Rechtfertigungslehre in den reformatorischen Flugschriften der Jahre 1521–22*(Tübingen, 1966), p. 171. 루터의 설교는 3,000편, 서신은 2,580편이 남아 있다. Lewis W. Spitz, *The Protestant Reformation, 1517–1559*(New York, 1987), p. 89.

84 김선영, 「프리드리히 현공에게 마르틴 루터의 의미」, 69쪽.

85 Krauβ ed., *Beissig sein*, p. 29.

86 Krauβ ed., *Beissig sein*, pp. 30–31. 평민들이 종교개혁 사상에 대해 어떻게 반응했는지에 대해서는 아우크스부르크의 직조공 우츠 리히스너에 대한 황대현의 심층적인 연구를 참조하라. 황대현, 「도시 수공업자는 종교개혁을 어떻게 수용했는가」, 158–184쪽. 이 논문에서 저자는 리히스너가 루터의 사상을 그대로 수용하기보다는 스스로 판단해 일정 주제에 대해서는 다른 생각을 지니고 있었음을 강조한다.

87 Krauβ ed., *Beissig sein*, p. 20.

88 오즈맹, 「프로테스탄티즘」, 99쪽.

89 황대현, 「종교개혁 공공영역과 독일 종교개혁 초기의 소통상황」, 「서양사론」 97(2008), 128–

129쪽.

90 황대현, 「독일 종교개혁 초기의 소책자」, 『역사교육』 107(2008.09), 198–200쪽.

91 황대현, 「독일 종교개혁 초기의 소책자」, 204–206쪽.

92 황대현, 「독일 종교개혁 초기의 소책자」, 206–208쪽.

93 Krauß ed., *Beissig sein*, p. 18.

94 오즈맹, 『프로테스탄티즘』, 99–107쪽.

95 오즈맹, 『프로테스탄티즘』, 99쪽. 종교적 평등사상에 대한 논의에 대해서는 같은 책 116–130쪽
    참조.

3부

1   Meic Pearce, *The Great Restoration. The Religious Radicals of the 16th and 17th
    Centuries*(Carlisle, 1998), pp. 29–31.

2   Hans J. Hillerbrand, "Andreas Bodenstein of Carlstadt, Prodigal Reformer", *Church
    History 35, No. 4*(Dec., 1966), pp. 384–386.

3   이종배찬(Utraquism, 이종성찬 혹은 양종성찬이라고도 한다)은 라틴어 '2가지 종류로'를 의미
    하는 "sub utraque specie"에서 유래한 용어로 성찬 때 빵과 포도주를 모두 나누어주는 것을
    의미한다. 루터에 앞서서 이미 체코의 개혁자 후스도 평신도에게도 이종배찬을 허용해야 한다고
    주장했다.

4   Mark U. Edwards Jr., *Luther and False Brethren*(Stanford, 1975), pp. 6–7; Nikolas
    Müller, ed., *Die Wittenberger Bewegung 1521 und 1522*(Leipzig, 1911), no. 4.

5   Brecht, *Luther II*, pp. 35–36.

6   Müller, *Die Wittenberger Bewegung*, no. 25.

7   Veit–Jakobus Dieterich, *Martin Luther. Sein Leben und seine Zeit*(München, 2008), p.
    81.

8   Brecht, *Luther II*, pp. 38–39.

9   베인톤, 『마르틴 루터의 생애』, 272–273쪽.

10 Brecht, *Luther II*, pp. 46–47.

11 Herman Barge, *Frühprotestantisches Gemeindechristentum in Wittenberg und
    Orlamünde*(Leipzig, 1909), pp. 112–113.

12 Brecht, *Luther II*, pp. 42–44.

13 베인톤, 『마르틴 루터의 생애』, 272–275쪽.

14 Edwards Jr., *Luther and False Brethren*, pp. 14–16.

15 Loewen, *Ink against the Devil*, pp. 40–41.

16 베인톤, 『마르틴 루터의 생애』, 277–278쪽.

17 Brecht, *Luther II*, pp. 50–51.

18 비텐베르크에서 행한 8편의 설교, 『루터 선집』 제10권(1987), 429–464쪽; WA 10, lv–lxxii, pp. 1–64.

19 셸더하위스, 『루터, 루터를 만나다』, 284–285쪽.

20 Helmar Junghans, "Luther's Wittenberg", Donald K. McKim ed., *The Cambridge Companion to Martin Luther*(Cambridge, 2003), p. 29.

21 Loewen, *Ink against the Devil*, pp. 42–43.

22 WABr 2, pp. 472–473; Loewen, *Ink against the Devil*, p. 45.

23 카터 린드버그, 『유럽의 종교개혁』, 조영천 역(기독교문서선교회, 2012), 210–211쪽.

24 린드버그, 『유럽의 종교개혁』, 213–214쪽; Loewen, *Ink against the Devil*, p. 35.

25 Hillerbrand, "Carlstadt", pp. 389–390.

26 Henry C Vedder, *The Reformation in Germany*(New York, 1914), p. 191.

27 오즈맹, 『프로테스탄티즘』, 221쪽, 227–228쪽. 루터가 과격파로 분류한 사람들 중에는 뮌처로 대표되는 대중 혁명주의 영성운동과 재세례파 및 평화주의자들 등이 있었다. 지배계층이 수용할 수 없는 방향으로 종교개혁을 추진했다는 점에서 오즈맹은 이들 모두를 '사회종교적 유토피아주의'라고 표현한다.

28 Loewen, *Ink against the Devil*, p. 22에서 재인용.

29 Walter Nigg, *The Heretics: Heresy Through the Ages*(New York, 1962), p. 305.

30 헨드릭스, 『마르틴 루터』, 154쪽.

31 WA 11, pp. 246–280.

32 신학자 권연경의 로마서 13장 해석에 따르면, 그 구절을 쓴 사도 바울은 세속 권력에 대한 신민의 무조건적 복종을 의미한 것이 아니라, 세워진 정치권력이 공평과 정의를 요구하는 하느님께 복종한다는 전제를 만족시킬 때만 하느님의 백성은 그에 복종할 의무가 있다고 말한 것이다. 성경에 등장하는 불의한 정권에 저항한 사례들이 그 반증이다. 루터는 그 구절을 오해했거나 자의적으로 해석한 것이다. 권연경, 『로마서 13장 다시 읽기』(뉴스앤조이, 2017), 102–109쪽.

33 Loewen, *Ink against the Devil*, p. 56.

34 오즈맹, 『프로테스탄티즘』, 223–224쪽.

35 Loewen, *Ink against the Devil*, p. 57.

36 Peter Blickle, *Die Revolution von 1525*, 2nd ed.(München/Wien 1981); 농민전쟁의 다양한 원인과 해석에 대해서는 김유경, 「1525년의 독일 농민전쟁: 초기 부르주아 혁명인가 평민혁명인가? 농민전쟁의 성격논의와 남은 문제」, 『역사학보』 173(2002.03), 301–334쪽 참조.

37 Pearse, *The Great Restoration*, pp. 34–37.

38 Loewen, *Ink against the Devil*, pp. 61–62.

39 Brecht, *Luther II*, pp. 154–155; 린드버그, 『유럽의 종교개혁』, 233–235쪽.

40 김헌수, 「Oberschwaben 12개조의 성립배경: 1525년의 독일 농민봉기의 성격규명을 위한 한 시도」, 『서양사연구』 9집(1988), 1–68쪽 참조.

41 WA 18, pp. 291–334.

42 Brecht, *Luther II*, pp. 174–178.

43 R. J. Smithson, *The Anabaptists: Their Contribution to Our Protestant Heritage* (London, 1935), pp. 177–178.

44 WA 18, pp. 344–361.

45 Brecht, *Luther II*, pp. 178–181; Loewen, *Ink Against the Devil*, p. 77.

46 WA, Br. 3, p. 508.

47 Tom Scott and Bob Scribner, trans. and eds. *The German Peasants' War: A History in Documents*(New York, 1991) pp. 322–324.

48 WA 18: pp. 375–401.

49 Brecht, *Luther II*, pp. 184–185.

50 Brecht, *Luther II*, pp. 188–189.

51 뤼시엥 페브르, 『마르틴 루터: 한 인간의 운명』, 김중현 역(이른비, 2016), 240–241쪽.

52 Peter Blickle, *The Reformation of 1525*(Baltomore and London, 1991), pp. 184–185.

53 린드버그, 『유럽의 종교개혁』, 298–302쪽.

54 오즈맹, 『프로테스탄티즘』, 266–268쪽.

55 본래 이 용어들은 도시의 종교개혁을 설명하는 맥락에서 출현했다. 용어들에 대한 자세한 설명은 다음 서적 참조. Blickle, *Reformation im Reich*, pp. 86–97.

56 Peter Blickle, *Die Reformation im Reich*(Stuttgart, 1982), pp. 46–47.

57 Heinz Schilling, *Martin Luther. Rebell in einer Zeit des Umbruchs*, 3rd ed. (München, 2014), pp. 353–355; 오즈맹, 『프로테스탄티즘』, 193–194쪽.

58 오즈맹, 『프로테스탄티즘』, 171–172쪽.

59 슈레켄바흐, 『마르틴 루터』, 121–122쪽.

60 James Martin Estes, *Christian Magistrate and State Church: The Reforming Career of Johannes Brenz*(Buffalo, 1982), pp. 59–79.

61 린드버그, 『유럽의 종교개혁』, 338쪽.

62 시찰에 대한 표준적인 설명은 Christian Peters, "Visitation", *Theologische Realenzyklopädie(TRE) 35*(2003), pp. 151–163 참조.

63 WABr 3, p. 595, pp. 36–55.

64 Brecht, *Luther II*, pp. 255–258.

65 Schilling, *Martin Luther*, pp. 427–429.

66 박준철, 「종교개혁의 수용과 거부: 16세기 독일 민중의 종교문화」, 『서양사론』 92(2007), 50–

51쪽; 베인톤, 『마르틴 루터의 생애』, 448-449쪽.

67 Brecht, *Luther II*, pp. 260-263.

68 Schilling, *Martin Luther*, p. 431.

69 Eike Wolgast, *Hochstift und Reformation. Studien zur Geschichte der Reichskirche zwischen 1517 und 1648*(Stuttgart, 1995), pp. 25-26.

70 WABr 5, 3 no.1371. 박준철, 「루터 종교개혁의 정체성 확립」, 『서양중세사연구』 8(2001), 110-112쪽.

71 김선영, 「프리드리히 현공에게 마르틴 루터의 의미」, 63-65쪽.

72 린드버그, 『유럽의 종교개혁』, 342쪽.

73 황대현, 「16~17세기 유럽의 '교파화 과정'에 대한 연구사적 고찰: '사회적 규율화'의 첫 단계로서의 교파화 과정 패러다임에 대한 독일 사학계의 논의를 중심으로」, 『역사교육』 100(2006), 302-309쪽.

74 Schilling, *Martin Luther*, p. 432.

75 Brecht, *Luther II*, pp. 246-247.

76 Brecht, *Luther II*, pp. 125-129.

77 「독일어 미사 및 예배 순서」, 『루터 선집』 제8권(1985), 463-480쪽 참조.

78 루터는 예배에서 말씀이 중심이 되어야 한다고 강조했다. WA 38, pp. 423-431.

79 샤프, 『독일 종교개혁』, 393-395쪽.

80 WA 35, p. 483, pp. 16-484, p. 26.

81 Brecht, *Luther II*, pp. 132-138.

82 베인톤, 『마르틴 루터의 생애』, 453-462쪽.

83 Brecht, *Luther II*, pp. 30-31.

84 중세 말 근대 초 수도원 해산의 원인과 과정에 대해서는 박흥식의 논문 참조. 박흥식, 「헨리 8세의 개혁과 수도원 해산」, 『역사학보』 214(2012), 271-294쪽.

85 WA 8, pp. 573-669. S. Ozment, *The Age of Reform: An Intellectual and Religious History of Late Medieval and Reformation History*(New Haven, 1980), pp. 381-396.

86 WA 6, p. 408, p. 29.

87 1521년 에어푸르트에서 이런 요구가 제기되었다. Th. Eitner, *Erfurt und die Bauernaufstände im XVI. Jahrhundert, Diss.*(Halle, 1903), pp. 20-21.

88 J. W. Baum, *Capito und Butzer: Straszburgs Reformatoren*(Elberfeld, 1860), p. 211. Bernd Moeller, "Kleriker als Bürger", *Festschrift für H. Heimpel zum 70. Geburtstag vol. 2*, ed., by MPIG(Göttingen, 1972), p. 212에서 재인용.

89 셀더하위스, 『루터: 루터를 말하다』, 314-316쪽.

90 페브르, 『마르틴 루터』, 268-269쪽.

91 셸더하위스, 『루터: 루터를 말하다』, 308–325쪽.

92 린드버그, 『유럽의 종교개혁』, 336–337쪽.

93 Walther Peter Fuchs, *Das Zeitalter der Reformation. Gebhardt Handbuch der deutschen Geschichte, vol. 2*, 9th ed.,(Stuttgart, 1970), p. 75.

94 Blickle, *Die Reformation im Reich*, pp. 139–142.

95 Ernst August Koch ed., *Neue und vollständigere Sammlung der Reichs-Abschiede*(1747), new ed. vol. 1(Frankfurt a.M. 1967), pp. 293–294.

96 Blickle, *Die Reformation im Reich*, pp. 144–145.

97 Brecht, *Luther II*, pp. 286–292; 린드버그, 『유럽의 종교개혁』, 285쪽.

98 마부르크 회담 이전에 루터와 츠빙글리를 중심으로 전개된 신학적 논쟁에 대해서는 Brecht, *Luther II*, pp. 295–315에 자세하게 소개되어 있다. 간추린 설명은 린드버그, 『유럽의 종교개혁』, 286–291쪽 참조.

99 칼 R. 트루만, 『루터의 유산』, 한동수 역(기독교문서선교회, 2015), 118쪽.

100 Brecht, *Luther II*, pp. 315–318.

101 Brecht, *Luther II*, pp. 319–324; 셸더하위스, 『루터: 루터를 말하다』, 383–388쪽.

102 WAB 5, p. 160.

103 Brecht, *Luther II*, pp. 363–376.

104 *Confessio Augustana*(1530) (Göttingen, 1930), pp. 52–135.

105 WA 26, p. 86.

106 린드버그, 『유럽의 종교개혁』, 346–350쪽.

107 한편 멜란히톤은 성찬의 해석에 있어서 칼뱅에 가까워 한때 루터와 소원해지기도 했다. 뒤에는 루터파와 일치할 수 없어, "Philippismus"라 불리운 독자(獨自)의 신학설을 세웠다. Stefan Rhein, *Philip Melanchthon*, 2nd ed.,(Wittenberg, 1997), pp. 36–43.

108 Blickle, *Die Reformation im Reich*, p. 146. 황제 카알의 종교정책에 대한 상세한 분석은 다음 논문을 참조하라. Wolfgang Reinhard, "Die kirchenpolitischen Vorstellungen Kaiser Karls V., ihre Grundlagen und ihr Wandel", E. Iserloh ed., *Confessio Augustana und Confutatio*(Münster, 1980), pp. 62–100.

109 김응종, 『관용의 역사』, 83쪽.

110 린드버그, 『유럽의 종교개혁』, 350–352쪽.

111 WA 30 III, pp. 252–320.

112 린드버그, 『유럽의 종교개혁』, 353–358쪽.

113 김응종, 『관용의 역사』, 86–88쪽.

114 Brecht, *Martin Luther, vol. III. Die Erhaltung der Kirche*(Stuttgart, 1987), pp. 229–234.

115 슈레켄바흐, 『마르틴 루터』, 130–132쪽. 인용문은 131쪽에서 재인용.

116 마르틴 루터, 『탁상담화』, 이길상 역(크리스천다이제스트, 2005), 117쪽에서 재인용.

117 셀더하위스, 『루터: 루터를 말하다』, 459–464쪽.

118 WATR 3, no. 3803.

119 WA 46, pp. 616–619.

120 WABr II, p. 276.

121 Thomas Kaufmann, *Luthers Juden*(Stuttgart, 2014), pp. 7–10.

122 WA 51, pp. 195–196.

123 WA 53, pp. 417–552.

124 루터의 반유대주의 저작을 발굴해 널리 확산시킨 인물은 나치 선전신문 《돌격대(Der Stürmer)》
의 출판인이자 반유대 선전가 슈트라이허(Julius Streicher)였다. Eric Metaxas, *Bonhoeffer:
Pastor, Martyr, Prophet, Spy: A Righteous Gentile vs. the Third Reich*(Nashville, 2010),
p. 94.

125 WA 53, p. 530, pp. 31–32. 이 소책자의 내용에 대한 상세한 설명은 다음 문헌 참조. Mark U.
Edwards Jr., *Luther's Last Battles. Politics and Polemics, 1531–46* (Minneapolis, 2005),
pp. 128–132.

126 Bernhard Lohse, *Martin Luther's Theology: Its Historical and Systematic
Development*(Edinburgh, 1999), pp. 339–345.

127 셀더하위스, 『루터: 루터를 말하다』, 465–468쪽.

128 Heiko A. Obermann, *Luther. Man between God and the Devil*(New Haven/London,
1989), pp. 295–296.

129 Selma Stern, *Josel of Rosheim in the Holy Roman Empire of the German Nation*
(Philadelphia, 1965), pp. 92–199.

130 Loewen, *Ink against the Devil*, pp. 234–235. 당시 그 글에 대한 다양한 반응들에 대해서는
다음 문헌 참조. Edwards, *Luther's Last Battles*, pp. 134–136.

131 Schachar, 45; Loewen, *Ink against the Devil*, p. 236.

132 WA 53, p. 520, pp. 35–36.

133 Obermann, *Luther*, pp. 292–293.

134 이런 관점에서 사료에 충실하게 이루어진 최근의 성과로는 카우프만의 저서를 꼽을 수 있다.
Thomas Kaufmann, *Luthers Juden*(Stuttgart, 2014).

135 한스–마르틴 바르트, 『마르틴 루터의 신학: 비평적 평가』, 정병식, 홍지훈 공역(대한기독교서회,
2015), 73–74쪽.

136 WA 55/2, p. 306, pp. 145–150.

137 WA 11, pp. 314–336.

138 WA 11, p. 315, pp. 25–27; Peter von der Osten–Sacken, *Martin Luther und die Juden*

― neu untersucht anhand von Anton Margarithas 'Der gantz Jüdisch glaub'(1530/31),
(Stuttgart, 2002), pp. 242–270.

139 WA Tr 3, pp. 441–442.

140 Edwards, *Luther's Last Battles*, pp. 124–125.

141 Obermann, *Luther*, pp. 48–55.

142 Obermann, *Luther*, p. 296.

143 이와 관련된 다양한 해석에 대해서는 바르트, 『마르틴 루터의 신학』, 82–90쪽 참조.

144 Brecht, *Luther III*, p. 345; Loewen, *Ink against the Devil*, p. 238.

145 Edwards, *Luther's Last Battle*, p. 135.

146 Edwards, *Luther's Last Battle*, p. 142; Brecht, *Luther III*, pp. 328–329.

147 바르트, 『마르틴 루터의 신학』, 88–90쪽.

참고문헌

1차 사료

Martin Luther. *D. M. Luthers Werke. Kritische Gesamtausgabe*(Weimarer Ausgabe). (Weimar 1883–2009). 약어 WA

Martin Luther. *D. M. Luthers Werke. Kritische Gesamtausgabe: Briefwechsel*(Weimarer Ausgabe). (Weimar. 1930–1985). 약어 WABr

Martin Luther. D. M. *Luthers Werke. Kritische Gesamtausgabe: Deutsche Bibel*(Weimarer Ausgabe). (Weimar 1906–1961). 약어 WADB

Martin Luther. *D. M. Luthers Werke. Kritische Gesamtausgabe: Tischreden*(Weimarer Ausgabe). (Weimar 1912–1921). 약어 WATr

Martin Luther. *Studienausgabe*, 6 vols., ed., Hans–Ulrich Delius(Berlin 1979–1999).

Calwer Luther–Ausgabe 10 vols. Edited by W. Metzger(Stuttgart. 1996).

Corpus Reformatorum(Berlin 1834–). 약어 CR

Philippi Melanthonis Opera quae supersunt omnia Corpus Reformatorum 1–28(1834–1860). vol. 1–15 ed. by K. G. Bretschneider. vol. 16–28 ed. by H. E. Bindseil.

Reformation Writings of Martin Luther. I. The Basis of the Protestant Reformation. transl. and ed. by Bertram Lee Woolf(London. 1952)

Luther's Works American Edition. 55 vols.(Philadelphia. 1931–1986). 약어 LW

1차 사료 한글 번역

마르틴 루터. 『루터 선집』. 12권. 지원용 감수 편집(컨콜디아사. 1983–1993).

마르틴 루터. 『루터 저작선』. 존 딜렌버거 편. 이형기 역(크리스천다이제스트. 1994).

마르틴 루터. 『탁상담화』. 이길상 역(크리스천다이제스트. 2005).

마르틴 루터. 『마르틴 루터 대교리 문답』. 최주훈 역(복있는사람. 2017).

2차 문헌

Paul Althaus, *Die Theologie Martin Luthers*(Gütersloh. 1962). 파울 알트하우스. 『마르틴 루터의 신학: 루터의 조직신학』. 이형기 역(크리스천다이제스트. 2017).

Roland H. Bainton, *Here I Stand*(Nashville. 1978). 롤란드 베인톤. 『마틴 루터의 생애』. 이종태 역 (생명의말씀사. 1982).

Hans–Martin Barth, *Die Theologie Martin Luthers: eine kritische Würdigung*(Gütersloh.

2009). 한스-마르틴 바르트, 『마르틴 루터의 신학: 비평적 평가』, 정병식, 홍지훈 공역(대한기독교서회, 2015).

Tilmann Bendikowski, *Der Deutsche Glaubenkrieg. Martin Luther, der Papst und die Folgen*(München, 2016).

Albrecht Beutel ed., *Luther Handbuch*, 2nd ed.,(Tübingen, 2010).

Albrecht Beutel, "Wir Lutherischen. Zur Ausbildung eines konfessionellen Identitatsbewusstseins bei Martin Luther", ZThK 110(2013), pp. 158–186.

Peter Blickle, *Die Revolution von 1525*, 2nd ed.(München/Wien 1981).

Peter Blickle, *Die Reformation im Reich*(Stuttgart, 1982).

Peter Blickle, *Der Deutsche Bauernkrieg von 1525*(Darmstadt, 1985).

Heinrich Boehmer, *Der junge Luther*, 4. ed.(Stuttgart 1951).

Gerhard Bott and Bernd Moeller, *Martin Luther und die Reformation in Deutschland*, Exhibition in the German National Museum, Nuremberg, 1983(Frankfurt, 1983).

Daniela Blum, *Der katholische Luther: Prägungen, Begegnungen, Rezeptionen*(Paderborn, 2016).

Thomas A. Brady ed., *Die deutsche Reformation zwischen Spätmittelalter und Frühen Neuzeit*(München, 2001).

Martin Brecht, *Martin Luther, 3 vols. I: Sein Weg zur Reformation, 1483–1521*(1981), *II: Ordnung und Abgrenzung der Reformation, 1521–1532*(1986), *III: Die Erhaltung der Kirche, 1532–1546*(1987) (Stuttgart, 1981–87).

Johann Hinrich Claussen, *Reformation. Die 95 wichtigsten Fragen*(München, 2016).

Patrick Collinson, *The Reformation*(2004). 패트릭 콜린슨, 『종교개혁』, 이종인 역(을유문화사, 2005).

Veit-Jakobus Dieterich, *Martin Luther. Sein Leben und seine Zeit*(München, 2008). 파이트 야코부스 디터리히, 『누구나 아는 루터, 아무도 모르는 루터』(홍성사, 2012).

Irene Dingel, "Die Wittenberger Reformation", Michael Plathow ed., *Lutherische Kirchen*(Göttingen, 2007), pp. 7–57.

C. Scott Dixon ed., *The Reformation in Germany*(Oxford, 2002).

Elisabeth Doerk, *Reformatio in Nummis. Luther und die Reformation auf Münzen und Medaillen*(Eisenach, 2014).

Gerhard Ebeling, *Luther. Einführung in sein Denken*, 5th ed.(Tübingen, 2006).

Mark U. Edwards, Jr., *Luther and the False Brethren*(Stanford, 1975).

Mark U. Edwards Jr., *Printing, Propaganda, and Martin Luther*(Berkeley, 1994).

Mark U. Edwards Jr., *Luther's Last Battles. Politics and Polemics, 1531–46*(Minneapolis,

Lucien Febvre, *Martin Luther, Un Destin*, 4th ed.(Paris, 2008). 뤼시엥 페브르, 『마르틴 루터. 한 인간의 운명』, 김중현 역(이른비, 2016).

Stephan Füssel, *Die Luther–Bibel von 1534. Eine kulturhistorische Einführung*(Köln, 2016).

Jay Goodale, Luther and the Common Man – the Common Man and Luther, H. Medick and P. Schmidt eds., *Luther zwischen den Kulturen. Zeitgenossenschaft – Weltwirkung*(Göttingen, 2004), pp. 66–88.

Lief Grane, *Modus loquendi theologucus: Luthers Kampf um die Erneuerung der Theologie(1515–18)* (Leiden, 1975).

Matthias Gretzschel, *Auf den Spuren von Martin Luther*(Hamburg, 2015).

Dietrich Gronau, *Martin Luther: Revolutionär des Glaubens*(München, 1996).

Scott H. Hendrix, *Luther and the Papacy*(Philadelphia, 1981).

Scott H. Hendrix, *Recultivating the Vineyard. The Reformation Agendas of Christianization*(Louisville/London, 2004).

Scott H. Hendrix, *Martin Luther. A Very Short Introduction*(London, 2010). 스콧 H. 헨드릭스, 『마르틴 루터. 그리스도교 개혁의 기수』, 전경훈 역(뿌리와이파리, 2016).

Scott H. Hendrix, *Martin Luther–Visionary Reformer*(New Haven, London, 2015).

Hans J. Hillerbrand, *The Division of Christendom. Christianity in the Sixteenth Century*(Louisville/London, 2007).

Hans J. Hillerbrand, "Andreas Bodenstein of Carlstadt, Prodigal Reformer", *Church History, Vol. 35, No. 4*(Dec., 1966), pp. 379–398.

Berthold Hinz, *Lucas Cranach d. A.*(Hamburg, 1993).

Erwin Iserloh, *Luthers Thesenanschlag, Tatsache oder Legende?*(Wiesbaden, 1962).

Volkmar Joestel, Jutta Strehle, *Luthers Bild und Lutherbilder. Ein Rundgang durch die Wirkungsgeschichte*(Wittenberg, 2003).

Martin H. Jung, *Luther Lesen. Die zentrale Texte*(Göttingen, 2016).

Helmar Junghans, *Martin Luther und Wittenberg*(München/Berlin, 1996).

Helmar Junghans ed., *Leben und Werk Martin Luthers von 1526 bis 1546*, 2 vols.(Göttingen, 1983).

Benjamin J. Kaplan, *Divided by Faith: Religious Conflict and the Practice of Toleration in Early Modern Europe*(Cambridge, 2007). 벤자민 J. 카플란, 『유럽은 어떻게 관용사회가 되었나 근대 유럽의 종교 갈등과 관용 실천』, 김응종 역(푸른역사, 2015).

Thomas Kaufmann, *Martin Luther*(München 2006).

Thomas Kaufmann, "Reformationsgedenken in der Frühen Neuzeiten", *Zeitschrift für*

Theologie und Kirche 107(2010), pp. 285–324.

Thomas Kaufmann, *Luthers Juden*(Stuttgart, 2014).

James M. Kittelson, "Humanism and Reformation in Germany", *Central European History 9 no.4*(1976), pp. 303–322.

James M. Kittelson, "The Confessional Age: The Late Reformation in Germany", S. Ozment ed., *Reformation Europe: A Guide to Research*(St. Louis, 1982), pp. 361–381.

James M Kittelson, "Luther the Theologian", William S. Maltby ed., *Reformation Europe vol.2*(St. Louis, 1992).

Hans–Joachim Köhler, "Erste Schritte zu einem Meinungsprofil der frühen Reformationszeit", V. Press and D. Stievermann eds., *Martin Luther: Probleme seiner Zeit*(Stuttgart, 1986), pp. 244–281.

Hans–Joachim Köhler, "Die Flugschriften der frühen Neuzeit, Ein Überblick", W. Arnold et al. eds., *Die Erforschung der Buch– und Bibliotheksgeschichte in Deutschland*(Wiesbaden, 1987), pp. 307–345.

Walter Köhler, Dokumente zum Ablaßstreit, *Sammlung ausgewälter kirchen– und dogmengeschichtlicher Quellenschriften, vol. 3*, 2nd ed.(Tübingen, 1934).

Ulrich Kopf, *Martin Luther. Der Reformator und sein Werk*(Stuttgart, 2015).

Ulrich Kopf, "Kurze Geschichte der Weimarer Lutherausgabe", *D. Martin Luthers Werke: Sonderedition der kritischen Weimarer Ausgabe*(Weimar, 2000), pp. 1–24.

Jutta Krauß ed., *Beyssig sein ist nutz und not. Flugschriften zur Lutherzeit*, (Regensburg, 2010).

Jutta Krauß ed., *Luther und die deutsche Sprache, Vom Bibelwort zur inszenierten Memoria auf der Wartburg*(Eisenach, 2016).

Hartmut Lehmann, "Anmerkungen zur Entmythologisierung der Luther–mythen 1883– 1983", *Archiv fur Kulturgeschichte 68*(1986), pp. 457–477.

Volker Leppin, *Martin Luther*(Darmstadt, 2006)

Volker Leppin, "Geburtswehen und Geburt einer Legende. Zu Rörers Notiz vom Thesenanschlag", *Luther 78*(2007), pp. 145–150.

Volker Leppin, *Das Zeitalter der Reformation. Eine Welt im Übergang*(Darmstadt, 2009).

Athina Lexutt, *Luther*(Stuttgart, 2008).

Carter Lindberg, *The European Reformations*(Oxford/Malden, 1996). 카터 린드버그, 『유럽의 종교개혁』, 조영천 역(기독교문서선교회, 2012).

David H. Lindquist, *Luther's Antisemitism in Historical Context: A Necessary Discussion for Christian Educators*, Journal of Research on Christian Education 22 (2013), pp. 97–107.

Harry Loewen, *Ink Against the Devil: Luther and His Opponents*(Waterloo, 2015).

Bernhard Lohse, *Luthers Theologie in ihrer historischen Entwicklung und in ihrem systematischen Zusammenhang*(Göttingen 1995). 베른하르트 로제, 「마틴 루터의 신학」, 정병식 역(한국신학연구소, 2002).

J. Lortz, *Die Reformation in Deutschland*(Freiburg, 1940).

Diarmaid MacCulloch, *The Reformation. A History*(New York, 2003). 디아메이드 맥클로흐, 「종교개혁의 역사」, 이은재·조상원 역(기독교문서선교회, 2011).

Alister E. McGrath, *Luther's theology of the cross: Martin Luther's theological breakthrough*(Oxford, 1991). 맥그라스, 「루터의 십자가 신학. 마르틴 루터의 신학적 돌파」, 김선영 역(컨콜디아사, 2015).

Alister E. McGrath, *Christianity's Dangerous Idea: The Protestant Revolution – A History from the Sixteenth Century to the Twenty*(New York, 2007). 앨리스터 맥그래스, 「기독교 그 위험한 사상의 역사. 개신교의 역사. 종교 문화적 특질, 그리고 미래에 대해」, 박규태 역(국제제자훈련원, 2009).

Donald K. McKim ed., *The Cambridge Companion to Martin Luther*(Cambridge, 2003).

Harald Meller ed., *Fundsache Luther. Archäologen auf den Spuren des Reformators* (Halle, 2008).

Bernd Moeller, "Die deutschen Humanisten und die Anfänge der Reformation", *Zeitschrift für Kirchengeschichte 70*(1959), pp. 46–61.

Bernd Moeller, *Reichsstadt und Reformation*(Gütersloh, 1962).

Bernd Moeller, "Kleriker als Bürger", *Festschrift für H. Heimpel zum 70. Geburtstag vol. 2*, ed., by MPIG(Göttingen, 1972), pp. 195–224.

Bernd Moeller, *Deutschland im Zeitalter der Reformation*, 4th ed.(Göttingen, 1999).

Bernd Moeller, *Luther–Rezeption*, ed. Johannes Schilling(Göttingen, 2001).

Bernd Moeller, *Geschichte des Christentums in Grundzügen*(Göttingen, 2011).

Johann Baptist Müller ed., *Die Deutschen und Luther. Texte zur Geschichte und Wirkung*(Stuttgart, 1983).

Nikolas Müller, ed., *Die Wittenberger Bewegung 1521 und 1522*(Leipzig, 1911).

Jane O. Newman, "The Word Made Print: Luther's 1522 New Testament in an Age of Mechanical Reproduction", *Representations 11*(1985), pp. 95–133.

Walter Nigg, *The Heretics: Heresy Through the Ages*(New York, 1962).

Heiko A. Oberman, *Luther. Mensch zwischen Gott und Teufel*(Berlin, 1981).

Heiko A. Oberman, *The Reformation: roots and ramifications*, translated by Andrew Colin Gow(Edinburgh, 2004).

Joachim Ott and Martin Treu eds., *Luthers Thesenanschlag — Faktum oder Fiktion*(Leipzig, 2008).

Steven E. Ozment, *The Age of Reform, 1250–1550: An Intellectual and Religious History of Late Medieval and Reformation Europe*(New Haven, 1980).

Steven E. Ozment, *Protestants: The Birth of a Revolution*, 1993. S. 오즈맹, 『프로테스탄티즘. 혁명의 태동』, 박은구 역(혜안, 2004).

Meic Pearce, *The Great Restoration. The Religious Radicals of the 16th and 17th Centuries*(Carlisle, 1998).

Andrew Pettegree ed., *The Early Reformation in Europe*(Cambridge, 1992).

Volker Press and Dieter Stievermann eds., *Martin Luther: Probleme seiner Zeit*(Stuttgart, 1986).

Wolfgang Reinhard, "Die kirchenpolitischen Vorstellungen Kaiser Karls V., ihre Grundlagen und ihr Wandel", E. Iserloh ed., *Confessio Augustana und Confutatio*(Münster, 1980), pp. 62–100.

Hans–Christoph Rublack, "Neuere Forschungen zum Thesenanschlag Luthers", *Historisches Jahrbuch 90*(1970), pp. 329–342.

Ulinka Rublack, *Reformation Europe*(Cambridge, 2005).

Philip Schaff, History of the Christian Church, Vol. VII. *Modern Christianity. The German Reformation*(1888). 필립 샤프, 『독일 종교개혁』(교회사전집 7), 박종숙 역(크리스천다이제스트, 2004).

Heinz Schilling, *Aufbruch und Krise. Deutschland 1517–1648*(Berlin, 1988).

Heinz Schilling, *Martin Luther. Rebell in einer Zeit des Umbruchs*, 3rd ed.(München, 2014).

Luise Schon–Schütte, *Die Reformation. Vorgeschichte — Verlauf — Wirkung*, 4th ed.(München, 2006).

Tom Scott and Bob Scribner, eds. *The German Peasants' War: A History in Documents*(New York, 1991).

R. W. Scribner, "Incombustible Luther: The Image of the Reformer in Early Modern Germany", *Past and Present 110*(Feb, 1986), pp. 38–68.

R. W. Scribner, *Popular Culture and Popular Movements in Reformation Germany*(London, 1987).

Paul Schreckenbach and Franz Neubert, *Martin Luther. Ein Bild seines Lebens und Wirkens*(Leipzig, 1918). 파울 슈레켄바흐, 프란츠 노이베르트, 『마르틴 루터. 풍부한 화보와 함께 보는 루터의 삶과 업적』, 남정우 역(예영커뮤니케이션, 2003).

Manfred Schulze, *Fürsten und Reformation. Geistliche Reformpolitik weltlicher Fürsten vor der Reformation*(Tübingen, 1991).

Otto Schulze, *Doktor Martinus. Ein Buch für das deutsche Volk zum Reformationsjubelfest 1917*(Gotha 1917).

Johannes Schwitalla, *Flugschriften. Grundlagen der Medienkommunikation vol. 7.*(Tübingen, 1999).

Herman J. Selderhuis, *Luther. A man seeking God*(2016). 헤르만 셀더하위스, 『루터, 루터를 말하다』, 신호섭 역(세움북스 2016).

R. J. Smithson, *The Anabaptists: Their Contribution to Our Protestant Heritage*(London, 1935).

Lewis W. Spitz, *The Protestant Reformation, 1517–1559*(New York, 1987).

David Steinmetz, *Luther in Context*, 2nd ed.(Baker, 2002).

Heinrich Steitz, "Martin Luthers Ablaßthesen von 1517. Bericht über die Diskussion(1957–1965)", *Geschichte in Wissenschaft und Unterricht 16*(1965), pp. 661–674.

Larry Stone, *The Story of the Bible: The Fascinating History of Its Writing, Translation and Effect on Civilization*(Nashville, 2010). 래리 스톤, 『성경 번역의 역사』, 홍병룡 역(포이에마 2011).

R. N. Swanson, *Indulgences in Late Medieval England. Passport to Paradise?*(Cambridge, 2007).

Graham Tomlin, *Luther and His World* (2002). 그레이엄 톰린, 마르틴 루터: 정신의 자유와 평등을 주장한 종교개혁의 투사, 이은재 역(예경, 2006).

W. D. J. Cargill Thompson, *The political thought of Martin Luther*(Brighton, 1984). 카질 톰슨 『마르틴 루터의 정치사상』, 김주한 역(민들레책방, 2003).

Oskar Thulin, *Reformation in Europa*(Leipzig, 1967).

Martin Treu, "Der Thesenanschlag fand wirklich statt. Ein neuer Beleg aus der Universitätsbibliothek Jena", *Luther 78*(2007), pp. 140–144.

Martin Treu, *Am Anfang war das Wort. Martin Luther und die Reformation in Europa*(Hamburg, 2016).

Martin Treu, *Martin Luther in Wittenberg. Ein biografischer Rundgang*(Wittenberg, 2014). 마르틴 트로이, 『비텐베르크의 마르틴 루터: 마르틴 루터 생애의 여행』, 한정애 역(컨콜디아사, 2017).

Sam Wellman, *Frederick the Wise: Seen and Unseen Lives of Martin Luther's Protector*(St. Louis, 2015).

Rainer Wohlfeil, *Einführung in die Geschichte der deutschen Reformation*(München, 1982).

Ernst W. Zeeden, *Konfessionsbildung. Studien zur Reformation, Gegenreformation und katholischen Reform*(Stuttgart, 1985).

한글 논저

권진호, 「종교개혁 기념에 대한 역사: 1617년, 1717년, 1817년, 1917년 종교개혁 기념을 중심으로」, 『신학논단』 85집(2016.9), 7-36쪽.

구영철, 『루터 로드: 마르틴 루터의 500년 유산, 종교개혁의 길을 걷다』(CBS북스, 2017).

김선영, 『믿음과 사랑의 신학자 마르틴 루터』(대한기독교서회, 2014).

김선영, 「신성로마제국 선제후령 작센의 프리드리히 현공에게 마르틴 루터의 의미」, 『한국기독교신학논총』 98(2015.10), 57-90쪽.

김선영, 「루터의 비텐베르크 대학교 교육개혁과 16세기 독일 프로테스탄트 개혁」, 『한국기독교신학논총』 102(2016.10), 37-74쪽.

김유경, 「1525년의 독일 농민전쟁: 초기 부르주아 혁명인가 평민혁명인가? 농민전쟁의 성격논의와 남은 문제」, 『역사학보』 173(2002.03), 301-334쪽.

김응종, 『관용의 역사, 르네상스에서 계몽주의까지』(푸른역사, 2014).

김주한, 『마르틴 루터의 삶과 신학이야기』(대한기독교서회, 2002).

김태성, 「루터 성서의 언어형태」, 『독일어문학』 55(2011), 25-47쪽.

김학중, 『마르틴 루터』(넥서스, 2011).

김헌수, 「Oberschwaben 12개조의 성립배경 - 1525년의 독일 농민봉기의 성격규명을 위한 한 시도」, 『서양사연구』 9(1988), 1-68쪽.

박준철, 「루터 종교개혁의 정체성 확립」, 『서양중세사연구』 8(2001), 95-112쪽.

박준철, 「종교개혁의 수용과 거부. 16세기 독일 민중의 종교문화」, 『서양사론』 92(2007), 41-64쪽.

박흥식, 「중세 말기 유럽의 성직자와 교회에 미친 흑사병의 영향」, 『서양사연구』 44(2011.5), 41-82쪽.

박흥식, 「헨리 8세의 개혁과 수도원 해산」, 『역사학보』 214(2012), 271-294쪽.

박흥식, 「루터의 95개조 논제는 게시되었는가?」, 『서양사연구』 56(2017.5), 4-37쪽.

이양호, 『루터의 생애와 사상』(대한기독교서회, 2002).

정홍열, 「루터의 만인제사장직」, 『신학과선교』 9(2005), 178-193쪽.

지원용, 『말틴 루터 : 생애와 사상』(대한기독교서관, 1960).

지원용, 「로마 카톨릭과 말틴 루터」, 『기독교사상』 10(1966) 6, 45-52쪽, 10.7, 90-97쪽.

최경은, 「루터 성경의 사회문화사」, 『독일언어문학』 54(2011.12), 217-238쪽.

최종원, 「천국을 향한 약속어음 - 중세 유럽 면벌부 이론의 변화 연구」, 『인문연구』 56(2009), 165-196쪽.

최주훈, 「공동선언문과 로마-가톨릭의 루터관 변화」, 『신학연구』 50(2007), 139-166쪽.

황대현, 「16~17세기 유럽의 '교파화 과정'에 대한 연구사적 고찰: '사회적 규율화'의 첫 단계로서의 교파화 과정 패러다임에 대한 독일 사학계의 논의를 중심으로」, 『역사교육』 100(2006.12), 293-321쪽.

황대현, 「종교개혁 공공영역과 독일 종교개혁 초기의 소통상황」, 『서양사론』 97(2008), 117-141쪽.

황대현, 「독일 종교개혁 초기의 소책자」, 『역사교육』 107(2008.9), 191-216쪽.

황대현, 「도시 수공업자는 종교개혁을 어떻게 수용했는가? 아우크스부르크의 직조공 우츠 리히스너의 사례」, 『서양사론』 100(2009), 155–186쪽.

황대현, 「독일 종교개혁 전단지. 숭배대상에서 선전도구로 변화한 시각적 이미지」, 『사림』 34(2009), 269–295쪽.

자료출처

프롤로그, 1부

8쪽   루터의 활동 반경과 동선_James M. *Kittelson, Luther the Reformer*(Augsburg, 1986), p. 333.

41쪽   뢰러가 직접 남긴 논제 게시 메모_ThULB Jena, Ms. App. 25

54쪽   면벌부가 판매되는 현장_Krauß ed., *Beyssig sein ist nutz und not*, ed. Krauss, 2010, p. 27.

59쪽   95개조 라틴어 논제 포스터_Stephan Füssel, *Die Luther-Bibel von 1534. Eine kulturhistorische Einführung*(Köln, 2016), p. 9.

73쪽   면벌부와 은총에 대한 설교_Wikimedia(www.wikimedia.org)

82쪽   「엑수르게 도미네」의 표지_Wikiwand(www.wikiwand.com)

2부

100쪽   성경으로 교황을 상대해 승리한 루터_Alamy(www.alamy.com)

113쪽   보름스 칙령의 문안_Worms City Archive

117쪽   작센 선제후 현명공 프리드리히 레겐스부르크 역사박물관

127쪽   에라스무스 신약성경_Christopher De Hamel, *The Book: A History of the Bible* (2001), p. 227.

129쪽   루터 독일어 성경 초판본_Elisabeth Doerk, *Reformatio in Nummis. Luther und die Reformation auf Münzen und Medaillen*(Eisenach, 2014), p. 30.

136쪽   하느님의 어린 양과 루터 장미_S. Füssel, *Luther-Bibel von 1534*(Köln, 2016), p. 56.

141쪽   일곱 개의 머리를 가진 괴물 교황_Krauß ed., *Beyssig sein ist nutz und not*, p. 157.

146쪽   '진리의 승리'라는 제목의 전단지_Füssel, *Luther-Bibel von 1534*, p. 69.

3부

157쪽   엘베 강 너머에서 바라 본 루터 시대 비텐베르크 전경_Leppin, *Das Zeitalter der Reformation*, p. 45.

158쪽   안드레아스 보덴슈타인_Wikipedia(de.wikipedia.org)

178쪽   튀링엔 농민전쟁 시기 루터와 뮌처의 동선_H. Schilling, *Martin Luther. Rebell in einer Zeit des Umbruchs*, 3nd ed.(München, 2014), p. 306.

214쪽   카알 5세에게 전달되는 아우크스부르크 신앙고백_Leppin, *Das Zeitalter der Reformation*, p. 114.

222쪽   병약한 모습으로 설교단에 선 노년의 루터_Thulin, *Reformation*, p. 65.

색인

KI신서 7178

미완의 개혁가, 마르틴 루터

1판 1쇄 발행 2017년 10월 18일
1판 2쇄 발행 2024년 10월 4일

지은이 박흥식
펴낸이 김영곤
펴낸곳 (주)북이십일 21세기북스

서가명강팀장 강지은 **서가명강팀** 강효원 서윤아
디자인 표지 씨디자인 조혁준 함지은 김하얀 이수빈 **본문** 푸른나무디자인
출판마케팅팀 한충희 남정한 나은경 최명열 정유진 한경화 백다희
영업팀 변유경 김영남 강경남 황성진 김도연 권채영 전연우 최유성
제작팀 이영민 권경민

출판등록 2000년 5월 6일 제406-2003-061호
주소 (10881) 경기도 파주시 회동길 201(문발동)
대표전화 031-955-2100 **팩스** 031-955-2151 **이메일** book21@book21.co.kr

(주)북이십일 경계를 허무는 콘텐츠 리더
21세기북스 채널에서 도서 정보와 다양한 영상자료, 이벤트를 만나세요!
페이스북 facebook.com/jiinpill21   포스트 post.naver.com/21c_editors
인스타그램 instagram.com/jiinpill21   홈페이지 www.book21.com
유튜브 youtube.com/book21pub
서울대 가지 않아도 들을 수 있는 명강의! 〈서가명강〉
유튜브, 네이버, 팟캐스트에서 '서가명강'을 검색해보세요!

© 박흥식, 2017

ISBN 978-89-509-7225-7 03100